SHODENSHA
SHINSHO

シンボルエコノミー

――日本経済を侵食する幻想

水野和夫

JN242996

祥伝社新書

はじめに

本書で扱っているのは、２０２０年から人類を恐怖に陥《おとしい》れた新型コロナ・パンデミック（大流行）、ロシアのウラジーミル・プーチン大統領によるウクライナ侵略戦争、イスラエルとハマスの戦闘などによって激変する株式市場、為替《かわせ》市場および債券市場です。派手な動きをするマーケットと、「定常状態（停止状態）」になりつつある実物経済の乖離《かいり》をどう解釈すべきかについて考察しました。

本書のアイデアは、演出家で思想家の鈴木忠志《すずきただし》さんが率いる劇団ＳＣＯＴの役者たちが演じる『リア王』（ウィリアム・シェイクスピア作）と「世界の果てからこんにちは（果てこん）」から得ました。『リア王』の演出ノートのタイトルは「世界は病院である」、「果てこん」のそれは「日本という幻想」です。

本書を貫くのは、21世紀の世界は「病院」であり「幻想」の時代になったという認識です。鈴木さんの舞台はいずれも精神科病院、あるいは老人ホームを思わせる設定になっています。「果てこん」の主人公である病院長は時々、幻想に苛《さいな》まれ、患者も精神を病《や》んでいるかのようです。

『リア王』と「果てこん」を最初に観《み》たのは2008年です。当初、舞台の登場人物は皆、変な人ばかりだと思っていましたが、毎年繰り返し観ているうちに、観客席にいる自分が「異常な世界」、すなわち入院患者であることを思い知らされます。このことに気づくのに10年近くかかりました。

「果てこん」のなかで、同じくシェイクスピア作『マクベス』の妃《きさき》を日本に置き換えた「日本が、父ちゃん、お亡くなりに」という科白《せりふ》があります（2021年から「父ちゃん」という科白は「親分」に変更）。これは、リアルの世界が亡くなったのだと解釈すべきではないかと最近思うようになりました。

実際、人間の経済生活のみならず、人間の精神も殺されてしまったようです。シンボルがリアルを殺して、「シンボルの時代」となったのです。リアルの世界から見れば、シンボルの世界は「狂気の世界」であり、「幻想の世界」です。リア王の三女コーデリアは劇中でもっとも善人、かつもっともリア王を愛していたのですが、最後は殺され、葬送行進曲で幕を閉じます。リアルの敗北は絶望しか生まないのですが、同じことが21世紀の世界で起きています。

リアルエコノミーは、人々が必要とする財・サービスを提供するために、L（労働）と

K（資本）を用いてGDP（実質国内総生産）を生み出す世界です。対してシンボルエコノミーは、ROE（自己資本利益率）を引き上げてK（資本）を増殖させる世界です。

リアルエコノミーのKはJ・R・ヒックスが言う唯物論者の資本であり、具体的には企業のバランスシートの借方《かりかた》である資産の部に計上されている固定資産を指します。シンボルエコノミーのKは資金主義者の資本であり、貸方《かしかた》の資本の部に計上されています。カール・マルクスの『資本論』における資本とは、G（Geld［貨幣］）－W（Ware［商品］）－G′（増加した貨幣）……のうち、W－W′、すなわちGDP成長、つまり国民生活に資するのがリアルの資本です。G－G′、資本増加率で捉《とら》えたのがシンボルの資本です。

シンボルは単なる記号であり、「幻想」です。株式も為替も記号にすぎません。テレビ番組のニュース・キャスターは日経平均株価が上がればにこやかな顔で、下がった時はすこし不機嫌な表情で伝えますから、言う前に今日は上がったか・下がったがわかります。昨今、マスコミなどは株価が34年ぶりに高値を更新したと騒いでいますが、人々を無意識のうちに「日本という幻想」に押し込めています。シンボルに振り回されているうちに実質賃金は下がり、人々の自由が奪われているにもかかわらず。

人類史は「蒐集（コレクション）」の歴史です。『資本論』は、第一巻第一篇第一章「商品」の冒頭、次の有名な1行から始まります（以下、引用の旧字・旧かなづかいは現行にあらため、適宜ふりがなと改行を加除しました。傍点は原文通りです。また一部、不適切と思われる表現もありますが、翻訳者の意図を尊重してそのままとしています）。

「資本制生産様式が君臨する社会では、社会の富《とみ》は『巨大な商品の集合体』の姿をとって現われ」（マルクス［2005a］55頁）る。

「巨大な商品の集合体」は“immense collection of commodities”となっていますから、資本主義は商品（労賃も商品）、すなわちW、commodities をコレクト（蒐集）して資本を増殖していくことなのです。シンボルエコノミーではGの極大化が最終目的であって、中間手段であるWが捨象《しゃしょう》されます。Wに含まれている労働力が軽んじられるようになったのです。

古代は土地（land）を、中世は霊魂（anima）を、資本主義社会は商品をコレクトすることで社会秩序を維持してきました。21世紀は“collection of money”となって、資産と資産を交換することで資本をコレクトするビリオネア（純資産10億ドル超長者）が「幻想と狂気の世界」の支配者となりました。日本銀行が行った異次元金融緩和は、日本人を「幻想」の世界に引きずり込んだことになります。

こうした事態を食い止めるには、まず「幻想」でリアルが見えなくなった世界を見えるようにしなければなりません。鈴木さん演出の芝居はそれを可能にしてくれます。このことにリアルの世界に住む主権者である国民が気づかないと、国民国家の時代が終わり、「資本の帝国」の臣民となりかねません。いや、すでにそうなりつつあります。

それでは早速、紐解《ひもと》いていきましょう。

２０２４年11月

水野和夫

目次

第2章 経済成長という病《やまい》

第3章 リアルエコノミーvs.シンボルエコノミー

第4章 中心の喪失

第5章

作られたバブルと、ビリオネアの増殖

本文デザイン……盛川和洋
図表作成……篠 宏行
校正……安達万里子(円水社)
DTP……キャップス

第1章

幻想のインフレ時代

本章のテーマは「ゼロインフレの時代は終わったか」です。答えは「終わってない」ですが、その理由を具体的に述べていきます。そうであれば、黒田東彦《くろだはるひこ》前日本銀行（日銀《にちぎん》）総裁の10年にもおよぶ「異次元金融緩和とは何だったのか」にも言及しなければなりません。これを一言で言えば、日銀の金融政策は科学から呪術《じゅじゅつ》と化したのです。金融政策で国民に「気合」を入れることによって消費者物価を2・0％に上昇させようというのが、クロダノミクスだったのです。

「大いなる安定」は終わったか

まず、新型コロナ・パンデミックとロシア・ウクライナ戦争は、物価の「大いなる安定（グレートモデレーション）」を終わらせたのか否《いな》かを考えてみましょう。

２０２０年はじめから新型コロナウイルスが猛威を振るい、パンデミックとなって労働力や半導体などの供給不足が世界中で生じたため、先進国の消費者物価は２０２０年半ばから年末にかけて上昇に転じました。[*1] さらに、物価の上昇に拍車をかけたのが２０２２年2月24日のロシアによるウクライナ侵略です。これによって、エネルギーと食料の供給不足が起きました。

米国の消費者物価（総合。以下、特に断りのない場合は日米共に「総合」）は、２０２０年5月には前年同月比０・２％増と、ほぼゼロインフレの状態まで沈静化していました。その後、一転して上昇傾向となり、２０２２年6月には同９・１％増となり、１９８１年11月以来、[*2] 実に41年ぶりの高い上昇率を記録しました。

その後、徐々にインフレ率はピークアウトし、２０２４年4月には３・４％増と沈静化の兆《きざ》しが見えてきました。ただ、沈静化の原因は、食料とエネルギー価格の全体への寄与度がおおむねゼロとなってきたことが原因で、今後は３％台半ばの上昇率となっているコアインフレ率（食料とエネルギー価格を除く総合）が、グレートモデレーション期（GDP〔国内総生産〕や物価など経済変動が小さくなり、先行きが見通せるような時代）の2%弱まで鈍化するかどうかにかかっています。

日本も米国と同様です。おおむねゼロインフレで落ち着いていた日本の消費者物価は、新型コロナ・パンデミックとロシア・ウクライナ戦争の影響で2023年1月には4・3%増となり、1981年7月以来[*3]、およそ42年ぶりの上昇率となりました。しかし2024年9月には2・5%増となり、ピークアウトの兆しが出てきました。

新型コロナ・パンデミックとロシア・ウクライナ戦争によって消費者物価が2・0%を上回るようになり、1990年以降続く世界的な「グレートモデレーション」は終わったのでは、との見方も出てきました。

コアインフレ率を見ると……

インフレの帰趨《きすう》はコアインフレ率[*4]にかかっています（図表1）。パンデミックは収束し、戦争のエネルギー価格押し上げ効果、いわゆる供給サイドの要因が一段落しているからです。したがって、今後は需要サイドの要因であるGDPギャップ（需給ギャップの代

図表1 グレートモデレーションは終わったのか？

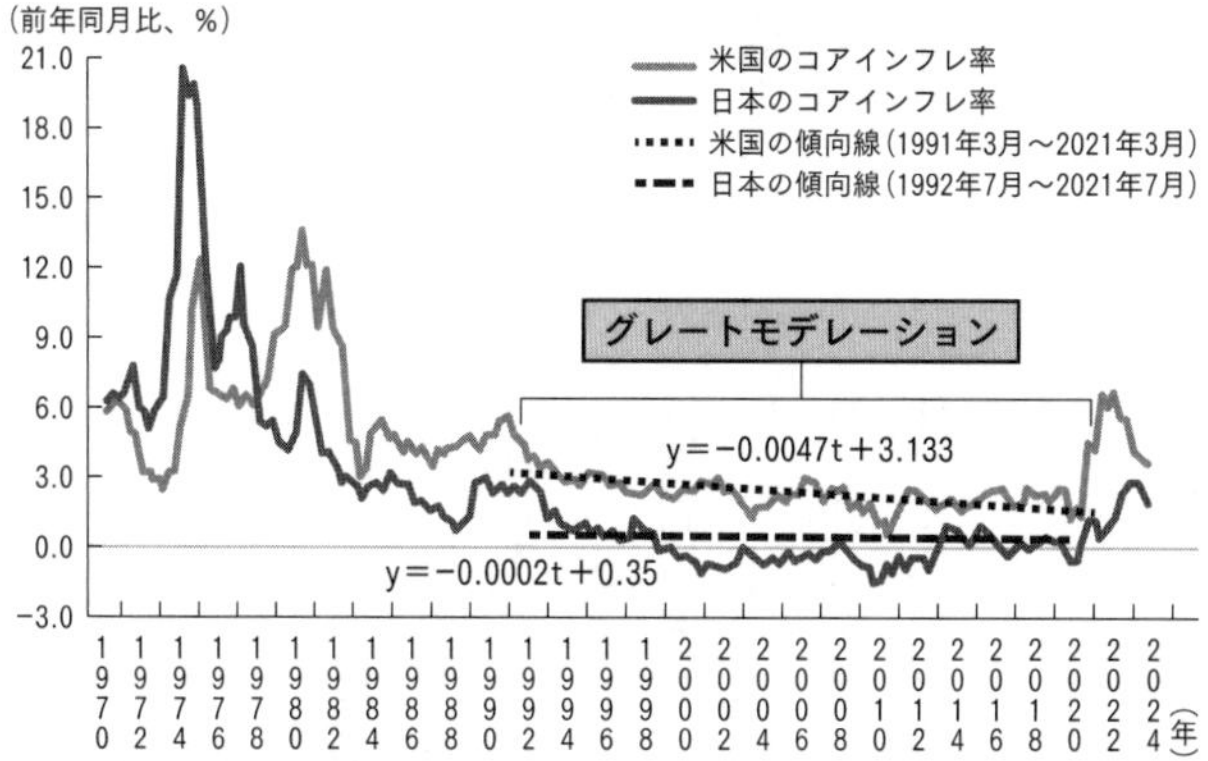

(注)日本のコアインフレ率については、食料(酒類を除く)およびエネルギーを除く総合、かつ消費税調整済み指数
(出所)総務省「消費者物価指数」、米国労働省“Consumer Price Index for All Urban Consumers”

表的な指標)で決まるコアインフレ率の動向が重要となります。

消費者や生産者は、物価の安定が何よりも大事です。物価が安定していれば、消費者は現時点で必要な財・サービスを購入することによって満足度を最大化できますし、生産者は将来の値上がりや値下がりを気にかけることもなく、現在の需要に応じた生産量を供給すれば利潤を強大化することができるからです。

２００４年、米連邦準備制度理事会(FRB)の理事ベン・バーナンキ(のちにFRB議長)は“The great moderation”という論文を発表し、１９８０年代半ば以降、GDPや物価の変動(標準偏差、散らばりの度合いを表す）は大きく低下したと指摘しました。日米のコアインフレ率の変動を1990年代初頭以降とそれ以前で比較すると、非連続的な変化[*5]が生じたことがわかります。

米国では、第1次石油危機が生じた1973年1月から物価上昇のトレンドが終わった1991年2月まで[*6]が、インフレの時代でした。米コアインフレ率は年平均6・5％増（前年同月比）で、平均値に±1倍の標準偏差（2・7％）を加えた範囲、すなわち高い時は9・2％、低い時で3・8％の広い変動幅で推移していました。

日本でも、米国と同様に1973年1月から1992年6月まで[*7]がインフレ期です。この間のコアインフレ率は平均5・4％を中心に、プラス0・8〜10・0％の範囲で推移し、米国以上に日本の物価は激しく変動しました。

先進主要5カ国（G5）のコアインフレ率の標準偏差の推移を見ると、1970年代・1980年代のインフレ期は物価変動の振幅が激しく（図表2）、将来の消費計画や生産計画を立てるのは困難でした。ところが、1990年代から2020年までのおよそ30年間、いわゆるグレートモデレーションの時代になると、G5のコアインフレ率は自国の平均値の上下0・2〜0・4％の範囲内におおむね収まっていたので、消費計画や生産計画が立てやすい状況でした。ところが、2020年前後から変動幅が広がるようになり、先

図表2 収斂していたインフレ率の変動幅

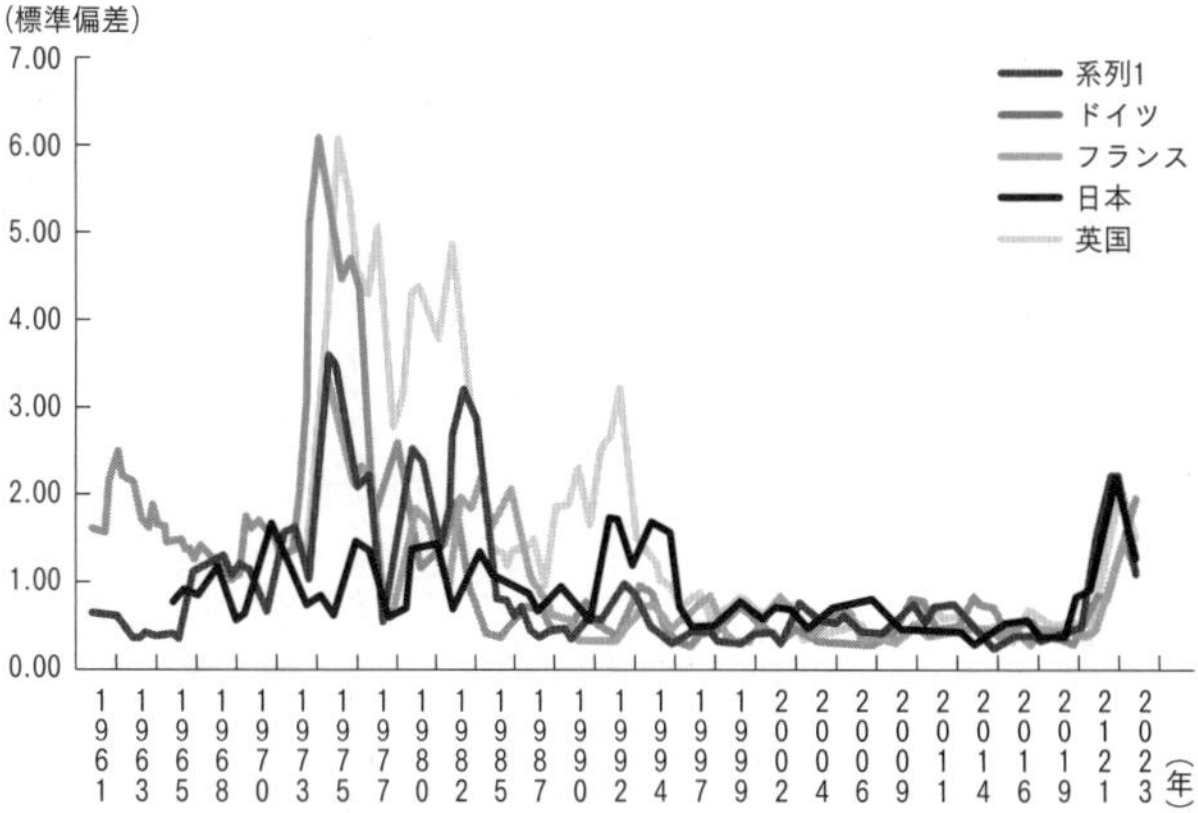

(注1) G5コアインフレ率(前年同月比)の標準偏差。標準偏差の対象期間は36カ月
(注2) 日本の数値は、総務省「消費者物価」に食料(酒類を除く)およびエネルギーを除くベースで、かつ消費税率調整後
(出所) 総務省「消費者物価指数」、OECD"Inflation (CPI)"

行き不透明感が漂《ただよ》うようになります。その変動幅も若干ですが、ようやく2022年末から2023年前半にかけて縮小に転じ始めました。

非連続な変化

グレートモデレーションとは、図表1(19ページ)の米国などに見られるように、コアインフレ率の増加率が鈍化し、かつ図表2で示したように変動幅が収《しゅう》斂《れん》していく状況を言います。まさに、第4章で述べる「定常状態」に向かっていたのですが、2021年以降の物価高騰と変動幅の上昇は、それまでの傾向を帳消しするかのようです。

ある時系列変数、たとえばここでは月々の消費者物価増減率は3分の2の確率で平均値±1倍の標準偏差の範囲内に収まります。したがって、長期にわたってこの範囲の上限・下限を超えると、何らかの構造変化が起きている可能性を検討しなければなりません。物価の上下変動が激しいと、消費者も生産者も先行きを見通すことが困難になります。消費計画や生産計画を立てても、あとで振り返ってみれば、現実と大きく乖離していることが多くありました。

米ＦＲＢ議長だったポール・ボルカー（１９７９〜１９８７年在任）は、強烈な金融引き締めによってインフレ退治に成功し、グレートモデレーションの基盤を作りました。米コアインフレ率は１９９１年３月から２０２１年３月までに[*8]なると、平均２・27％を中心に１・６〜３・０％の狭い範囲で推移するようになりました。その結果、米コアインフレ率はインフレ期（図表3のⅠ期。以下、本項のⅠ〜Ⅲ期は図表3）と比べて半分以下の増加率にとどまり、標準偏差は4分の1にまで低下したのです。しかもこの間、米コアインフレ率の増加率が傾向的に鈍化しているため、ディスインフレの時代でした。

日本は、米国より1年半ほど遅れて１９９２年7月からグレートモデレーションに入り、米国以上に物価安定を実現させました。１９９２年7月から２０２１年7月まで、[*9]日

図表3 日米コアインフレ率の平均と変動幅

日本

(%)

	Ⅰ インフレ期 1973/1〜1992/6	Ⅱ グレート モデレーション期 1992/7〜2021/7	Ⅲ 新型コロナ・パンデミック ロシア・ウクライナ戦争 2021/8〜2024/7
平均値	5.39 〈5.38〉	−0.01 〈0.22〉	1.64 〈2.55〉
標準偏差(σ)	4.6	0.7	0.8
±1倍のσ	0.81〜10.0	−0.73〜0.72	0.86〜2.42

逆転

(注1)食料(酒類を除く)およびエネルギーを除く総合、2021年4月から始まった格安料金プランの影響を除く
(注2)〈 〉内は消費者物価(総合)
(注3)消費税調整済み指数
(出所)総務省「消費者物価指数」

米国

(%)

	Ⅰ 1973/1〜1991/2	Ⅱ 1991/3〜2021/3	Ⅲ 2021/4〜2024/7
平均値	6.47 〈6.58〉	2.27 〈2.29〉	4.87 〈5.47〉
標準偏差(σ)	2.7	0.7	1.1
±1倍のσ	3.8〜9.2	1.6〜3.0	3.8〜5.9

逆転

(出所)米国労働省“Consumer Price Index for All Urban Consumers”

本のコアインフレ率は平均マイナス0・01%と、事実上30年間ゼロインフレの時代が実現しました。日本のグレートモデレーションとはゼロインフレだったのです。

日本のコアインフレ率の変動範囲は、グレートモデレーション期(Ⅱ期)になると、マイナス0・73〜プラス0・72%となり、標準偏差はⅠ期のおよそ7分の1にまで低下しました。Ⅱ期の変動幅の上限(0・72%)がそれ以前のⅠ期の下限(0・81%)を下

回ったのです。

米国も同様に、Ⅱ期におけるコアインフレ率の上限が3・0％となり、Ⅰ期の下限だった3・8％を下回りました。日米共に非連続的な変化が起きたことになります。

新型コロナ・パンデミックとロシア・ウクライナ戦争が物価を巡《めぐ》る環境を一変させたⅢ期になると、米コアインフレ率の下限は3・8％となり、Ⅱ期の上限3・0％を上回りました。日本のⅢ期も、米国と同様のことが起きています。

米国のコアインフレ率は2024年4月から9月にかけて、Ⅲ期の下限である3・8％を下回る上昇率となっています。まだ半年のことですから、Ⅲ期のパンデミックと戦争で押し上げられた物価が収束したと判断するのは早いですが、インフレ鎮静化の兆しが出てきたようです。

何が物価を上昇させたのか

日本のコアインフレ率は2021年8月以降、1・0％を上回り、米国では2021年4月以降、3・0％を超えるようになりました。30年も続いた物価安定期が終わったかどうかは、消費者物価を押し上げている要因を探る必要があります。

その要因は二つあります。一つは原油価格で、ロシア・ウクライナ戦争がいつ終わるかにかかっています。これは、自国の金融政策では制御できません。もう一つは、国内の需給要因で決まりますが、グローバル化の影響で、米国のコアインフレ率の動向がヨーロッパのそれの鍵を握っています。米国とヨーロッパは、経済では一体化しているのです。それに対して日本のコアインフレ率は、日本独自の要因を考慮する必要があります。それは、日本がすでに「定常状態」に入っていることです。

今回の、先進国における物価上昇の特徴は、二つの要因のうち食料・エネルギー価格が引き金となって、それに追随する形で先進国のコアインフレ率が上昇している点にあります。日本の場合、エネルギー価格（光熱費やガソリン代など）の上昇に食料価格が追随してはいますが、現在のところコアインフレ率はほとんど食料・エネルギー価格と連動しておらず、低い上昇率にとどまっています。

食品の値上げは２０２４年も続いています。帝国データバンクの定期調査によれば、「２０２４年の値上げ品目数は10月までの累計で７４２４品目となり、年間の平均値上げ率は18％に達した」［２０２４］。２０２３年が15％の値上げ率で消費者物価を１・７％ポイント押し上げたので、２０２４年も食料価格は物価全体を前年以上に押し上げる可能性が高いと言えます。

2021年8月から2024年7月（23ページの図表3のⅢ期）までの消費者物価上昇率は、年平均2・6％です。携帯電話通信料の引き下げ分が消費者物価を0・3％押し下げているので、この影響を除くと、消費者物価は年平均2・9％上昇しています。このうち63％が食料・エネルギー価格の上昇によるもので、コアインフレ率の物価全体への押し上げ分は37％です（図表4）。

インフレ期（Ⅰ期）におけるコアインフレ率の物価押し上げ効果は68％でしたから、当時は原油価格高騰がエネルギー関連だけにとどまらず、多くの財・サービス価格の値上げを誘発したことになります。特定の品目に限らず、多くの財・サービス価格が一律に値上がりしたわけです。いわゆる「インフレは貨幣現象である[*10]」というマネタリスト（通貨供給量をコントロールすることで物価に影響を与えることができると考えている人たち）の考え方が成立していたのです。

しかし、グレートモデレーション期（Ⅱ期）になると、コアインフレ率はマネーストック（法人、個人、地方公共団体などが保有する現金・預金などの残高）の増減では説明できなくなりました。「インフレと同様にデフレも貨幣現象ではない[*11]」のです。なぜ、Ⅱ期にな

図表4　2021年８月以降、食料・エネルギー価格が物価高騰の最大原因

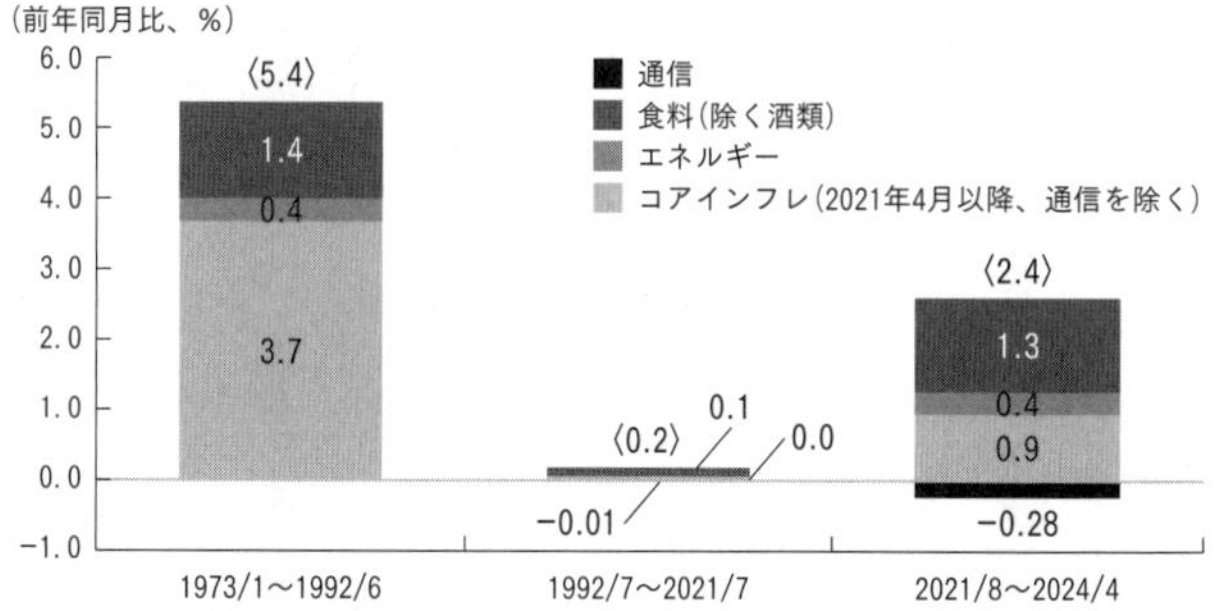

（注1）エネルギー＝電気代、都市ガス、プロパンガス、灯油およびガソリン
（注2）2021年4月以降のコアインフレ率は、通信を除くベース
（注3）〈　〉内の数字は、消費税引き上げ分を含む消費者物価（総合）の平均上昇率
（注4）内訳の数字は、消費者物価増減率の寄与度（四捨五入により端数は合わない）
（出所）総務省「消費者物価指数」

って貨幣現象でなくなったのか、その理由については後述します。

実質賃金の低下

２０１３年３月に日銀総裁に就任した黒田東彦は翌月、「異次元金融緩和」に踏み切りました。日銀が供給する貨幣（マネタリーベース[*12]）を２倍に増やして、消費者物価（生鮮食品を除く総合、消費税引き上げの影響を除く）の上昇率を２・０％増にするというものです。

しかし、マネタリーベースは２倍以上に増えても[*13]、消費者物価の上昇率は３年経《た》っても未達のままでした[*14]。その後、10年目の２０２２年にようやく２・５％の上昇、２０２３年は３・２％上昇となりました。食料（酒類を除く）およびエネルギーを除く総合では2022年に0・1％上昇、2023年は2・5％上昇でした。しかし、この数字は新型コロナ・パンデミックとロシアのウクライナ侵攻によるもので、ベースマネーの増加によるものではありません。

いっぽう米国は、日本と違ってコアインフレ率が消費者物価全体を押し上げている点に特徴があります。米国のⅢ期にあたる2021年4月から2024年7月までの間、米消費者物価は年平均5・47％上昇したのですが（23ページの図表3）、そのうち、食料・エネルギー価格による押し上げ分は11％で、コアインフレ率は89％となっています。

米国ではコアインフレ率が物価全体の89％押し上げているのに対して、日本はわずか37％にとどまっています。この違いは日米の賃金に原因があります。米国では賃金が上昇しているのに対して、日本では賃金が趨勢的《すうせいてき》に下落しているため、日本企業はコスト上昇を販売価格に転化できないのです。

米民間部門の労働者の週平均実質賃金（以下、同じ）は1995年を底に上昇に転じ、1996年から2023年までの間、年平均で0・7％増加しました。[*15] 新型コロナ・パンデミックとロシア・ウクライナ戦争の影響で2022年は消費者物価が前年比8・0％と大幅に上昇したため、実質賃金はマイナス2・4％となりました（名目賃金は5・6％上昇）。翌２０２３年の実質賃金はわずか０・２％しか上昇しておらず、前年の大幅減のあとにしては上昇率が鈍いと言えます。２０２４年に入っても１～９月の実質賃金は前年比１・１％増[*16]と緩《ゆる》やかです。

米国の実質賃金は労働生産性に見合うように上昇していません。これは先進国に共通しています。米国では１９９６年から２０２３年までの間、労働生産性は年平均２・１％上昇に比べて、実質賃金は年０・７％増と労働生産性上昇率のわずか３分の１にとどまっています。ＯＥＣＤ（経済協力開発機構）の分析[*17]によれば、先進国12カ国の労働分配率は１９７０年代前半がピークで、その後、趨勢的に低下しています。

１９９６年から米国では実質賃金が上がっていたので、食料・エネルギー価格の上昇に追随して、それ以外の財・サービス価格転嫁しやすかったことになります。それに対して、日本の実質賃金（季節調整済指数、厚生労働省「毎月勤労統計調査」）が１９９７年から傾向的に下落しているのは、企業が当期純利益を増加させるために、１人当たり人件費を１９９７年度の４６０万円から２０２３年度には４３９万円へと削減してきたからです。ピークだった１９９７年１～３月期の水準と比べて、２０２４年７～８月期時点での日本の１人当たり実質賃金は18・７％も下落（年率マイナス０・７％）しています。

米国で起きたことは、日本でも同様です。米国社会の分断はドナルド・トランプを大統領に押し上げ、彼がホワイトハウスを去る時には議会襲撃事件が起きました（2021年1月）。民主主義の危機が叫ばれている現在、そうした危機に、ウクライナや香港《ホンコン》に見られるように、ロシアや中国など専制主義国家がつけこんでいるのです。

いっぽう先進国では、社会の分断が深刻化しています。所得と富《とみ》の集中がもっとも顕著な米国では、フルタイムで働く男性労働者の2023年実質所得（中央値）[*18]は、従来のピークだった1973年と比べて、わずか1・04倍です（米国勢調査局「米国の所得 2023」）。年率で見ると、0・07％の増加にすぎません。1億6132万人の全米雇用者（フルタイムとパートタイムの合計）のうち6847万人がフルタイムで働く男性で、そのうち半数の3424万人はこの45年間、実質所得が同じか減少しています。

日本の実質所得（世帯当たり、2020年価格）の中央値は、1992年をピークにその後、減少傾向にあります（図表5の点線）。2022年は、ピークと比べて32・1％（年率1・3％減）も低下しました（厚生労働省「国民生活基礎調査」）。算術平均《さんじゅつへいきん》（各データの総和をデータ数で割った数字）で見ると、ピークだった1994年と比べて、2022年は25・9％減となっています（図表5の実線）。中央値の下落率が算術平均値よりも大きいと

図表5　下落傾向に歯止めがかからない、日本の１世帯当たり実質所得金額

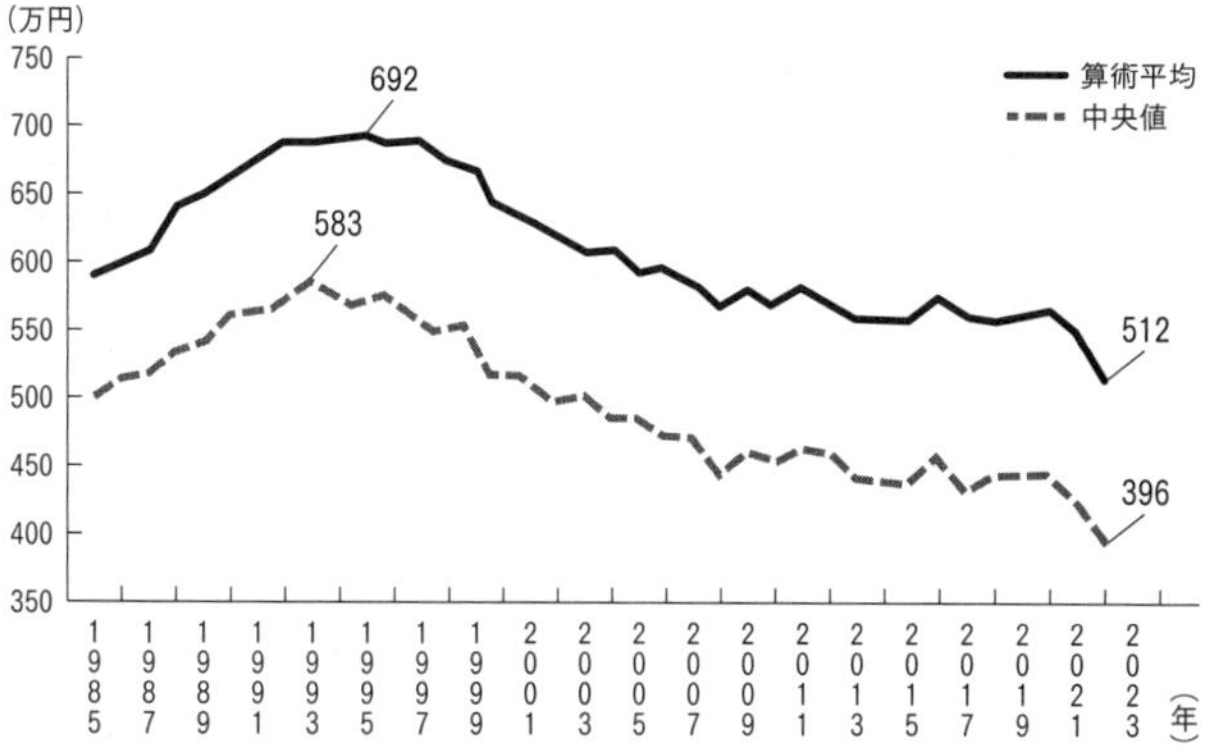

（注）消費者物価（2020年＝100）で実質化
（出所）厚生労働省「国民生活基礎調査」、総務省「消費者物価指数」

いうことは、所得格差が広がっていることを意味します（格差の状況は第5章で詳述）。さらに、１人当たり実質賃金の下落率よりも世帯当たりのほうが大きいため、家計の生活が苦しくなっていることがわかります。

　実質賃金が重要なのは、それが働く人の生活水準を測る指標だからです。インフレを通じて実質賃金が低下すれば家計の購買力を奪うことになり、生活水準の低下を招きます。貨幣社会のもと、四半世紀の長きにわたって実質賃金（所得）が低下しているということは、個々人の自由度が減ることにほかなりません。このことは資本主義社会の目標、すなわち自由の獲得に反しており、由々《ゆゆ》しき事態です。

日本の特殊事情

エネルギー価格と食料価格はおおむね同じ方向に動きます。米消費者物価内訳項目である両者の関係を見ると、グレートモデレーション期に該当する、ソビエト連邦（ソ連）解体によって市場経済が地球規模で広がった1992年1月から2024年7月では、エネルギー価格が1・0％上昇すると、食料価格は0・63％上昇するという関係が大まかにありました。エネルギーと食料は共に人間が生きるのに欠かせないものであり、需要は増加傾向にあります。それに対して、供給サイドから見ると、天候や戦争といった予期せぬ事態によって供給が大幅に制限されることがあり、変動が激しくなる傾向があります。

グレートモデレーション期の日本のコアインフレ率は、ほぼゼロ％でした。グレートモデレーション期の開始から3年後となる1995年7月7日、日銀は「物価が過度に下落した場合」［1995］に備えて利下げ（コールレート［金融機関が日々の資金過不足を調整するために無担保で行う貸し借りの金利］の低め誘導）を実施しました。内閣府は「『デフレとは、物価の持続的な下落である』と定義することが最も適当である」（［2001］19頁）とし、「持続的な下落」と言う場合、2年以上[*19]の物価下落を指し、物価とは消費者物価（総合）で判断する[*20]としています。

日本の消費者物価が前年比で2年以上続けてマイナスとなったのは、1999年から2005年までの7年間と、2009年から2011年の3年間です。この2期間以外に、デフレになったことはありません。二つのデフレはいずれも、その直前に起こった日本の金融システム危機と米国発リーマンショックが引き金になっています。この2期間を除けば、消費者物価は0～1%増の間で安定していました。

黒田東彦日銀総裁は2013年3月21日、就任記者会見において「金融緩和については、『できることは何でもやる』というスタンスで、2%の物価安定の目標に向かって最大限の努力をすることは、現在の日本銀行の使命だと思っています」と述べました。2009年から2011年までデフレが続き、翌2012年も消費者物価はゼロ%でした。デフレ脱却には「異次元」の、すなわちこれまでにない強力な金融緩和が必要だと言うのです。

そして、日銀は大量の国債買い入れ、ETF（金融商品取引所に上場している投資信託）の購入、イールドカーブ・コントロール（国債の利回り曲線を維持するために短期・長期の金利を調整すること）など、「できることは何でも」やりました。

しかし現実は、総裁就任時から新型コロナ・パンデミックとロシアのウクライナ侵攻直前（グレートモデレーション期の終わり〔2021年7月〕）までのコアインフレ率は、平均0・23％増（前年同月比）でした。グレートモデレーション期の始まり（1992年7月）から2013年3月までのコアインフレ率は平均マイナス0・11％（同）でしたから、黒田総裁の言う「できることは何でもやる」との決意の効果は、たったの0・34％（0・23％とマイナス0・11％の差）だったことになります。

この事実は、日本の経済構造が「大胆な金融緩和」（安倍晋三《あべしんぞう》首相〔当時〕が掲げた「アベノミクス」第1の矢）や「機動的な財政政策」（第2の矢）では変えられない段階、すなわち「定常状態」に入っていることがうかがえます。第3の矢である「民間投資を喚起する成長戦略」を含め、3本の矢が成功しなかったのも同じ理由です。日本が「定常状態」に入っているとの仮説が正しければ（同仮説は第4章で詳述）、日本には再びゼロインフレに戻ってくるであろうと私は予想しています。

何がコアインフレ率を決めるのか

コアインフレ率の説明には、主に二つの理論があります。一つはフィリップス曲線、もう一つは「インフレ・デフレは貨幣現象である」とする貨幣数量説です。

図表6 1993年を境に一変した、失業率と物価の関係

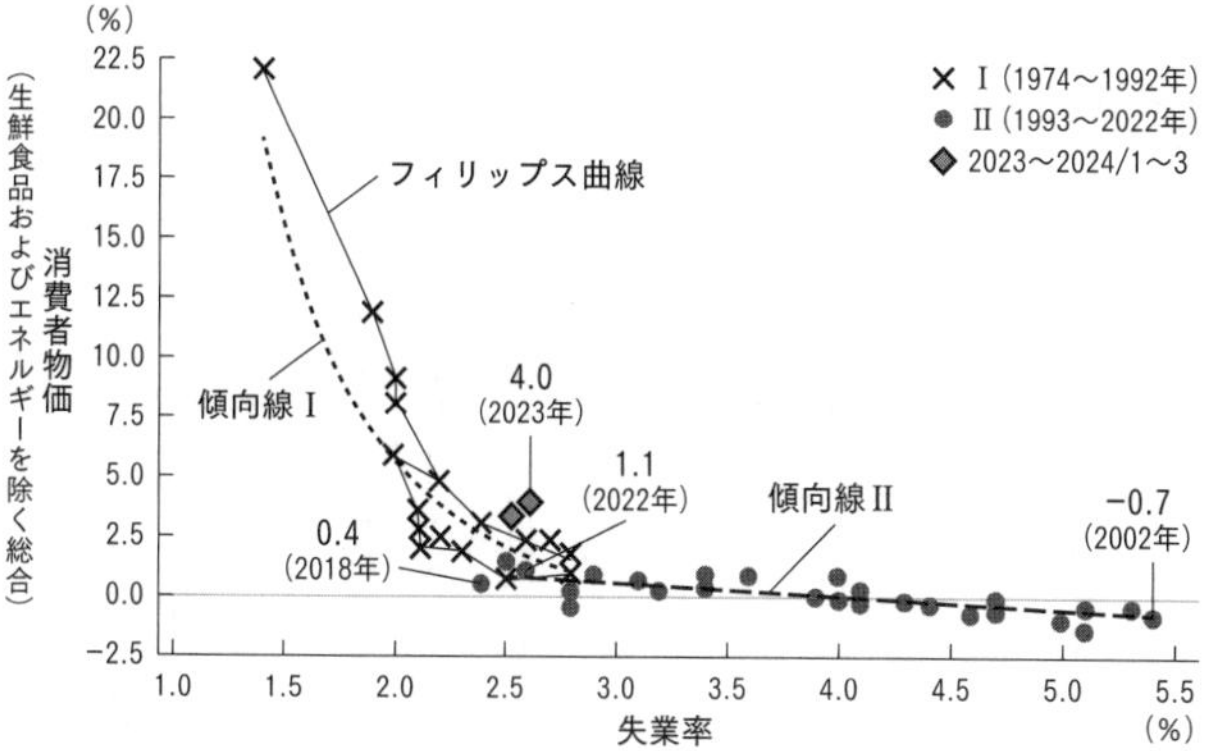

(注1)コアインフレ率は消費税調整済み
(注2)2024年は1〜3月の平均
(出所)総務省「労働力調査」、「消費者物価指数」

フィリップス曲線は、GDPギャップ*[21]や失業率が物価を決めるとします。GDPギャップとは、実際の実質GDP水準と潜在GDP水準のギャップを表したものです。いっぽう貨幣数量説は、物価は貨幣量が決めると考えます。インフレ・デフレは個別物価の問題ではなく、全般的物価変動の問題とするのです。

まず、フィリップス曲線を描いてみましょう。縦軸に被説明変数である消費者物価（生鮮食品およびエネルギーを除く総合）を、横軸に説明変数である失業率を取ります（図表6）。

図表3（23ページ）で示したように、日本は1992年7月からグレートモデレーション期に入っているので、1992年以前と1

993年以降で分けて描くと、第1次石油危機の影響が顕著に表れた1974年から1992年までは理論通り右下がりの関係（35ページの図表6の傾向線Ⅰ）が見られます。すなわち失業率が低下すると（労働需給の逼迫）、物価が上昇しています。1974〜1992年の失業率とコアインフレ率はトレードオフの関係があったのです。

ところが、1993年以降になると、状況は一変します。傾向線Ⅱに見られるように、不況になって失業率が5・5％（2002年）に上がっても、景気が良くなって失業率が2・4％（2018年）に低下しても、コアインフレ率（縦軸）はゼロ％近くでほとんど動いていません。[*22] 図表6に見られるように、2023年と2024年には、傾向線Ⅱから大きく上方シフトしていますが、これは金融政策の効果ではなく、新型コロナ・パンデミックとロシア・ウクライナ戦争が原因です。

失業率は実質GDPと連動します。ところが、財・サービスの物価は景気の良し悪し（失業率）に連動しなくなり、代わりに資産価格が乱高下するようになりました。これは第3章で述べるシンボルエコノミーがリアルエコノミーを圧倒するようになり、「ショック・ドクトリン（惨事便乗型資本主義）」が発動されたことと関係があります。財・サービスの物価が変動する代わりに、シンボルエコノミーの膨張・収縮によって株価変動が激しくなり、収縮過程で企業はリストラを迫られます。その結果、失業率が上昇するのです。

日本の1993年から2022年までのフィリップス曲線（図表6の傾向線Ⅱ）が上方シフトしなければ、失業率が0％となった時にはじめてコアインフレ率が2・0％増となります。失業率ゼロはありえない世界ですので、2・0％のインフレもありえないことになります。もちろん、日銀は「できることは何でもやる」との決意のもと、異次元金融緩和を続けたわけですが、1993年以降のフィリップス曲線は動きませんでした。

フィリップス曲線の有効性

フィリップス曲線について、日銀は次のように消極的ではありますが、一定の評価を与えています。「各国中央銀行の公表物では、日本銀行も含め、物価決定のメカニズムについては、フィリップス曲線の考え方に基《もと》づく記述が中心になっている」（［2020］1頁）。
しかし1990年代に入ると、日本のみならず先進7カ国（G7）の物価（コアインフレ率）は、フィリップス曲線では説明できなくなっています。[*23] G7のなかで唯一例外なのが米国です。米国の物価だけがかろうじてGDPギャップで説明できます。[*24]
それにもかかわらず、「フィリップス曲線が疑わしいと言っても、それに代わる有力な物価決定メカニズムが見つかっていない以上、フィリップス曲線のパラダイムから移行することはできない、現状はそういったところにあるようにもみえる」（前掲書1頁）という状態です。

日銀は、従来の経済理論が成り立たないと白状しているにもかかわらず、新たな理論が見つからないので、あてにならなくなった古びた理論にもとづいて21世紀の金融政策を実施していることになります。1990年代初頭まではフィリップス曲線は有効だったのですが、今では古びた理論、すなわち「陳腐化《ちんぷか》した思考」に中央銀行はしがみつくしかないようです。

日本では1990年代前半以降、フィリップス曲線は成立しなくなりましたが、米国[*25]、ドイツ[*26]、英国[*27]も同様です。つまり、1990年代から金融政策が呪術化しているのです。黒田日銀総裁は2015年6月4日、日本銀行金融研究所主催の国際コンファランスで「皆様が子供のころから親しんできたピーターパンの物語に、『飛べるかどうかを疑った瞬間に永遠に飛べなくなってしまう』という言葉があります。大切なことは、前向きな姿勢と確信です」と述べています。日銀の金融政策は理論ではなく、根拠のない気合に取り憑《つ》かれているのです。

歴史学者であり経済学者でもあるロバート・スキデルスキーは、「経済学者の仮説は概して検証不可能である。この点において、それは宗教上の信念と似ている」（[2022]16頁）と指摘しています。黒田日銀総裁は、最後の政策決定会合後の記者会見（2023年3月10日）で、「異次元金融緩和は成功だったのか」と問われて、「日本経済の潜在的力が十分発揮されたという意味で金融緩和は成功だった」と答えています。しかし、このあとすぐに「長期的な潜在成長率を決めるのは生産年齢人口と技術進歩率だ。それは金融政策が直接的に影響するよりももっと構造的な問題だ」と矛盾したことを言っています。「異次元金融緩和」の目的はあくまで消費者物価上昇率を年2％の軌道に乗せ、実質GDP成長率2・0％をサポートすることでしたから、正直に答えれば「失敗」だったと言わざるを得ないのですが、それでは無謬性《むびゅうせい》を信条とする官僚のプライドが許せなかったのでしょう。黒田総裁は達成できなかった理由を、2015〜2016年の原油価格の下落などさまざまな金融政策以外の要因を挙げていますので、異次元金融緩和が物価を押し上げるとの仮説は検証不可能です。

理論的には「異次元金融政策」は検証不可能なので、理屈抜きで気合を入れて念じれば、何事も成就《じょうじゅ》すると言わんばかりです。これはもはや信仰であり、呪術化です。近代社会が中世化しているのです。中世化しているのは黒田日銀総裁だけではありません。ロシアのプーチン大統領も同様です。彼は憲法を改正して事実上、皇帝となっているのですから。

先進国は日本を筆頭に徐々に定常状態になり、物価の上昇率が鈍化し、変動幅が小さくなっています。グレートモデレーション期になって日本の実質GDP成長率は鈍化しているのですが、シンボルエコノミーが膨張と収縮を繰り返すため、実質GDP成長率の変動幅は逆に大きくなっています。

図表6（35ページ）では、GDP成長率の変動率が大きくなれば横軸の失業率も右へ、左へと大きく変動します。しかし、縦軸のコアインフレ率はほとんど変動していません。米国はフィリップス曲線が現在でも成立していますが、ドイツ、英国、フランスのコアインフレ率は自国のGDPギャップで説明できません。たとえば、ドイツのコアインフレ率は、自国のGDPギャップよりも米国のコアインフレ率で説明できるようになりました。EU統合によりヨーロッパ経済が米国経済と一体化しつつあり、新型コロナ・パンデミックとロシア・ウクライナ戦争が両経済の財・サービスの価格が今まで以上に連動して動くようになったからです。

「インフレ・デフレは貨幣現象」を検証する

次に、「インフレ・デフレは貨幣現象である」とする貨幣数量説を検証します。結論を先に言えば、「インフレ・デフレ」に資産インフレ・資産デフレも含むと考えれば、貨幣現象です（資産インフレ［バブル生成］と資産デフレ［バブル崩壊］については第5章で詳述）。

ところが、マネタリストは、「インフレ・デフレ」を財・サービスに限定して議論します。恒等式《こうとうしき》（原因と結果を問わない）である貨幣交換方程式、Ｍ（マネーストック）×Ｖ（貨幣の流通速度）＝Ｐ（物価）×Ｔ（取引数量）を、因果式《いんがしき》（原因があって結果が存在する）に変換するのです。左辺が原因で、右辺が結果と見るわけです。彼らは左辺のＭを操作変数として、右辺のＰを上げたり下げたりできると考えます。

さらに、マネタリストは次のような前提を置きます。まず、Ｖは一定であると仮定し、次に右辺のＴはＹ（実質ＧＤＰ）と比例関係にあると考え、ＴをＹに置き換えます。ＴをＹに置き換えたことで、財・サービスのインフレ・デフレに限定するのです。その結果、Ｍ×Ｖ＝Ｐ×Ｙという貨幣数量方程式となります。Ｙは2～4年経過すると、潜在ＧＤＰ、すなわち完全雇用経済に達するので、Ｙは一定と仮定し、ＰはＭに比例するというのがマネタリストの理論です。

この前提には大きな欠陥があります。ＴにはＹに加えて、資産と資産の交換（たとえば貨幣と株式や土地の交換）も含まれます。しかし、資産と資産の交換は付加価値を生まないので、実質ＧＤＰには入りません。ＴをＹに置き換えても差《さ》し支《つか》えないのはＴとＹの比率が一定の場合だけです。ところが、１９８０年代前半からこの比率（Ｔ／Ｙ）[*28]は上昇傾向にあります。マネタリストは、貨幣数量方程式は貨幣取引のなかの一部のみ、しかもＴと比べて相対的に年々縮小していくＹのみを観察対象として、物価をコントロールできると考えているのです。

Ｙは2〜4年経つと、完全雇用経済に達し、これ以上増加しなくなりますから、黒田日銀総裁はＭを「異次元」のペースで増やすことによって、最短の2年で消費者物価を2％上昇させることができると思ったのです。ところが、それが成り立っていたのは１９９０年代前半までのことであって、陳腐化した理論だったのです。

実は、こうしたことはエリートによくあることです。ジョン・メイナード・ケインズは『一般理論』（１９３６）で、「経済学者や政治哲学者の思想は、それが正しい場合にも間違っている場合にも、一般に考えられているよりもはるかに強力である。事実、世界を支配するものはそれ以外にはないのである。どのような知的影響とも無縁であるとみずから信じている実際家たちも、過去のある経済学者の奴隷であるのが普通である」（［１９９５］３８６頁）と指摘しています。

経済学の世界ではこの半世紀、マネタリズム（貨幣量が物価や生産の変動をもたらすと考える学派）が支配してきました。その延長線上に、資本の自由化やグローバリゼーションの台頭があり、それによってシンボルエコノミー化が進みました。中央銀行はマネタリズム、そこから派生したリフレ派（緩やかなインフレを生み出すことで経済の安定成長を図《はか》れると考える学派）に支配されてきたのです。

黒田東彦は１９７５〜１９７８年に国際通貨基金（ＩＭＦ）に出向しています。当時のＩＭＦはちょうどケインズ主義者（ケインズの主張した、政府による積極的な介入により完全雇用を実現しようとする学派）に代わって、マネタリズムや新自由主義（ネオリベラリズム）を信奉する官僚が牛耳《ぎゅうじ》っていました。

ケインズは「権力の座にあって天声を聞くと称する狂人たちも、数年前のある三文学者から彼らの気違いじみた考えを引き出しているのである。（中略）なぜなら、経済哲学および政治哲学の分野では、二五歳ないし三〇歳以後になって新しい理論の影響を受ける人は多くはなく、したがって官僚や政治家やさらには煽動家でさえも、現在の事態に適用する思想はおそらく最新のものではないからである」[*29]（前掲書386頁）とも言っています。黒田がIMFに出向した時は30歳でした。まさに、インフレ期に身につけたマネタリズム的思想に拘泥《こうでい》したまま、日銀総裁に就任したことになります。

また、ケインズは「遅かれ早かれ、良かれ悪しかれ危険なものは、既得権益ではなくて思想である」（前掲書386頁）と指摘しました。およそ1世紀後、彼の慧眼《けいがん》が日本で証明されたことになります。人間はピーターパンのように飛べないように、いくら日銀総裁が「異次元金融緩和」は非伝統的金融政策と意気込んでも、人々に魔法をかけることはできないのです。

日銀総裁候補だった植田和男《うえだかずお》（現総裁）は2023年2月24日、衆議院での所信聴取において、理想の金融政策について「私に課せられる使命は、何か魔法のような特別な金融緩和策を考えて実行するということではないと思っております」と述べています。ようやく、10年間の魔法的な呪縛から解放される期待が高まってきました。黒田日銀総裁の言う「使命」は「なんでもやること」でしたから、新旧総裁の言う「使命」について大きな認識の違いが見て取れます。

倒錯した時代

日本のデータを確認すると、マネーストックとコアインフレ率の関係はグレートモデレーション期に入ると希薄化していきました。１９７１～１９９２年においては、コアインフレ率はマネーストックの増減で十分説明できたのですが（47ページの図表7の上図）、１９９３～２０２３年では、まったく説明できないことがわかります（図表7の下図）。

マネタリストや新自由主義者（ネオリベラリスト）たちは、政策の柱とした資本の自由化とグローバリゼーションによって、みずから信奉する貨幣数量方程式を崩壊させていくことになります。資本の自由化を進めれば進めるほど、ある国の異常な量的金融緩和によって生み出されたマネーは他国に容易《たやす》く移動できるわけですから、その国の財・サービス価格を押し上げることになりません。投資家は2～4年後のインフレに賭けて投資するよりも、金融資本市場で今日買って明日売却してキャピタルゲイン（土地、株式などの資産の売却で得る売買差益）を得たほうが合理的だと思っているからです。

閉鎖経済でしか成り立たない貨幣数量説を、グローバリゼーションで金融資本市場を一体化させた世界で成立させようというのは自己矛盾です。エリートたちが、こんな基本的な矛盾に気がつかないはずはありません。おそらく、確信犯的にマネタリズムとグローバリゼーションを推進したはずです。気がついていなければ、もっと事態は深刻です。運転免許証を持たないドライバーが車を運転しているほど危険なことはありません。

デヴィッド・ハーヴェイは、「新自由主義は、国際資本主義を再編するという理論的企図を実現するためのユートピア的プロジェクトとして解釈することもできるし、あるいは、資本蓄積のための条件を再構築し経済エリートの権力を回復するための政治的プロジェクトとして解釈することもできる」（［２００７］32頁）と主張し、後者を支持しています。リアルエコノミーが「定常状態」に向かっていることを認識したうえで、経済的エリートたちはグローバリゼーションを確信的に推進し、シンボルエコノミー化を促進しているのです。

フィリップス曲線と貨幣数量説はＴ／Ｙ比率が一定である時には、どちらの理論でも物価を説明できます。コインの表から見るか、裏から見るかの違いだけです。閉鎖経済でしか成立しない理論を、資本の自由化で開放経済を促進する新自由主義者が信じていることは、21世紀は「倒錯した時代」であると言えるのです。

図表7 貨幣数量方程式の崩壊

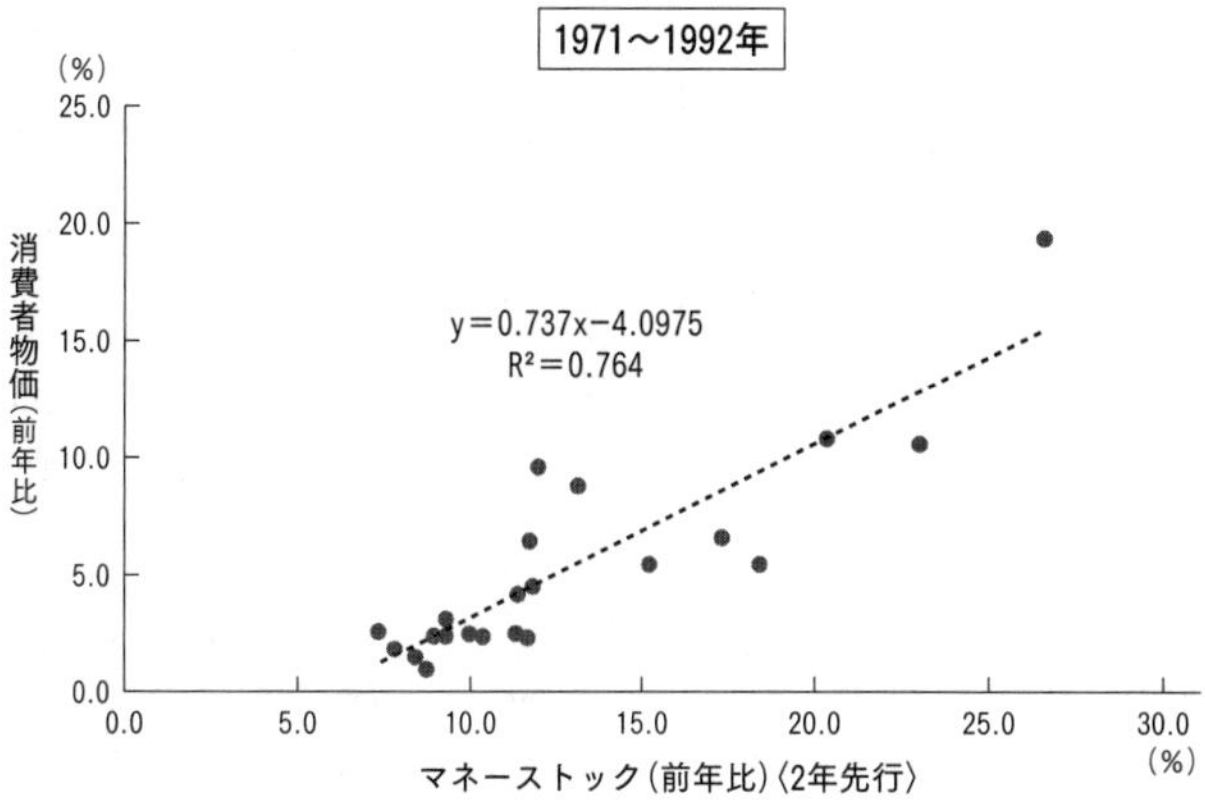

(注)消費者物価は食料(酒類を除く)およびエネルギーを除く総合
(出所)総務省「消費者物価指数」、日本銀行「マネーストック」

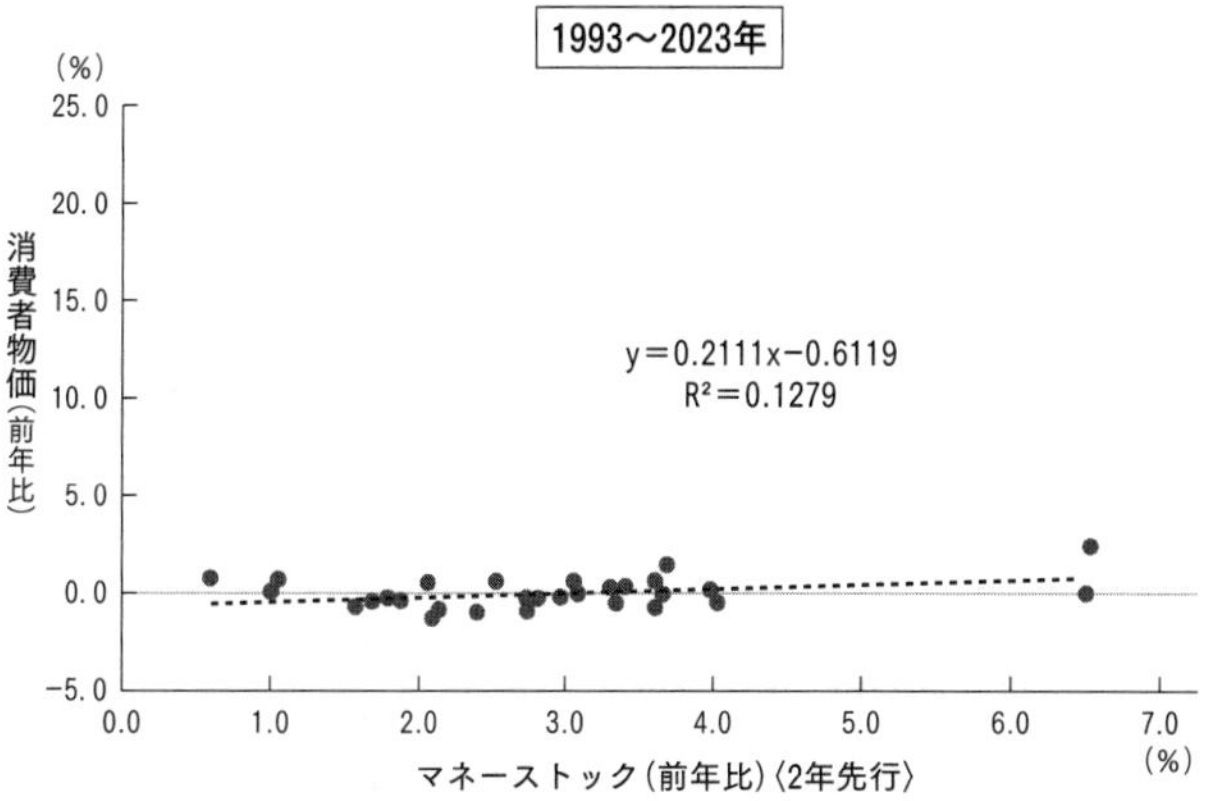

(注)消費者物価は食料(酒類を除く)およびエネルギーを除く総合
(出所)総務省「消費者物価指数」、日本銀行「マネーストック」

コアインフレ率と原油価格の関係

ここまで、コアインフレ率を失業率、ＧＤＰギャップ、マネーストックで説明できるかどうかを見てきました。残る要因として、原油価格の影響力を見る必要があります。食料も原油と同様に国際商品市場で取引されており、両者は連動性が高いのです。近代社会は機械を稼働させて財・サービスを産出していますから、原油価格がインフレの動向を握る大きな要素となっています。

まず、原油価格はどの程度の水準が適正なのかを考える必要があります。先進国は主として資源などの原材料を仕入れて、機械を使って工業製品の販売やサービスの提供を行っていますが、機械はエネルギーがないと動きません。この場合、重要なのは実質ベースに直した原油価格です。実質原油価格は、ドル建てのブレント原油価格を米消費者物価で控除して求めます。ブレント原油とは、英国の北海で採掘される原油です。原油市場の中心的指標である米テキサス州西部で産出されるＷＴＩ（ウエスト・テキサス・インターメディエイト）原油を用いないのは、ブレント原油価格のデータが１８６１年から揃っているからです。

実質原油価格は次のような意味を持っています。先進国の売上高（Ｓ）は、人件費

（W）と利潤（利払費《りばらいひ》、地代、減価償却費を含む。Π《パイ》）と中間投入物（仕入れ額。C）の合計です。中間投入物は、原油で代替できます。売上高を価格（先進国の消費者物価、P）と販売数量（Q）に分解すると、S＝P×Q＝W＋Π＋Cとなります。両辺をSで割れば、1＝W／S＋Π／S＋C／Sとなります。

中間投入物は、生産量×資源価格でも代替できます。したがって、C／S＝（生産量×資源価格）／（販売量×消費者物価）となります。生産量は数年を均《なら》せば、販売量と等しくなりますから、分子、分母共に生産量と販売量が消えて、[*30] 残るは原油価格／先進国の消費者物価（＝実質原油価格）となります。ここでは、資源価格を原油価格で代表させます。

売上高人件費比率（W／S）と利潤率（Π／S）と実質原油価格（C／S）を合計すれば1となりますから、実質原油価格が上昇すれば、W／Sか、Π／Sのどちらかが必ず低下します。実質原油価格が大幅に上昇すれば、両方の比率が低下することもあります。

実質原油価格の長期推移を図表8（51ページ）で示しました。先進国の消費者物価は米消費者物価で代表させます。油田が世界ではじめて発見されたのは1859年、米ペンシルベニア州のドレーク油田です。油田が発見された当初、原油は高価でしたが、19世紀末にかけて低下し、1973年までは安定していました。戦後の日独など先進国の高度成長は、実質原油価格の長期低下傾向によるところが大でした。ところが、二度の石油危機で大幅に実質原油価格は高騰し、その後、乱高下はあるものの現在に至るまで上昇傾向は続き、先進国経済の停滞をもたらしています。

実質原油価格は、１９７３年から１９８０年にかけて供給制約が原因で急騰しました。その時、売上高人件費比率（W／S）は上昇し、利潤率（Π／S）は低下[31]しました。原油高によるコストアップを企業が負担したことになります。いっぽう、１９９８年から２０１１年にかけて、BRICS《ブリックス》（ブラジル、ロシア、インド、中国、南アフリカ）が台頭してエネルギー需要が高まり[32]、１９７０年代を上回る実質原油価格の高騰が起きました。

21世紀はじめにはROE革命が叫ばれ、実質原油価格の高騰に対して人件費削減（W／Sの低下）で対応し、利潤率を高めたのです。実質原油価格の高騰は、先進国の交易条件（米消費者物価／原油価格）の大幅悪化にほかなりません。２０２３年度の日本の交易条件（輸出デフレーター／輸入デフレーター）は、１９９８年度と比べて38％も悪化しています。簡略化して言えば、１９９８年度は自動車２台を輸出して原油１バレルを輸入できましたが、２０２３年度は自動車３台を輸出しないと原油１バレルが手に入らなくなったのです。

図表8　実質原油価格の長期推移

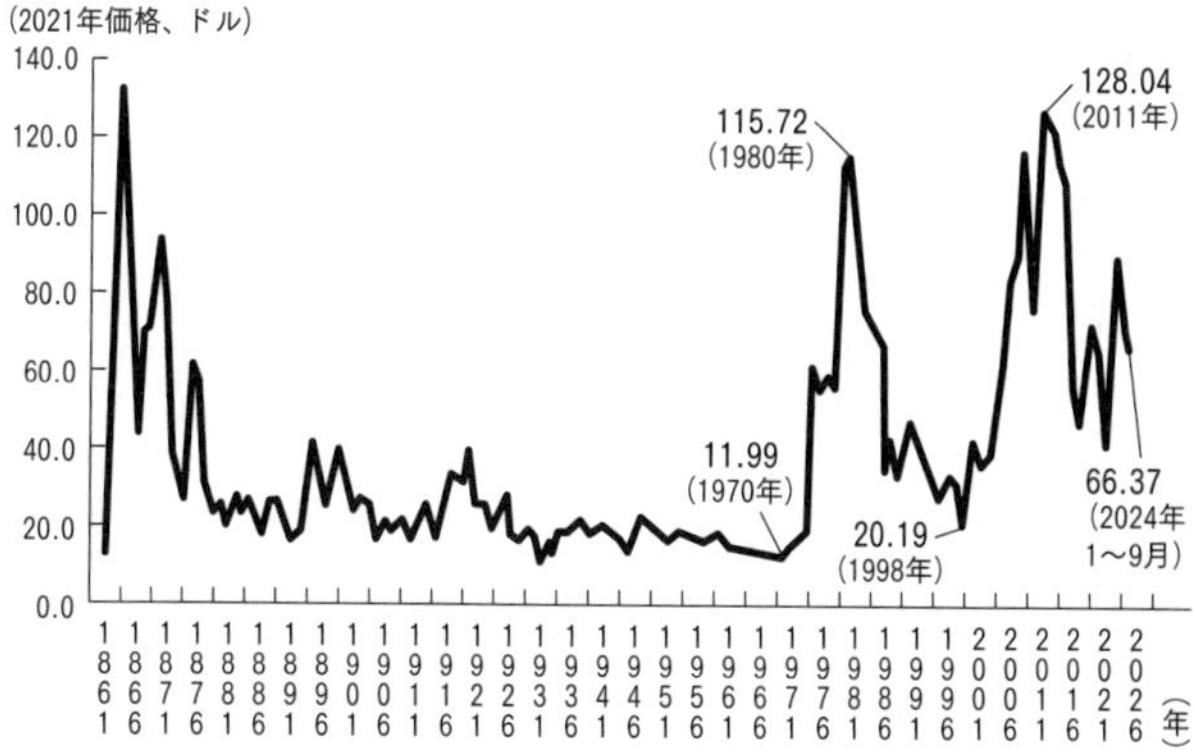

(注)実質原油価格は、名目原油価格を消費者物価指数(2020年米国)を100として割引いた値
(出所)Bp“bp Statistical Review of World Energy”

こうなると、限界収益逓減の法則(生産を追加1単位増やすごとに追加1単位当たりのコストが増加して収益を圧迫する)が働きますので、利益率を上げるには人件費カットしかなくなります。

日本の場合、1998年度の全規模・全産業の売上高営業利益率は調査開始(1960年度)以来、最低の1・8%でしたが、2023年度には4・6%まで上昇しました。これは、1973年度の5・2%に次ぐ高い水準です。それに反比例して、売上高人件費比率は1998年度には過去最高の12・5%だったのですが、2023年度には11・8%へと低下しています(財務省「法人企業統計年報」)。

実質原油価格は１９８０年と２０１１年にピークをつけており、その際には世界経済は深刻な不況に陥《おちい》っています。これらの事実から、実質原油価格が１１５～１２０ドル（２０２０年価格）を超えてくると、世界経済の危険ラインだと言えます。

世界経済の危機ライン

では、世界経済の危機ラインに近づく条件を探ってみましょう。

ブレント原油価格（名目）は、１９９８年の１バレル12・72ドルが底でした。その後、ＢＲＩＣＳの台頭で、原油需要は増加傾向を辿りました。この間、原油価格は名目で年７・６％、実質で同４・７％値上がりしています。今後も、実質原油価格が年４・７％上昇すると仮定すると、15年後の実質原油価格は１３２ドルとなり、２０１１年の１２８ドルを上回ります。25年後には実質原油価格は２００ドルを超えます。実質原油価格の上昇は限界コストを代表し、米消費者物価は限界収益に近い概念です。

２０１０年から２０１２年にかけて、エジプトやチュニジアなどで「アラブの春」が起きたのは、小麦価格やエネルギー価格の上昇で貧しい人たちの生活が困窮したからです。

近代化とは機械化であって、機械を動かすにはエネルギーが必要です。エネルギーの過剰消費、すなわち過剰供給が資本の自己増殖には不可欠なのです。しかし、あまりにエネルギー価格が上昇すると、限界収益が限界コストを追い越してしまいます。

マルクスは、『共産党宣言』（１８４８年）で「ブルジョアジーが生産し、生産物を好き勝手に処理するまさにその基盤が大工業の発展とともに彼らの足下から取り払われて行くのである。ブルジョアジーはなによりも自分たちの墓掘人を生み出しているのだ」（［２００８］３６１頁）と言い、「ブルジョア階級の存続と支配にとっての本質的な条件は（中略）、資本の形成と増大である」（３６１頁）と指摘していました。

まさに、資本の形成と増大にとって不可欠な原油が墓掘人となるのです。このことは、マックス・ヴェーバーの『プロテスタンティズムの倫理と資本主義の精神』の記述と相通じるものがあります。彼は、資本主義秩序、すなわち強力な秩序界（コスモス）は「現在、圧倒的な力をもって、その機構の中に入りこんでくる一切の諸個人（中略）の生活のスタイルを決定しているし、おそらく将来も、化石化した燃料の最後の一片が燃えつきるまで決定しつづけるだろう」（［１９９１］３６５頁）と言及しています。

ヴェーバーは化石燃料に依存した資本主義の巨大な発展が終わる時に、最後に現れる「末人」すなわち軽蔑すべき人にとって「精神のない専門人、心情のない享楽人。この無《ニヒツ》のものは、人間性のかつて達したことのない段階にまですでに登りつめた、と自惚れるだろう」（前掲書366頁）と、同書を締めくくっています。まるで21世紀のビリオネアを予言していたかのようです。

第2章

経済成長という病《やまい》

第1章では、原油価格がいかに物価を左右しているかを見ました。本章ではＧＤＰに焦点をあて、中長期的な成長率はなぜ低下してきたのか、そして究極的には経済成長や1人当たりＧＤＰを増やすのは何のためか、を考察します。これは、経済学が何を目指すのかにかかわる重要な問題でもあります。経済学の目的は自由の獲得であり、経済成長はあくまで手段です。近代と資本主義はどちらも無限の空間を前提としていますが、「より遠く」へとグローバル化に邁進してきた結果、21世紀の現在、日本を先頭に「定常状態」を招来しつつあります。そのメカニズムを見ていきましょう。

経済学の危機

消費者物価のなかで７割前後を占めているコアインフレ率を決めるのが、ＧＤＰギャップです。ＧＤＰギャップは現実のＧＤＰ水準と潜在ＧＤＰ水準の差で決まり、現在の景気が過熱しているか収縮しているか、労働力と資本が有効に使われているかいないかを判断するのに用います。

いっぽう、中長期的に生活水準を向上させるには、潜在ＧＤＰを引き上げることが必要です。そのためには成熟経済下では技術進歩率、すなわち全要素生産性（ＴＦＰ、資本、労働などの量的な生産要素の増加以外の技術進歩など質的な成長要因）を引き上げることが必要になるのですが、後述するように容易なことではありません。

ＧＤＰギャップを測る時に用いるＧＤＰは、インフレ率の増減を除いた実質値です。潜在ＧＤＰも実質値の概念であり、ある国の経済が保有している労働力と資本を無理なく使用して生産できる財・サービスの量を表します。

ＧＤＰギャップが逼迫するか緩むかによって、景気循環が生じます。１９９９年代半ば以降、景気の良し悪しに関係なく１世帯当たり実質所得、および１人当たり実質賃金は下落傾向にあるため（31ページの図表5）、経済的観点から見れば、働く人の自由度は低下していることになります。景気を良くするための財政出動をともなう景気総合対策や金融政策がその正当性を失いつつ、経済活動を通じて個々人の自由と機会平等を実現しようとする経済学の危機でもあります。

日本の1人当たりGDPの低下

潜在成長率の伸びが高いと、1人当たり実質GDPは持続的に増加し、人々は生活水準の向上を年々実感できます。1人当たりGDPは、GDPを人口で割って求めます。これには名目値と実質値があります。物価変動を調整した実質値は、購入できる財・サービスの数量を表すため、国民の生活水準を示すという点で重要な経済指標です。ただし、人件費（雇用者報酬）を付加価値で割った労働分配率が変わらないという前提が必要です。

GDP（付加価値）は雇用者報酬と企業利潤、そして固定資本減耗《げんもう》（いわゆる資本の性能維持のための減価償却費）から構成されます。労働分配率が低下すれば、1人当たり実質GDPが上がっていても、働く人の生活水準（実質賃金）が上がらないこともあります。20世紀末からこの前提が崩壊していることが大問題です（第3章で詳述）。

さらに、GDPを国際比較する場合、ドル建てに換算する必要があります。その際、市場で決まる円ドルレートを使用するか、購買力平価（ＰＰＰ）[*1]で換算するかの２通りがあります。シンボルエコノミー化すると、市場レートと購買力平価の乖離が大きくなります。

１人当たり名目ＧＤＰを各国比較する時、インフレ率が高く高金利の国の通貨が過大に評価される傾向があるため、市場レートを用いてドル換算した場合、その国の１人当たりＧＤＰは生活水準を正確に反映しているとは言えません。それにもかかわらず、内閣府は毎年１人当たり名目ＧＤＰをドル換算して日本の順位を公表し[*2]、メディアもそのまま紹介しています。これは大きなミスリード[*3]です。

１９７０年代までは米国の高インフレは通貨安をもたらし、逆に低インフレの日本やドイツは円高やマルク高となりましたので、１人当たり名目ＧＤＰで国際比較しても、それほど問題ありませんでした。ところが、１９９５年にロバート・ルービン財務長官の「強いドル」政策により、投資リターンの高い国（高金利や株高期待のある国）の通貨が強くなる傾向が生じてきました。そのため、生活水準を比較する場合には、購買力平価で換算した１人当たり実質ＧＤＰを用いる必要があります。

そうは言っても、市場レートでドル換算した１人当たり名目ＧＤＰを比較することにまったく意味がないわけではありません。グローバリゼーションが世界を席巻して市場経済化が強まり、為替レートは国家の政治的意図を反映して動くので、国際政治の動向を見る際に重要な視点を提供してくれます。

２０２２年時点において、１人当たり名目ＧＤＰ（市場レートでのドル換算。以下、名目ＧＤＰで特に断りのない場合は「ドル換算」）の１位はルクセンブルク（12万６５９８ドル）です。Ｇ７でベスト10に入っているのは８位の米国だけです（図表９の右図）。ベスト20まで範囲を広げると、カナダ（12位）とドイツ（19位）が入りますが、英国、フランス、イタリア、日本は20位以下です。日本は34位となっており、比較可能な１９８０年以降で、もっとも低い順位でした。

１９９０年代半ば以降、人口の少ない国がベスト10入りを果たしていたのですが、１９９０年代半ば以前は、状況がまったく逆でした。人口の多い日本は、１９８８年に２位にまで順位を上げました。当時はベスト20にＧ７すべてが入っていたように、ソ連が解体するまでは人口の多い国が豊かな国でした（図表９の左図）。Ｇ７でもっとも人口が少ないカナダ（２６７５万人）を除けば、フランス、英国、イタリアは６０００万人近く、ドイツは７６７０万人でした。

１人当たり名目ＧＤＰが低下し始めると、日本では政治家やそれに同調する財界、大手

図表9　1人当たり名目GDP（ドル換算）のランキング

1988年　（ドル）

1	スイス	32,794
2	日本	25,575
3	ルクセンブルク	24,875
4	アイスランド	24,820
5	スウェーデン	24,339
6	ノルウェー	24,143
7	デンマーク	22,528
8	フィンランド	22,123
9	米国	21,376
10	バハマ	19,684
11	カナダ	19,041
13	フランス	18,241
16	英国	17,398
17	西ドイツ	16,515
20	イタリア	15,934
26	アイルランド	10,365

2022年　（ドル）

1	ルクセンブルク	126,598
2	ノルウェー	108,439
3	アイルランド	104,729
4	スイス	94,799
5	シンガポール	88,429
6	カタール	80,385
7	アイスランド	78,840
8	米国	77,980
9	デンマーク	68,435
10	オーストラリア	65,514
12	カナダ	55,613
19	ドイツ	49,725
23	英国	46,103
24	フランス	42,581
30	イタリア	35,654
32	韓国	34,822
34	日本	34,158

（出所）IMF“WEO”（2024）

メディアが順位の下落を嘆き、「成長を取り戻せ」とのキャンペーンを張り、政府の「成長戦略」が正当化されてきました。

米国の標的にされた日本

１９８０年代に人口の多い国が１人当たり名目ＧＤＰの上位を占めていたのは、米ソ冷戦が終盤を迎え、西側陣営のリーダー米国にとって、日本とドイツの協力が必要だったからです。

米国は１９８０年代、双子《ふたご》の赤字（貿易赤字と財政赤字）が拡大していましたが、米ソ軍拡競争の真《ま》っ只中《ただなか》で増税をするわけにはいきません。ロナルド・レーガン大統領（1981〜1989年在任）の掲げる「大幅減税」と「強いアメリカ」の限界が見えてきました。そこで、米国は拡大する貿易赤字を縮小させるため、1985年のプラザ合意で事実上の弱いドル政策を採用し、円とマルクを強くするよう、経済大国となっていた日本やドイツなどに求めました。そして低金利と財政出動による内需拡大を要求。その結果、日本は土地・株式バブルに見舞われたのです。

米国から見て貿易赤字額の大きな国、すなわち経済規模の大きな国です。プラザ合意によって、それらの国の通貨が強くなって、ドル建て換算した名目GDPが膨《ふく》らんだのです。米国は1971年に貿易収支が赤字に転落し、1976年から現在に至るまで金額で見れば赤字は増加の一途です[*4]。特に、対日赤字が目立ち、米貿易赤字における対日赤字は1981年に77％、1991年には63％を占めていました（図表10の実線）。

プラザ合意以降、大幅な為替調整（円高ドル安政策）にもかかわらず、米貿易赤字は期待したほど縮小しませんでした。とりわけ、米貿易赤字に占める対日赤字のシェアは低下するどころか、1991年にかけて上昇していきました。1990年代になると、対日赤字シェアは低下したのですが、金額ベースで見ればむしろ増加しました（図表10の点線）。

そこで、米国は為替調整による貿易赤字縮小から、日本の特殊問題へと焦点を移し替え

図表10 1980年代の為替調整から、1990年代の「日本特殊論」へ

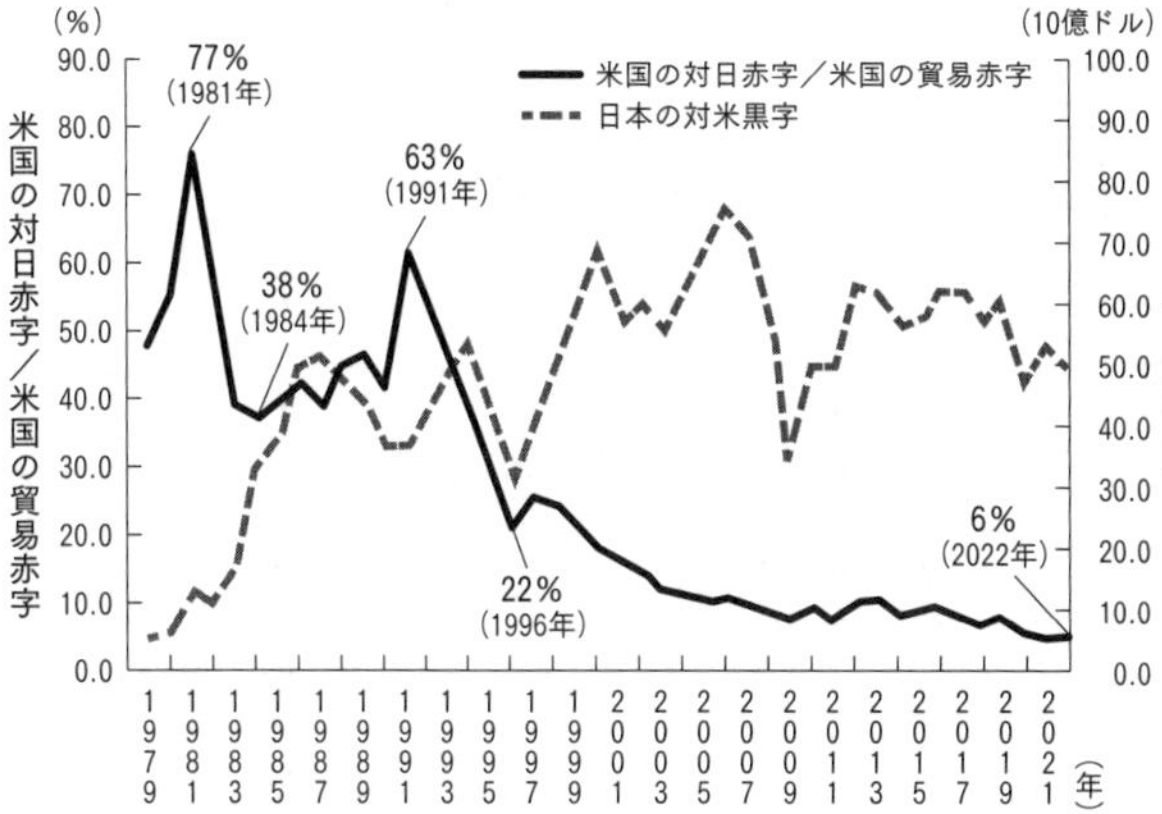

(出所)財務省「貿易統計」、
米国商務省“U.S. International Trade in Goods and Services”

たのです。いわゆる「日本特殊論」が横行し、日本の構造を変える必要があるという主張が米国で行われるようになりました。

その代表が『日本封じ込め』を刊行したジェームズ・ファローズです。彼は、同書のなかで「アメリカのこれらのリーダーシップ（中略）を脅《おびや》かしている大きな外的脅威は、日本の抑制と均衡を欠く経済成長なのだ」（〔1989〕99頁）と、日本を非難しました。輸出主導による日本の高い経済成長率が問題だと言うのです。

日本が1人当たり名目GDPで2位となったのが1988年だったことから、米国は落日の軍事大国・ソ連に代わって、『ライジング・サン』（日本企業のアメリカ進出

を題材としたマイケル・クライトンの小説。１９９２年発表）に象徴される経済大国・日本を最大の脅威と見なすようになりました。

１９８９年には、日本に体質改善を迫る日米構造協議（ＳＩＩ）が始まりました。日本の過剰貯蓄が問題視され、日本は以後10年間で４３０兆円の公共投資を実施する「公共投資基本計画」を策定しました。さらに１９９１年に結ばれた日米半導体協定（第２次）[*5]は、日本の半導体産業の競争力を削《そ》ぎ、１９９６年には米貿易赤字の対日赤字のシェアは22％へと急低下しました（63ページの図表10の実線）。

１９９５年になると、米国は一転して「強いドル」政策に舵《かじ》を切ります。その結果、円やユーロが弱くなり、[*6]２０２２年には１人当たり名目ＧＤＰランキングのベスト20から英国、フランス、イタリア、日本が脱落しました。

また、１９９１年にソ連が解体したことで、米国は、円高によってドル建てで測る日本の経済規模をこれ以上大きくする必要はなくなりました。

日本の栄光と凋落

ソ連の解体後、東側世界や第三世界の国々が市場経済化していきました。新自由主義が

図表11　日本経済の栄光と凋落

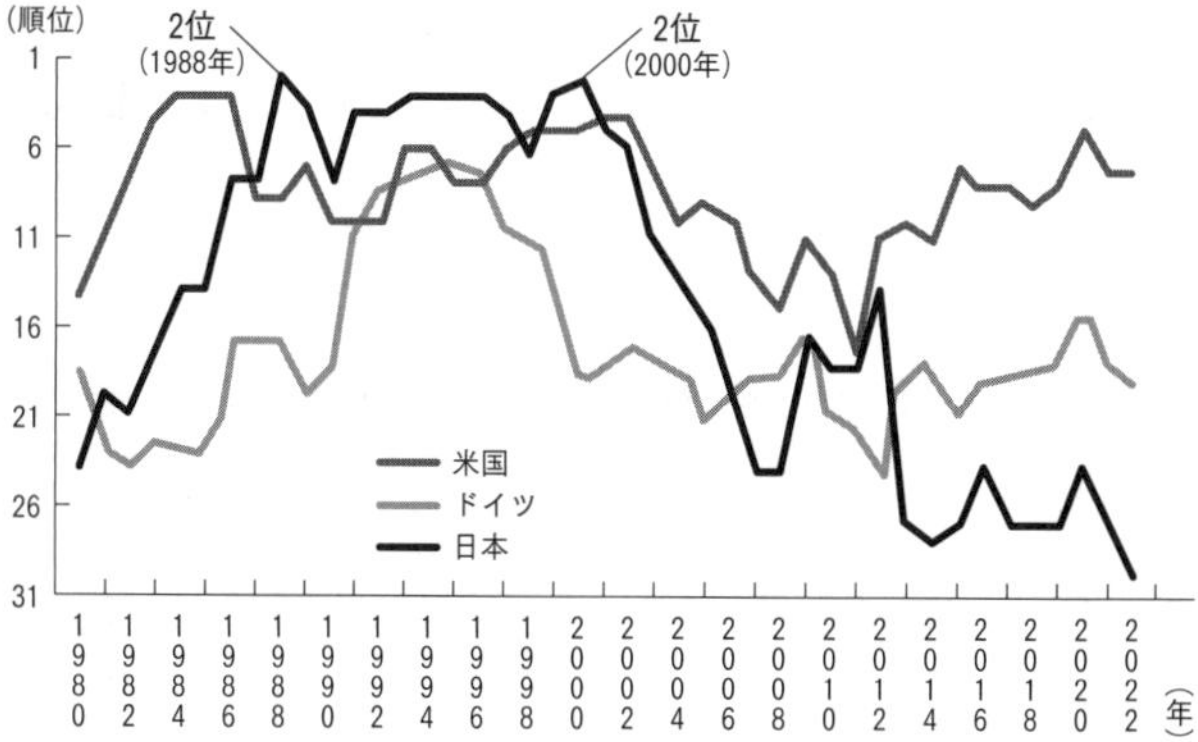

（注1）日米独の1人当たり名目GDPランキング
（注2）2022年はIMFの予測値にもとづく
（出所）IMF“WEO”（2022）

受け入れられ、資本の自由化とIT化が加速します。その結果、一つの産業に特化できる国、つまり人口の少ない国がその恩恵をもっとも受けることになりました。その一つがアイルランドです。EU加盟国であるアイルランドは法人税率を大幅に引き下げ、[*7]外国資本を積極的に取り入れるようになりました。その結果、1988年には26位だった1人当たり名目GDPが、2022年には3位と大躍進[*8]しています（61ページの図表9の左図）。

　日米独の1人当たり名目GDPを時系列で比較すると、これらの国の国際関係におけるポジションが浮かび上がります（図表11）。

　米国は「強いドル」政策で再び世界最大の債権国となって非公式の「帝国」[*9]としての地

位を確固たるものにしました。2002年に4位だった米国の1人当たり名目GDPはその後、日本と同様に順位が低下し、2011年に17位となりました。しかしリーマンショック後の不況を乗り越えたあと、上昇に転じ、2022年には8位まで回復しています。

その裏返しが日本で、経済的な対米従属的な政策によって、地位低下が明確となりました。日本の栄光の時代は1人当たり名目GDPで見ると、2位となった1988年に始まり、2位を維持した最後の年である2000年に終わりました。その後の凋落は2007年・2008年の24位で終わるはずでしたが、そうはなりませんでした。黒田日銀総裁の「異次元金融緩和」が円ドルレートを一段と安くさせたからです。

黒田が日銀総裁に就任する前年の2012年のレートは1ドル＝79・79円。これで2022年の1人当たり名目GDPを計算すると、5・53万ドルとなり、15位となります。問題は2022年で、1ドル＝79・79円が妥当か否かです。リアルエコノミーとシンボルエコノミーが同率で増加し、かつ日本のように継続的に貿易黒字が続いている国の通貨はおおむね購買力平価に沿って動くはずです。現に、円安是正に動いたプラザ合意の翌年1986年から2012年まで、実際の円ドルレートは輸出デフレーター基準のPPPに対して、わずか4・0％の割高で推移していました。

図表12 顕著な円安と、購買力平価に沿って動くユーロ

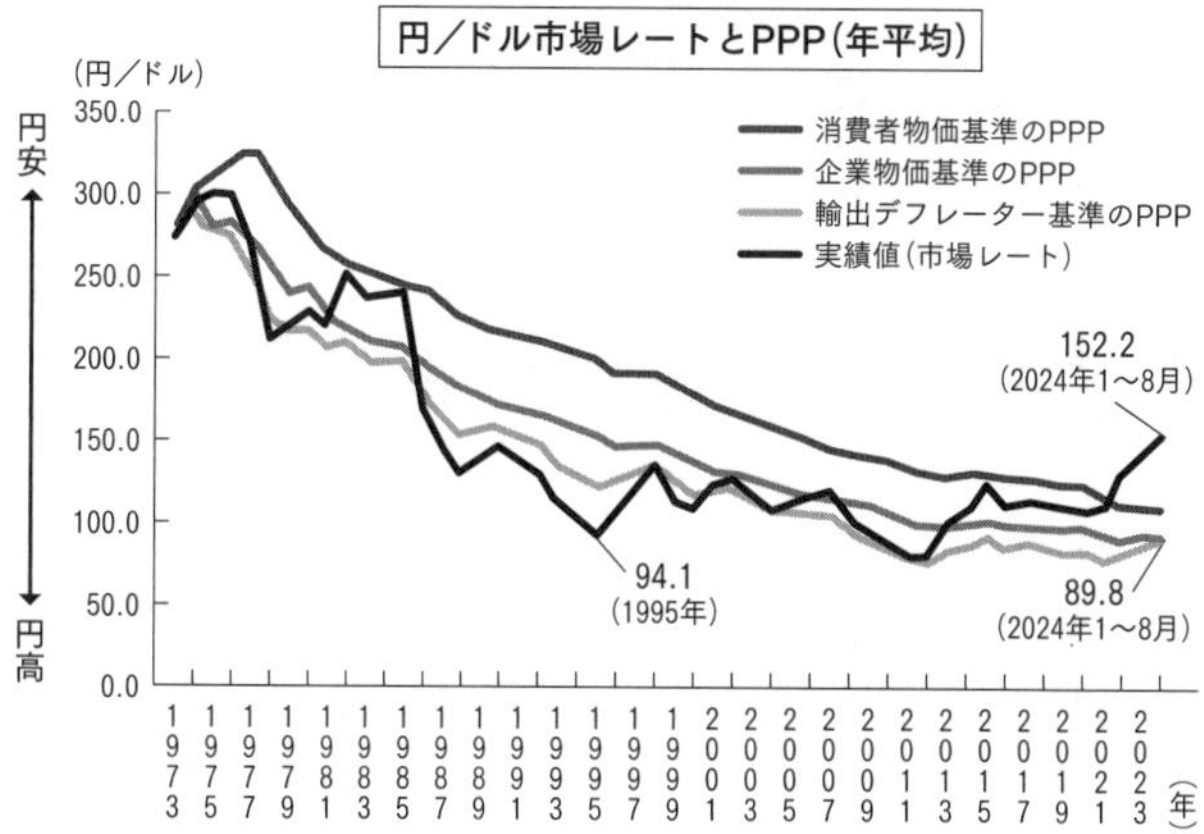

(注)購買力平価は1973年基準
(出所)内閣府「四半期別GDP速報」、国際通貨研究所「購買力平価」

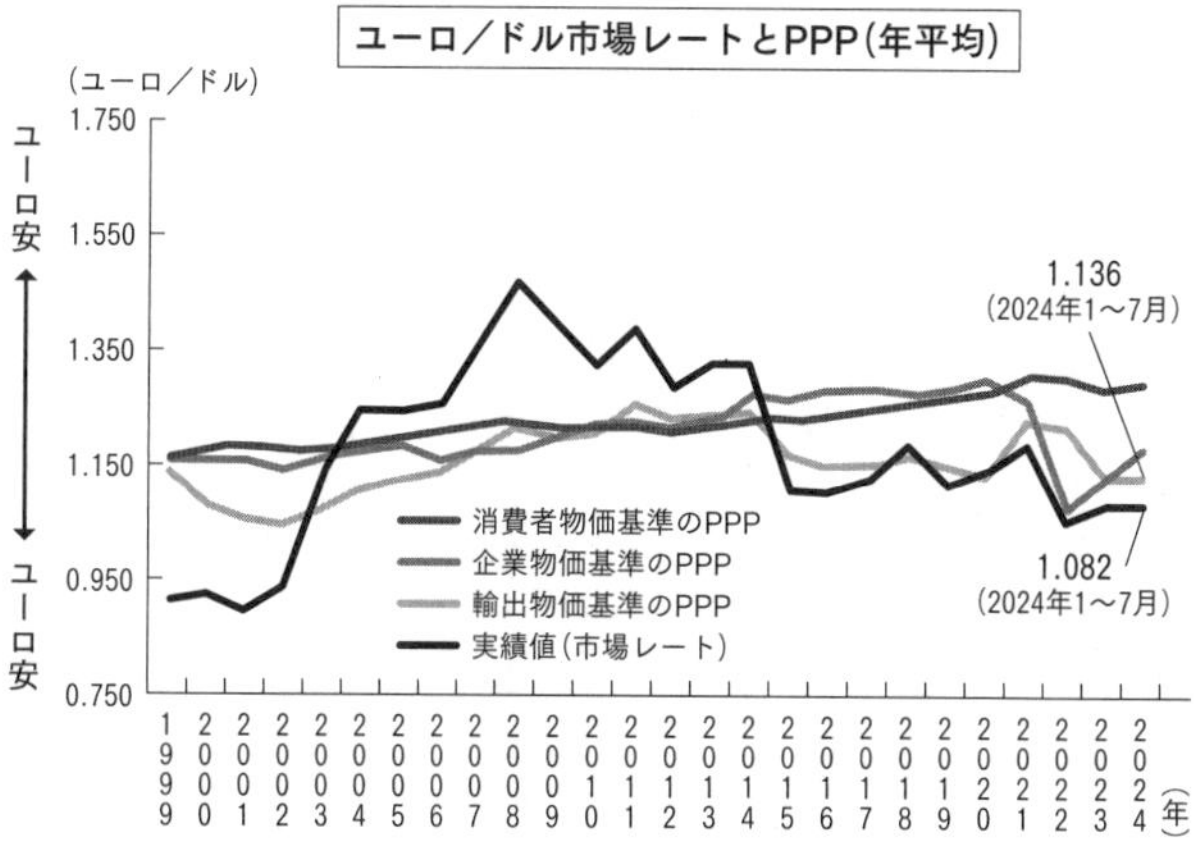

(注)購買力平価は1991年1月基準
(出所)国際通貨研究所「購買力平価」

市場の円ドルレートは、1973年から「異次元金融緩和」政策が始まる前年の2012年まではおおむねPPP（輸出デフレーター基準）に沿って推移し（67ページの図表12の上図）、PPPの上下11％程度の範囲で変動していました。ところが2013年以降、従来にない円安が進行し、2022年になると、PPPのなかでもっとも安い消費者物価基準のPPPを超えて、一段と円が安くなりました。リアルエコノミーを超える円安が[*10]、日本の1人当たりGDPランキングを低下させている原因なのです。

いっぽうユーロは、今でも輸出物価基準のPPPの上下11％（2012年までの円ドルレートの変動幅と同じ）の変動幅で推移しています（図表12の下図）。ドイツは1999年にEU域内において統一通貨ユーロの導入を成功に導き、事実上、EUという「地域帝国」の盟主の地位を着実に築いていきました。2011年、ギリシャ政府が債務不履行となる可能性が高まり、翌年の2012年、ドイツの1人当たり名目GDPは24位まで低下しましたが（日本は14位）、その後ECB（欧州中央銀行）がギリシャの救済に乗り出すなどしてユーロが上昇に転じ、2022年には19位まで回復しています。

1980年から現在にかけて、日本の栄光と凋落を産業別で見ると、半導体と自動車に象徴されます。日本の半導体産業の世界シェアは1980年代後半に1位となり、199

２年まで、その地位を保ちました（ＷＳＴＳ［世界半導体市場統計[*11]］）。しかし１９９３年になると、米国が1位（世界シェア32・1％）を奪還します。その後、２００８年に15・２％まで落ち込みますが、２０２４年には27・５％まで回復させています。

21世紀以降、1位は台湾、韓国、中国などアジア・太平洋地域（日本を除く）がなり、２０２４年は55・８％の見込みです。１９８０年代の日本に取って代わったわけです。

日本の世界シェアは、２０２３年の８・９％からさらに低下し、２０２４年７・６％、２０２５年７・４％と、凋落に歯止めがかからない見通しです（ＷＳＴＳ予測）。結局、日本の家電を中心とする電気機械産業は、国内では巨大企業ですが、グローバルでは小さすぎて、巨額の設備投資を要する半導体事業にまったく対応できなかったのです。

日本の自動車生産台数は１９８０年から１９９３年の間、米国を上回って世界一でした。この間は図表11（65ページ）で見られるように、日本の１人当たり名目ＧＤＰが24位（１９８０年）から2位（１９８８年）に駆け上がっていく時期と軌《き》を一《いっ》にしています。

近代社会の行動原理は「より遠く、より速く、より合理的に」です。半導体と自動車はこの原理を実行に移すことのできる象徴的な製品です。半導体は「より速く」情報を入手するのに不可欠ですし、自動車は「より遠く」へ移動することを可能とします。この二つの製品は部品点数が多いため、「より合理的に」生産システムを構築しないと大量生産ができません。これらの産業が1位のシェアを取ったから、日本は1人当たり名目GDPで2位になることができたのです。

現在、日本の半導体産業は壊滅状態です。経済産業省は「半導体市場は、さらに今後10年程度で100兆円市場となるという成長市場であるものの、このままでは、日本だけ取り残され、日本の半導体産業のシェアは大きく落ち込み、ほぼゼロになってしまうとの懸念もある」［2021］と危機感を露《あら》わにしています。

いっぽう、自動車生産は2011年以降、日本は3位を維持しています。2022年において1位は中国2702万台、2位は米国1006万台、3位の日本は736万台です。日本の貿易赤字転落*12は半導体産業の凋落に象徴されるように、日本の電気機械産業が黒字を稼げなくなっていることに大きな原因があります。

日本の1人当たり名目GDPの順位の急上昇・急低下は、半導体産業・自動車産業の栄光と凋落を反映しています。1980年の24位から1988年に2位となったのは、米国が日本の半導体と自動車産業の競争力を削ぐために円高ドル安政策を取ったからです。円高によってドルで測った日本の1人当たり名目GDPが大きく膨れ上がったのです。

１９９０年代に入ると、日本の特定の産業をターゲットにした日米半導体協定や自動車の輸出数量規制などの米国の対日強硬策によって、日本の半導体産業・自動車産業は大打撃を受けました。自動車産業は海外生産比率を高め[*13]、国内での自動車生産台数は１９９０年をピークに大幅に減少に転じます[*14]。

日本の二つの産業の競争力が低下すると、米国は一転して「強いドル」政策を取りました。その結果、円安ドル高が進み、１９８０年代の強い円の時の世界ランキング上昇の裏返しであるかのように、日本の１人当たり名目ＧＤＰは秋の日のつるべ落としのごとく順位を下げていきました。

日本だけが経済成長していない⁉

名目ＧＤＰ（自国通貨建て）の増減率は、実質ＧＤＰ増減率と物価（ＧＤＰデフレーター[*15]）の増減率に分解できます。さらに、国際比較をする場合、基軸通貨であるドルに換算するので、為替レートにも左右されます。

図表11（65ページ）で示したように、日本の１人当たり名目ＧＤＰ（ドル換算）の順位は、２０００年を境に低下傾向を辿っています。順位低下の要因は、第１に１人当たり名

目GDP（円換算）の増加率を鈍《にぶ》くさせているGDPデフレーターの下落（いわゆるデフレ）[*16]、第2に実質GDP成長率の鈍化、第3に為替です。

そこで、G7に加えて1位ルクセンブルクと3位アイルランド、5位シンガポール（日本の1人当たり名目GDPが2位を維持していた2000年にはアイルランドは14位、シンガポールは20位でベスト10入りしていない）、2022年に日本を抜いて32位となった韓国を加えた計11カ国を対象として、2000年から2022年にかけての1人当たり名目GDP増加率を比較してみます。さらにその増加率を1人当たり実質GDP（2017年国際ドル価格および自国通貨建て）と、物価（GDPデフレーター）・為替の二つの要因[*17]に分けて比較すると、G7とそれ以外の国で大きな違いが見えてきます（図表13）。

第1に、G7の1人当たり実質GDPの増加率は平均して年0・7％であるのに対して、アイルランド、シンガポール、韓国の3カ国のそれは年3・4％と5倍近い成長率を実現しています。第2に、名目GDP成長率は実質GDP成長率に物価・為替要因が加わるのですが、物価・為替要因は日本を除くG7と3カ国の間には大した差は見られません。G7は平均して1・8％増に対して、3カ国は2・1％増です。G7のなかで日本だけがマイナス（1・20％減）ですので、日本を除く6カ国は2・3％増です。

図表13 日本の1人当たり名目GDP(ドル換算)増加率が鈍いのは、円安・デフレが原因

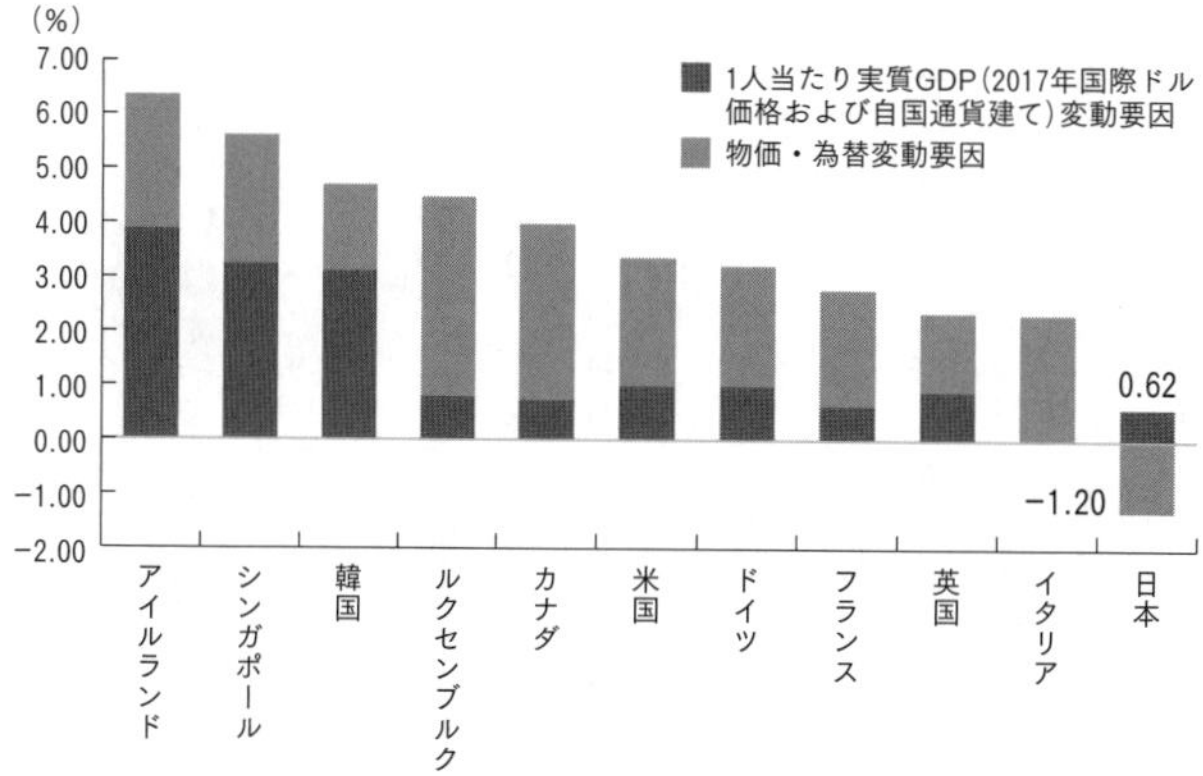

(注1)1人当たり名目GDP(ドル建て)増加率変動要因
(注2)1人当たり名目GDP(ドル換算)増加率＝1人当たり実質GDP(自国通貨建て)増減率＋物価・為替増減率
(注3)2000〜2022年の年率増減率
(出所)IMF"WEO"

物価・為替要因の伸び率がマイナスとなっていることが、日本のランキング凋落の大きな原因であることがわかります。1人当たり実質GDPの増加率は日本が0・62%に対して、日本を除くG7は0・74%増と大きな差はありません。

違いがあるのは物価・為替要因です。日本の場合、GDPデフレーターの伸びがマイナスであり、かつ円が他の国以上に安くなったからです。その結果、日本の1人当たり名目GDP成長率は年率0・59%減と、11カ国のなかで唯一マイナス成長となり、日本を除くG7の3・01%増と大きな開きが生じたのです。本来であれば、一物一価《いちぶついっか》の法則（同一市場の同一時点における同一商品は同一価格である）が成り立つように、物価上昇率が低い（あるいはマイナス幅が大きい）円は強くなっていいはずですが、現実はそうはなっていません。なぜなら、図表12（67ページ）に見られるように、円がリアルエコノミーを超えて安くなっているからです。

世界の先陣を切って「定常状態」に移行する日本

ソ連解体により、市場経済は一気に広がりました。１人当たり実質ＧＤＰ成長率の増減率を１９９１～２０００年と２０００～２０２２年とで比較すると、11カ国の成長率はすべて鈍化しています。Ｇ７の１人当たり実質ＧＤＰ成長率は２０００年以降０・72％と、１９９０年代の１・88％に比べて低くなっています。そのなかで、鈍化の幅がもっとも小さいのが日本です[*18]。日本は世界に先駆けて定常状態に入っていると考えることができるのです。こうした事実は「成長の収斂仮説」で証明できます（92～96ページで詳述）。

グローバリゼーションが世界を席巻するようになって、資本は国境を越えて自由に移動し、金融サービス業が大きく成長しました。その恩恵を受けたのが、シンガポール、アイルランド、ルクセンブルクです。またＩＴの時代となり、韓国がその潮流に乗り、サムソンなどのＩＴ企業が韓国経済の成長率を高めました。その結果、これらの国の実質ＧＤＰ成長率はＧ７と比べて高くなったのです。これらの国とＧ７の違いは人口規模にあります。

Ｇ７は人口が多いのに対して（Ｇ７でもっとも人口が少ないカナダは２０２２年で３８７４万人）、図表９（61ページ）で示した２０２２年の１人当たり名目ＧＤＰベスト10の国の人口は平均で６６８万人です（米国を除く）。さらに２５９７万人のオーストラリアを除いて８カ国だけで計算すると、わずか４２７万人です（IMF“WEO”）。

図表13（73ページ）で示した実質ＧＤＰ成長率が高い上位３カ国の人口は平均３６９万人ですから、日本の県単位の規模（平均で１県２６６万人）をすこし上回る程度です。たとえば、７００万人規模の県は愛知県７５０万人、埼玉県７３４万人、千葉県６２７万人です。４００万人前後では福岡県が５１２万人、静岡県が３５８万人です。

国の人口が７００万人規模だと、特定の産業に特化することが可能です。アイルランドのように法人税を低くして外国企業を誘致したり、ルクセンブルクやシンガポールのように金融サービス業に特化したりすることができるのです。ところが、人口が１億人を超える日本は特定の産業に特化することはできません。たとえば、日本が得意な自動車産業に特化したら、理屈のうえでは自動車の生産台数はおそらく２０２３年の７８３・６万台

（一般社団法人 日本自動車工業会）の数倍にまで拡大させることが可能です。

仮に愛知県に自動車産業を集約したら、愛知県の1人当たり実質GDPがどれくらいになるかを試算してみましょう。内閣府の「国民経済計算年次推計」によれば、輸送用機械産業の就業者は128・2万人[19]です。仮に2・5倍の生産能力にするには、就業者は320・5万人となります。1世帯当たり2・3人とすると、737・2万人となり、現在の愛知県の人口とほぼ同じです。737・2万人中400万人が働き（日本全体の労働参加率［就業者数／総人口］54・3％と同様）、うち80万人が輸送用機械産業以外で働くことになります。

日本の輸送用機械産業の労働生産性（就業者1人当たり）は、日本の全産業の1・54倍[20]です。日本の就業者全員が輸送用機械産業で働くわけにはいきませんから、仮に愛知県の就業者全員が輸送用機械産業に特化したと仮定すると、愛知県の1人当たり実質GDPは1・43倍[21]となります。737・2万人の愛知県を一つの国と見なせば、2022年の1人当たり実質GDPは5・93万ドルとなり、10位[22]となります（実際の日本の1人当たり実質GDPは4・15万ドルで38位）。2022年の実質ベースの1人当たりGDP（2017年国際ドルで評価。以下、同じ）でベスト10に入っているのはG7で米国だけです（米国は6位、

6・39万ドル)。

しかし、この仮説は非現実的です。年間800万台近い自動車生産を2・5倍にすれば、2000万台となります。1200万台の増加となって、これは2022年の米国自動車生産台数1006万台を上回り、他国の自動車メーカーが大きな打撃を被《こうむ》るでしょう。先進国では自動車産業は多くの雇用を抱え、基幹産業ですから、政治的に不可能な話です。それに対して、人口の少ない国は得意な産業に特化しても、世界経済に与える影響は小さいため、許容されます。

人口の少ない国ほど生活水準が高いという現象は、限界生産力逓減の法則で説明できます。これは労働者1人当たりの資本量が増加するにつれて、労働者1人当たりの生産量(実質GDP)の増加額が鈍っていくことを表しています。最初にその国にとって得意な産業に多くの人が従事し、次に二番目、三番目……N番目の産業に従事することになります。当然、一番目の産業の労働者1人当たりの生産量(労働生産性)よりも二番目の産業のほうが低くなります。日本のように国土が狭く平野の少ない国は、農業の生産性が低く*23なります。

個人所得が上昇すると、人口は減少する⁉

人口の多い国、たとえば1億人を超えている国で豊かな生活を享受しているのは、米国と日本だけです。さらに、人口の多い国ベスト10で豊かな国は、1人当たり実質GDPが6・39万ドルの米国だけです（2022年時点）。ベスト20まで広げると、同4・15万ドルの日本（人口1億2517万人で11位）と同5・40万ドルのドイツ（人口8329万人で19位）が入ってきます。

人口の多い国上位20カ国のなかで米国、日本、ドイツ3カ国の平均所得（1人当たり実質GDP、同）は5・3万ドルですが、3カ国を除いた17カ国の平均所得はわずか1・3万ドルです。その国の生活満足度（幸福度）は、1人当たり所得が3万ドルまでは幸福度を引き上げるのですが、3万ドルを超えると所得と生活満足度の関係は薄れてきます[*24]。

トマス・ロバート・マルサス（1766～1834年）は、1798年に著《あらわ》した『人口論』で次のように指摘しています。「人口は、何の抑制もなければ等比級数的に増加する。一方、人間の生活物資の増え方は等差級数的である」（［2011］33頁）。このことから、次のような結論を導き出すことができます。「マルサスモデルによれば、いっそうの人口増加が必然的に生活水準を引き下げるような総人口の水準があるに違いない。このことから、人口の最適規模もまた存在するに違いない」（リグリィ［1982］38頁）。

実際、16世紀半ばから19世紀はじめまでの約250年間の英国の人口と実質賃金の伸びの関係を見ると、「人口の伸びがこれよりゆっくりのときには実質賃金も伸びているが、〇・五パーセントをはっきりと上回ると、労働者の生活は深刻な脅威にさらされた」（リグリィ［1991］98頁）。いわゆる「マルサスの罠《わな》」が産業革命以前の英国で存在していた事実を、統計から確認できます。

マルサスは、「生存の困難が人口の増加をたえず強力に抑制するのである。この困難は人類のある部分にふりかからざるをえず、そして必然的にそれは人数が多い部分にきびしくのしかかる」（［2011］31頁）と指摘しています。つまり、人口の少ない国ほど豊かな生活ができるのです。さらにデイヴィッド・N・ワイルによれば、「利用できる土地に比べて人口が少なければ少ないほど人々の生活はより満たされる」（［2010］81頁）。これがマルサス・モデルの一つの特徴です（第1法則）。もう一つの特徴（第2法則）は「1人あたり所得が十分高ければ人口は成長する」（前掲書87頁）というものです。

この二つの特徴から、ワイルは「人口が成長するにつれて各人にとって利用可能な土地の広さは低下していくだろう。その結果人々は貧しさをより深めていく。この貧困は逆に人口成長を制限する。結果として社会は人口一定を維持するような所得水準に到達するであろう」(前掲書82頁)と結論づけています。

マルサスは、人口の定常状態は実質GDPの定常状態をもたらすと考えました。彼は、仮に生産性の向上があって生活水準が向上したとしても、「生活が改善した人は多産となり、やがて人口増加で新技術や新しい土地の恩恵を薄めてしまう。生活水準がもとの水準に戻るまで人口が増え続け、人口成長がゼロの水準に一致する」(前掲書84頁)と述べています。

マルサスが『人口論』を書いた直後の19世紀初頭から、産業革命の急速な効果が現れ、1820年から1870年にかけて、マルサスの第2法則の通り、所得の増加は人口増をともないました。

しかし、「19世紀末に不思議な現象を迎えた。それは所得成長が加速するにつれて、人口成長が下落し始めた」(前掲書87頁)のです。世界で最初に近代化した西欧の1人当たり実質GDP(生活水準)成長率と人口成長率の関係を見ると、1870年以降、所得の増加率が加速するいっぽう、人口の増加率は鈍化し始めます(図表14)。これをワイルは「マルサス・モデルの崩壊」(「2010」87〜88頁)と呼んでいます。[*25]

図表14 マルサス・モデルの崩壊

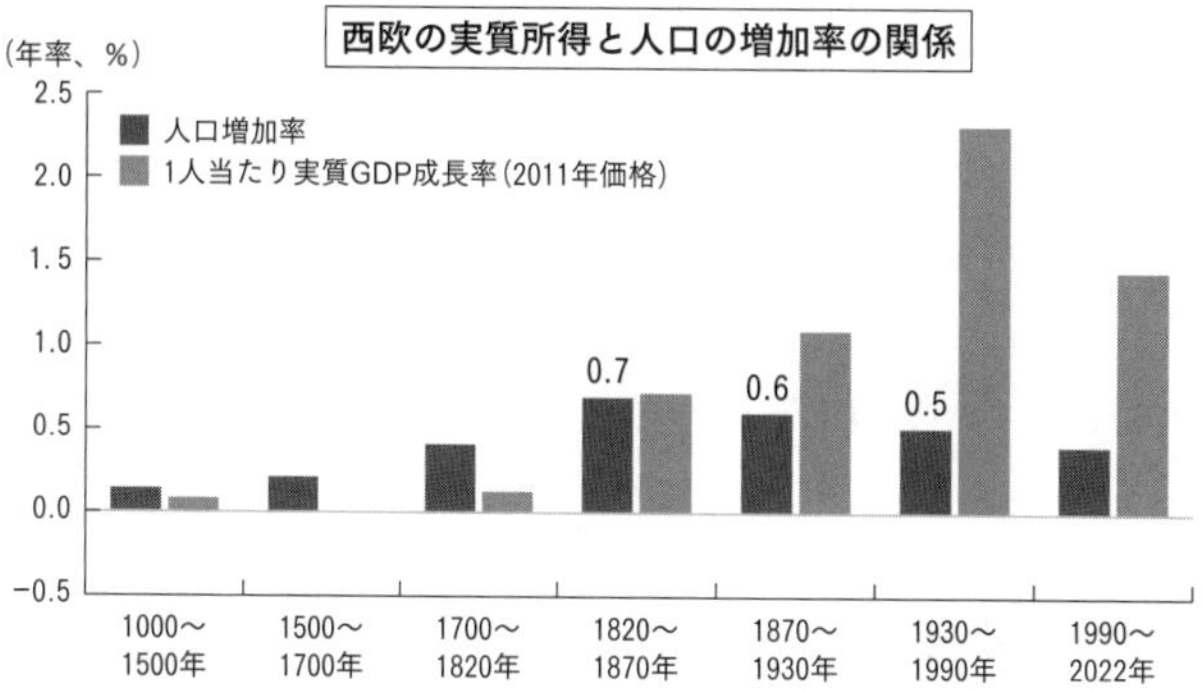

(注)1820年以前は英国、フランス、ドイツ、イタリアの4カ国で計算
(出所)University of Groningen "Maddison Project Database (MPD) 2020"

図表14で明らかなように、西欧では人口の増加率が1820年から1990年まで、170年にわたって0・5%を超えていました。この間、「マルサスの罠」が成立していれば、どこかの時点で1人当たり実質GDPは増加から減少に転じるはずなのに、生活水準は同期間で11・0倍に高まりました（西欧の人口は同期間2・8倍に増加）。

19世紀末に西欧でマルサス・モデルが崩壊したわけですが、1世紀後となる2030年代後半には、ヨーロッパと北米の人口は減少に転じると国連は予想[*26]しています。日本で2008年[*27]を境《さかい》に生じたことが、20年後の西欧で起きることになるのです。マルサスの言う人口の「定常状態」が21世紀前半に実現したと考えることができます。

帝国の特権

限界生産力逓減の法則、特にマルサスのそれは農業社会における土地の限界生産力を想定していました。しかし産業革命を経て工業社会となっても、最新鋭から旧型までの機械を使って財・サービスを生産するわけですから、経済活動は限界生産力逓減の法則から免《まぬか》れることはできません。できるのは、限界生産力がゼロに到達する時点を遠ざけることだけです。その代表的な手段が、イノベーションによる全要素生産性の引き上げです。

日本の全要素生産性はリーマンショックの不況後、2010〜2023年に年0・5%ポイント（潜在成長率に対する寄与度。内閣府公表）となり、それまでの0・8%ポイント（金融危機が収まった2000年から、リーマンショックの前年である2007年）と比べて、鈍化しました。

日本の生産年齢人口（15〜64歳）が減少に転じていること[*28]と、時短を促進しなければならないことを考慮すると、2024年から2039年にかけて、潜在成長成長率に対する労働力（L）の寄与度は年平均で0・5%ポイント減[*29]となります。全要素生産性が従来と変わらずプラス0・5%ポイント、資本投入量（K）が変わらないとすれば、潜在成長率はゼロ%となり、いわゆる「定常状態」となります。2040年代はその傾向がさらに強

図表15 人口が少ないほど、生活水準は高い

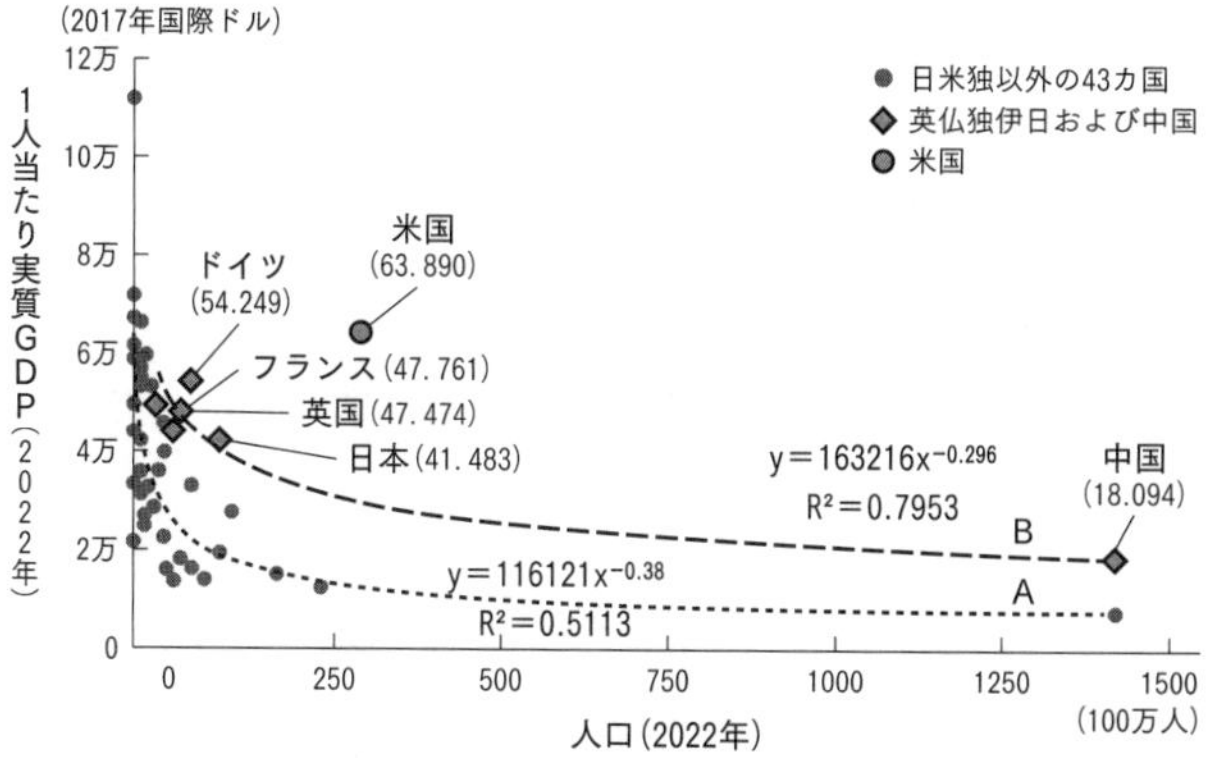

(注)対象は50カ国。内訳はG5、1人当たり実質GDPが1.3万ドル以上(高所得国)で人口500万人以上の23カ国、1人当たり実質GDPが1.3万ドル以下で人口が1000万人以上の22カ国
(出所)IMF“WEO”、国連“World Population Prospects 2022”

まります。

日本や西欧諸国が人口規模と所得水準に関して「定常状態」に向かっているかどうか、データで確認してみましょう。

まず、人口と生活水準の関係を見るために、横軸に各国の人口（2022年）を、縦軸に1人当たり実質GDP（2022年）を取ります（図表15）。対象国[*30]は50カ国です。結果はマルサスの言う通り、人口が少なくないほど飛躍的に1人当たり実質GDP（生活水準）は高くなります。

したがって、マルサスの第1法則は成立していることになります。多くの国の生活水準は、人口の大小で7割強説明できることになります（図表15の傾向線A、相関係数

［r］が0・715）。さらに英仏独伊日本、そして中国が人口と生活水準との関係において、他国と比べて人口比で見ると倍以上豊かな生活をしていることが確認できます（図表15の傾向線B）。また、米国は傾向線Bでも説明がつかないほど超越した存在になっていることがわかります。

米国の人口は3・3億人ですが、1人当たりの実質所得は、図表15の傾向線Aで決まる所得水準の5・00倍にもなっています。ドイツ2・51倍、中国2・45倍、日本2・24倍、英国2・03倍、フランス2・02倍、イタリア1・76倍です。なぜ米国が他の国と比べて5倍もの豊かな生活が実現できているのでしょうか。

それは、米国が基軸通貨国であり、世界の情報とお金を蒐集する力が群を抜いているからです。英仏は18～19世紀の植民地支配の遺産を享受しているからだと考えることができます。日独は敗戦後、消費支出を抑制し（今楽しむことを我慢し）、将来の生産力を高める将来財（迂回生産財）に資源を振り向けてきたからです。傾向線Bで表される国は、言わば帝国の特権および我慢の成果を享受していると言えます。

なぜ米国は「例外」なのか

図表15（83ページ）の対象国は50カ国です。ＩＭＦは先進国40カ国、途上国１５６カ国、計１９６カ国のデータを揃えています。そのうち、人口と１人当たり実質ＧＤＰのデータが揃うのは１８７カ国です。50カ国中、米国を除いた49カ国は人口が少ないほど豊かな暮らしをしていることになり、４分の１の国ではマルサスの第１法則が成り立っています。残りの約１５０カ国について、人口と豊かさの関係を調べてみましょう。

人口の大小と生活水準の間に逆比例関係があるのは１８７カ国中60カ国と、およそ３分の１です（87ページの図表16の第1象限49カ国・第2象限11カ国）。人口が多いか少ないかに関係なく、貧しい国が１２９カ国もあります（図表16の第3・4象限）。第３象限にある79カ国に関して図表15と同じように散布図を描くと、決定係数（R^2）は０・０００９、第４象限の50カ国でもR^2は０・００３６となり、両者の間にまったく相関がないという結論になります。１人当たり実質ＧＤＰが１・３万ドル（２０１７年国際ドル）以下の国は教育水準が低かったり、貯蓄が不足していたりするなど、成長軌道に乗るための要件を欠いているからです。

とはいえ、何事にも「例外」があります。人口と生活水準の関係で言えば、米国は図表

15の傾向線Aからも、G7の傾向線であるBからも説明できないほどに生活水準が高いという点で、唯一の「例外」なのです。米国の「例外」とは、どのようなことを意味しているのでしょうか。

この問いを解く鍵は、カール・シュミット（1888〜1985年）の次の言葉にあります。シュミットは「例外は原則より興味深い。正常は何物をも証明せず、例外がいっさいを証明する。例外は原則を保障するばかりか、そもそも原則は例外によってのみ生きる。例外において、現実の生の力が、反復によって固定した機構の殻《から》を破って発現する」（［2007b］9頁）と言っています。

もちろん、シュミットの「例外状況」とは政治における概念であって、政治思想学者の蔭山宏《かげやまひろし》によれば、それは「現行の法秩序が停止されている状況を意味し、時には人びとの生死が賭けられている状況」（［2020］18頁）を指しています。しかし、「例外に着目するのは政治学に限らず、およそ学問における概念構成によくみられる方法であり、学問の基本的な概念は例外を想定して構成されているとも言える。自由主義経済自体がそうであるし、精神分析における狂気なども同様である」（前掲書19頁）のです。

英国のマーガレット・サッチャー政権（1979〜1990年）以来、新自由主義者が政治・経済的な権力を握っておよそ半世紀が経ちました。国際NGOのOxfam《オックスファム》は、「世界のビリオネアトップ10人は純資産を新型コロナ・パンデミックの間（2020年3月

図表16 人口と生活水準の関係

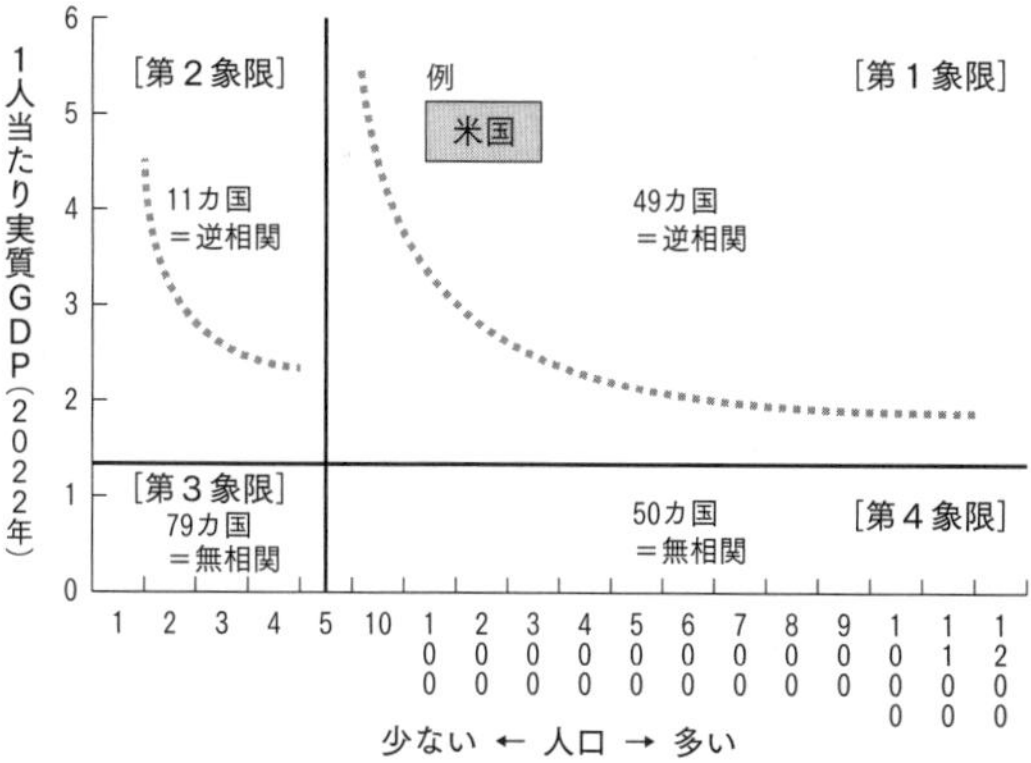

所得	象限	条件	国の数
1.3万ドル超	第1	米国	1
		先進国（40カ国）で人口500万人以上	27
		途上国（156カ国）で1人当たり実質GDP 1.3万ドル以上、かつ人口1000万人以上	22
		（小計）	50
	第2	先進国で人口500万人以下の国	11
1.3万ドル以下	第3	途上国で1人当たり実質GDP1.3万ドル以上、かつ人口1000万人以下	79
	第4	途上国で1人当たり実質GDP1.3万ドル以下、かつ人口1000万人以上	50
		（合計）	190

18日から2021年11月30日にかけて）、7000億ドルから1兆5000億ドルへと2倍以上に増やし、これは1秒当たり1万5000ドル、1日当たり13億ドルのペースに相当する。そのいっぽうで、慎重に見積もっても不平等のせいで毎日2万3000人、すなわち4秒に1人が死んでいる」［2022a・b］と警告しています。まさに、「人々の生死が賭けられている」のです。

「常態」ばかりを分析していると、物事の本質が見えてきません。蔭山が指摘するように「常態を自明なあり方とみなしていると気づかないが、常態は無数の条件が織りなされた結果、常態として現象しており、そうした条件の一部、または不可欠の要素が突然失われたりすると、例外状態が生まれる。したがって現実の意味や本質を明らかにするには、同じことが繰り返される日常的な現実を中断し、その外部に出て、日常的現実を成り立たせている基礎に目を向けなければならない」（［2020］20頁）のです。

人口と生活水準の関係において「例外」である米国は、事実上の「非公式」な世界帝国です。経済学者の山本有造《やまもとゆうぞう》は、帝国の本質とは「中心＝宗主国におけるヒト（人口）、モノ（財貨）、カネ（資本）の過剰が、そのはけ口を求めて周辺にあふれ出た形態」（［2003］12頁）だと指摘しました。「国民国家」の時代において、米国が「帝国」でありえるから、国民国家の人口規模では説明できないほどの豊かな生活（83ページの図表15の傾向線A上の5倍）を享受しているのです。そうした特権の裏側には、国際秩序の安定に責任を持つ義務もともなっています。

日本とドイツの特権

ドイツが図表15の傾向線Aを基準として２・51倍の生活水準を享受できるのは、ドイツがＥＵという地域帝国の盟主としての特権があるからです。もちろん、その特権の背後には、ギリシャ危機においてドイツが支配するＥＣＢがギリシャを救済したように、ドイツはＥＵという限定された空間の秩序安定を維持する義務を負っています。

さらにドイツは２０２３年1月25日、ロシア・ウクライナ戦争で、当初は渋っていた最新型戦車レオパルト2をウクライナに供与することを発表しました。経済面でのＥＵ秩序安定から、軍事面でのヨーロッパ秩序安定へと一歩踏み出したことになります。

いっぽう、日本の特権（図表15の傾向線A上の２・24倍の生活水準）は、日米同盟によるものです。貯蓄過剰の日本は、貯蓄不足の米国をマネーの面から支えています。本来なら、日本のように長年にわたって貯蓄超過が続く国（経常収支黒字国）は、資本過剰になり、個人消費支出対ＧＤＰ比が上昇し、逆に米国のような貯蓄不足の国（経常収支赤字国）は貯蓄率を高める必要があり、個人消費支出対ＧＤＰ比率は低下するのが「常態」です。

　ところが、戦後から現在にかけて日本の個人消費支出対ＧＤＰは低下傾向[*31]にあり、対照的に米国は上昇し続けています。消費者が現在財（消費財）を選択した結果が個人消費支出となり、貯蓄をした場合は将来の満足を高めるために現在を我慢し、将来財（投資財）を選択することになります。この考えによれば、貯蓄不足の米国民は将来財を選択し、個人消費支出対ＧＤＰ比を低下させるのが「常態」です。

　しかし、帝国は経済の理屈だけで成り立っているわけではありません。国際秩序に責任を持つわけですから、万が一、将来、国際秩序を乱すような事案が起これば、帝国としての米国は米国民に我慢を強《し》いる（戦争に参戦）ことになります。その代償として、米国は米国民に減税を実施して現在財の購入を増やす選択を奨励するでしょう。

　日本と米国はコインの表と裏の関係にあります。貯蓄超過の日本は個人消費支出を増やし、現在を楽しんでいいはずです。ところが、日本は安全保障を米国に頼っているため、将来の安心と引き換えに現在を我慢しているのです。将来の安心が確実に保証されているか、現時点では定かではありませんが、そう確信せざるを得ないのが今の日本です。日本の現在の我慢は輸出の増加に現れ、日本の優れた自動車を米国民が購入して現在を楽しんでいるのです。

経済は19～20世紀の「中心領域」です。その「中心領域」において、米国は「例外」にあります。「例外」が何を物語っているのか、それを考察することによって、資本主義の本性を明らかにすることができます。すなわち、資本主義は中心に富を蒐集するシステムです。ここで言う「中心」とは、現代で言えばウォール街、その背後にいるビリオネアなどを指します。成長を至上命題とする資本主義は、蒐集する人（国）とされる人（国）に二分していくシステムですから、ゼロ成長という「例外状況」になればなるほど、資本が元来《がんらい》有している暴力性が前面に出てくるのです。

世界帝国である米国はウォール街を通じて世界の富を、ヨーロッパ地域帝国の盟主としてのドイツはヨーロッパの富を蒐集してきました。むしろ、20世紀半ばの「中間層の時代」が例外だったのです。「中間層の時代」がグローバル化と共に消滅したのは、資本主義は元来、帝国との相性が良いからです。

国民国家に対応する概念がインターナショナリゼーションですが、今やそれに取って代わったグローバリゼーションが富を集中させるイデオロギーとなっていることは、Oxf amが毎年公表しているレポートで指摘する通りです。

成長の「収斂仮説」は成り立つのか

各国の経済が「定常状態」に向かっているか否かを検証する理論が、ボーモルの「収斂仮説」[*32]です。この仮説は「はたして貧しい国（後発国）は豊かな国々（先進国）よりも高成長をする傾向があるか、という問題」（ローマー［1998］31頁）を明らかにするために使用されます。

ボーモルは、各国の経済成長率が高いか低いかは、初期時点の所得に依存すると想定し、縦軸に初期時点から現在までの1人当たり実質GDP成長率を取り、横軸に初期時点の1人当たり実質GDP（水準）を取りました。各国データの散布図の回帰式を計算して、傾きがマイナス1・0となれば、1人当たり実質GDPはある一定の水準に収斂するというものです。

まず、「収斂仮説」が成立しているかどうか、実際のデータで検証してみましょう。

初期時点を1870年とします。これは、マルサス・モデルが崩壊した年です。縦軸には、2020年と1870年の間の1人当たり実質GDP成長率を対数表示で取ります。

図表17 「定常状態」を示唆する、成長の「収斂仮説」

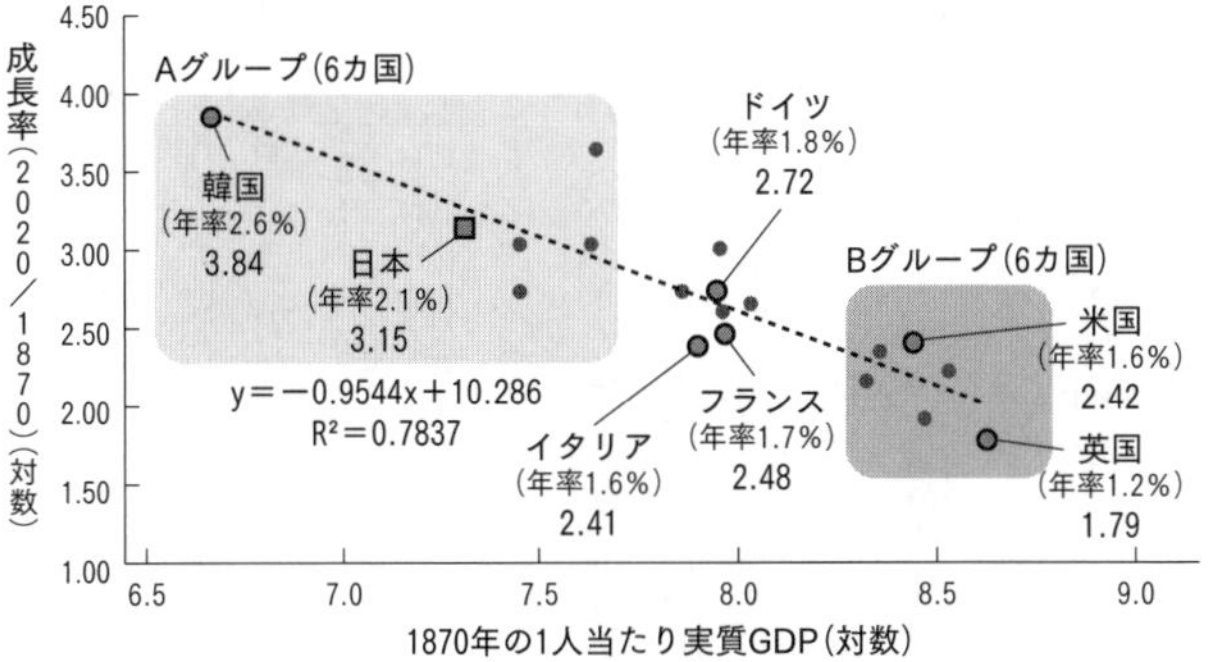

（注1）初期所得水準（1870年）と2020年までの成長率の関係
（注2）データはOECD加盟国で1870年時点の1人当たり実質GDPが存在する19カ国
（出所）University of Groningen“Maddison Project Database（MPD）2020”、IMF“WEO”

対象国は19カ国です。19カ国の回帰式は理論通り、ほぼマイナス1・0となっています（実際はマイナス0・95。図表17）。1870年時点で貧しい国（図表17のAグループ）は、貧しい順に韓国、日本、スペイン、フィンランド、スウェーデン、ノルウェーの6カ国です。いっぽう、豊かな国（同Bグループ）は初期所得の高い順に、英国、オーストラリア、ニュージーランド、米国、ネイザーランド（オランダ）、ベルギーの6カ国です。

Aグループの国は1870年から2020年の150年の間、高い経済成長を実現し（縦軸の上に位置）、同期間、経済成長率が低い豊かな国を追いかけたのです。その結果、2020年における日本の1人当たり実質GDPは3・

70万ドル、韓国は3・83万ドルとなって、1870年時点でもっとも豊かだった英国の2020年の3・47万ドルを上回りました。これは、機械化という近代の成長メカニズムをうまく利用した国は当初、貧しくても豊かな国の仲間入りができることを示唆《しさ》しています。

貧しい国が豊かな国の生活水準に追いつくことができるのは、豊かな国は資本装備率（資本／労働者）が高いため、資本収益率が低下して資本が豊かな国から貧しい国に流出し、貧しい国の投資率（投資／GDP比）が上昇して高い経済成長を促《うなが》すからです。グローバリゼーションがそうした動きを加速させました。

図表15（83ページ）の傾向線B上の5カ国（中国を除く）と米国は、2022年時点では、米国を除けば1人当たり実質GDPは4万ドル近辺で、同じような水準にあります。

ところが、図表17（93ページ）でわかるように、1870年時点で、貧しい国（Aグループ）の日本、AとBの間に挟《はさ》まれた中間グループのドイツとフランスとイタリア、豊かな国（Bグループ）の英国と米国では、豊かさに大きな開きがありました。

これが150年を経て、図表17の19カ国は所得水準がおおむね「収斂」したわけですが、これらの国の人口増加率は日本のように減少しているか、ヨーロッパのように今後数十年内に減少に転ずることが予想されています。

図表18 所得の高い国ほど、人口増加率は鈍化

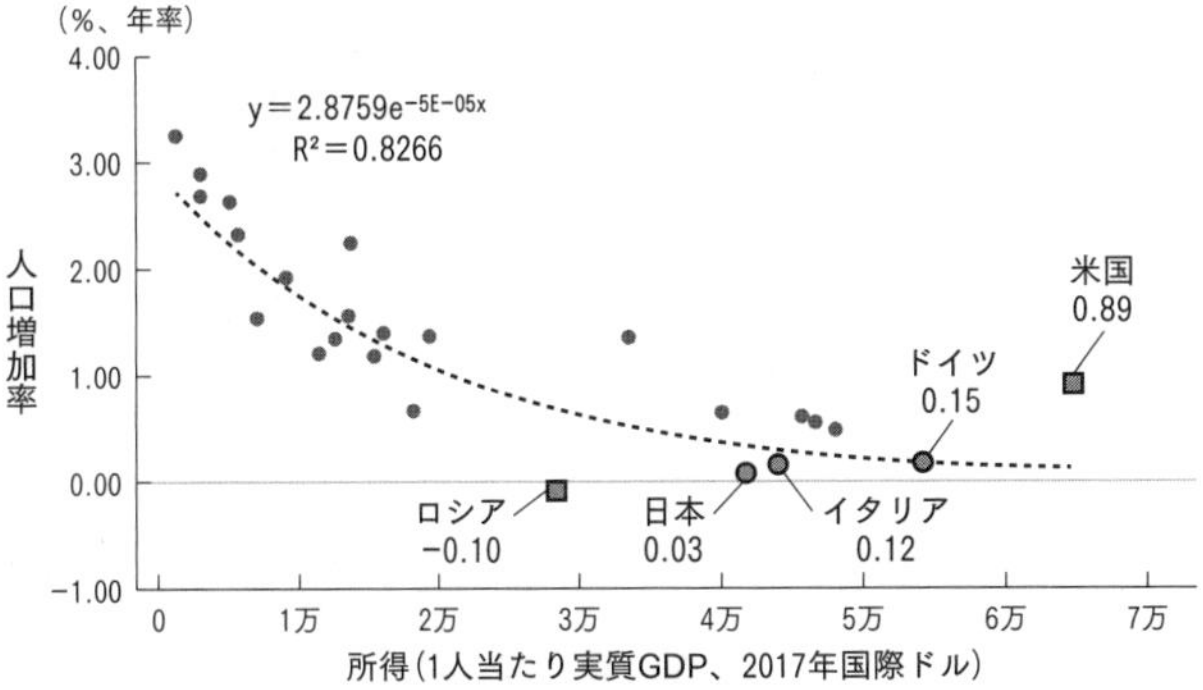

(注1)対象は人口の多い国ベスト30、傾向線は米ロを除く28カ国で計算
(注2)所得は2022年時点、人口増加率は2022／1991年比
(出所)IMF“WEO”

各国別の2022年の所得(1人当たり実質GDP、2017年価格)と、ソ連解体後に世界経済が一体化した1991年から2022年にかけての人口増加率の関係を見ると、豊かな国ほど人口は増加していません(図表18)。

G7の国は1970年代半ばに出生率が2・0を下回り、その後、半世紀経ちましたが、回復する兆しはありません。*33 G7のなかで、出生率が低いのはイタリアの1・24、日本の1・26、カナダの1・33、ドイツの1・46です(2022年)。

産業革命以降、所得の急上昇にともなって人口増加率が上がらなかったのは、豊かな国(所得が高い国)で出生率が死亡率以上に低下したからです。死亡率は衛生状態の改善や医学の発

展で低下していきますが、出生率が低下した理由は避妊が利用しやすくなったわけではないようです。理由は「一生結婚するつもりがない」と答える未婚者の増加[34]、晩婚化[35]、そして「望んだ（desired）出生数の変化[36]で説明される」（ワイル［2010］101頁）。

予定子供数が理想子供数を下回る世帯にその理由を尋ねると、もっとも高いのが「子育てや教育にお金がかかりすぎるから」（52・6％）です。ただし、2002年にはこの比率は62・9％でした。近年比率が高まってきているのが「高年齢で生むのはいやだから」です。2002年には33・2％でしたが、2021年には40・4％に高まっています。晩婚化の影響が、少子化の原因として比重を高めてきているのです。

近代社会は人類史上稀《まれ》に見る豊かな社会を築きましたが、20世紀末にそのピークを迎え、「定常状態」に移行するプロセスに入った途端に生きづらい世の中になりました。それをもっとも敏感に感じているのが若い女性なのです。

ある一つのシステムが抱える問題、あるいは矛盾は、もっとも立場の弱い人々にしわ寄せされるのが歴史の常です。人類は自由を求めてきた結果、不自由な社会を招来させてしまったと言えます。この点からすると、近代は反近代でもあるのです。

第3章

リアルエコノミー vs. シンボルエコノミー

米国が「例外」的な存在であるのは、裏側に日本の「例外」が存在するからです。そして、米国の「例外」はシンボルエコノミー化で起きていることで、日本の「例外」はリアルエコノミーの世界での事象です。21世紀は、リアルとシンボルが交錯する世界なのです。本章では、いったい何が「例外」で何が「常態」であるかを検討します。その場合、重要な鍵を握る所有権については、第5章で説明します。

日本の「例外」

米国の「例外」は、ストックベースで世界最大の純債務国でありながら、フローベースで測った所得収支基準では一転して、世界最大の黒字国となることです。米国はこの事実によって、シュミットの言う「全世界の債権者」（『2007a』325頁）になれるのです。この理論は、「私有財産は『神聖』である」（前掲書325頁）という、近代社会の大前提から導き出されます。

いっぽう、日本の「例外」はゼロ金利・ゼロ成長・ゼロインフレです。これによって、はじめて米国の「例外」が成立するのです。

日本やその他の先進国の過剰貯蓄がウォール街に持ち込まれ、米国はその資金を投資リターンの高い南米やヨーロッパに投資しています。[*1] 米国は低利の米国債で貯蓄超過の国から資本を調達し、海外の高収益企業に投資して、その利ザヤが世界一の所得収支黒字（2020年からは日米合わせて世界一）を生んでいます。米国が世界の投資銀行であるというのは、資本が国境を自由に越えることによって、低コストの米国債（米国の債務）で外国から集めたお金を高リターンの外国株式（米国の債権）に転換することができるということなのです。

つまり、米国の「例外」はシンボルエコノミー、日本の「例外」はリアルエコノミーでの事象です。目には見えない象徴、あるいは記号からなるシンボルエコノミーの世界は、実体がありません。目に見えない世界を見えるようにしたのが株式市場で売買される「株価」であり、株価を押し上げるグローバリゼーションは象徴経済の本質を覆《おお》い隠すヴェールです。それは思惑と貪欲さが飛びかう市場ですから、株価に理論的な上限はありません。

いっぽう、リアルエコノミーは労働者と資本の共同作業でＧＤＰを生み出す世界なので、働いている人や工場・店舗・オフィスビルは目に見えるし、触ることができます。この世界では、これらの資本を際限なく増やしていくことはできません。

「失われた30年」の嘘

「シンボルとは事物の死であると述べたのは、ジャック・ラカンだった」。テリー・イーグルトンは、１９８６年に著した『シェイクスピア』（［２０１３］２３８頁）で、そう紹介しました。まさに、シンボルエコノミーはリアルエコノミーを殺して誕生したのです。

１９７１年、リチャード・ニクソン米大統領はドルと金《きん》の交換を停止しました（ニクソンショック）。シンボルエコノミーは、基軸通貨でありリアルエコノミーの神であったドルを金と切り離したことで生まれたのでした。

リアルエコノミーの世界で、日本は逸早《いちはや》くゼロ金利に到達し、近代の次の社会を構築するチャンスを得たのですが、シンボルエコノミーの世界に巻き込まれ、翻弄《ほんろう》されています。残念ながら、このことに日本の政官財のリーダーたちは気づいていないようです。あるいは気づいているのだとしたら、それはあまりにも自分たちには手に負えない問題なので見て見ぬふりをしているのかもしれません。前例踏襲のほうが容易なので、政府・日銀そして新自由主義を信奉する主流派経済学者たちは、20年以上にわたって２％の物価上昇と２％の実質ＧＤＰ成長の実現に拘泥しています。

日本は近代の次に来るシステムを設計するという、数世紀の一度の大チャンスを失おうとしています。１９９０年代の土地・株式バブルの崩壊は、最後の金融機関への公的資金注入があった２００３年に終わっていると考えることができます。ということは、バブル崩壊で失われたのはおよそ十数年です。大手金融機関への公的資金注入は、２００３年が最後です[*2]。

したがって、その後の二十数年間で失われているのは、ポスト近代を設計するチャンスです。一括《ひとくく》りに「失われた30年」と表現すると、今起きている地殻変動を見落としてしまいます。バブル崩壊の1990年から2003年までに失ったのは、輝いていたように見えた「過去」ではありません。それも「幻想」だったのです。2004年以降、現在に至るまで失い続けている、あるいは見ようとしないのは、近代の次に来る「未来」なのです。

リアルエコノミーとシンボルエコノミーのどちらが「例外」で、どちらが「常態」なのかは、21世紀が近代の延長線上にあると考えるのか、あるいは近代が終わってポスト近代の時代であると考えるのかによって、180度異なります。

近代の延長線上にあるという前者の根底には、社会は常に膨張し進歩するという考え方があります。20世紀までの原則「成長とインフレがすべての怪我を治す」が20世紀末に変異して、「資産インフレがすべての怪我を治す」に置き換わっただけです。こう考えれば、1980年以降21世紀の現在まで続いているシンボルエコノミー化は「常態」(図表19の★)、あるいは近代の亜流と言えます。

近代社会の行動原理「より遠く、より速く、より合理的に」に従って行動すれば、消費者は満足度を最大化、企業は利潤を極大化できました。このなかで「より速く」は株式市場で顕著です。投資家は「電子・金融空間」において高頻度取引(HFT= high-frequency trading)を駆使して利ザヤを得ようとしています。この空間は土地に縛られることはなく

図表19　21世紀は近代か、ポスト近代か？

	中世	近代 1450〜1980年代	1980年代〜	ポスト近代
ゼロ成長経済 （閉じた空間）	常態	例外	例外	常態（★★） （リアルエコノミー）
膨張経済（無限空間） インフレと成長 （中産階級の創出）	例外 ※注1	常態	——　※注2	例外
シンボル経済 （バブル生成と崩壊）	——	——	常態（★）	

（注1）中世の「例外」は13世紀以降、教会は利息を容認し、商人は資本が利息のつきものと認識して経済成長した状態
（注2）——は存在しない状態

無限です。ＩＴ技術を駆使すれば、１秒をほぼ無限に切り刻《きざ》むことができるからです。

いっぽう、近代の行動原理は終わったと考えれば、21世紀の日本のゼロ成長経済がポスト近代における「常態」（図表19の★★）となります。こう考えれば、シンボルエコノミー下におけるバブル生成と崩壊が頻発する「ショック・ドクトリン」は当然「例外」的現象であり、制御すべき対象となります。また、自由と平等は普遍的概念だと考えれば、ごく少数の人に富が集中するシンボルエコノミーの世界は「例外」となります。

シンボルエコノミーの世界が「常態」であると考えれば、「より遠く」の行動原理をより徹底することですから、現在は近代の延長にすぎません。フランス革命と産業革命の「二重革命」は「例外」だったことになります。20世紀の著《いちじる》しい高度成長と同様に、自由と平等は

「あっけないエピソード」だったことになってしまいます。その結果、国民国家の時代からビリオネアが君臨する資本の帝国へと統治形態は変容していくことになるでしょう。

いっぽう、シンボルエコノミーの世界が「例外」であると考えれば、自由と平等は普遍の原理であって、社会を分断させてきたシンボルエコノミーの構造を解体する必要があります。すなわち「よりゆっくり」な社会に転換させていかなければなりません。「より多くの」私的所有権を追求することを至上命題とする資本主義経を成り立たせている概念も見直す必要が出てきます。

低所得者層を直撃

現実には、世界はシンボルエコノミー化しています。国民国家の主役である雇用者の実質賃金が趨勢的に下落しているからです。日銀が「過度の物価下落」を懸念して事実上のゼロ金利政策[*3]に踏み切ってから30年近くが経過しています。2022年4月以降、消費者物価は日銀が目標としている前年同月比2・0%を超えて上昇し、2022年4月から2024年7月までは平均して前年同月比3・0%となりました。

この間、名目賃金は前年同月比で1・7%しか上昇していないので、物価変動を除いた実質賃金は同1・8%下落しています。とりわけ、2023年の実質賃金は前年比2・5%も下がり、1971年以降で、2014年の消費税率5%から8%への引き上げ時（前年比マイナス2・8%）に次ぐ大幅な下落[*4]となり、リーマンショック時（前年比マイナス2・3%）を上回りました。ロシア・ウクライナ戦争の物価への影響がいかに大きいかがわかります。

日銀はデフレ脱却を最優先し、消費者物価が持続的に（少なくとも2年以上）年2・0%上昇し、その後再び2・0%以下に鈍化することがないと確信できるまで、マイナス金利政策を続けると表明しています。2022年の消費者物価（生鮮食品を除く総合）は前年比2・3%上昇し、2023年も3・1%と、目標値の2・0%を上回っています。2024年1〜7月の前年同月比も平均して2・5%上昇となっているので、ほぼ3年連続で日銀の目標が達成されたことになります。

しかし日銀は、ロシア・ウクライナ戦争とイスラエルとハマスの戦闘が終わったあとにエネルギーと食料品価格が下落して、将来2・0%以下になる可能性があると判断しているようです[*5]。これが「異次元金融緩和」政策を変更することができない理由です。

根本的には、実質賃金の下落で国民の生活水準が下がっているわけですから、インフレ抑制を優先してマイナス金利政策を解除するのは無理なのです。景気に対して抑制的に働き、一段と実質賃金の低下を招きかねないからです。外国為替（外為《がいため》）市場もそれを見透《みす》かしており、円安が一段と食料品やエネルギー価格の値上がりに拍車をかけています。

その結果、エンゲル係数[6]が上昇し、低所得者層を苦しめています。とりわけ、下位2割の低所得階層（定期収入5分位《ぶんい》1）[7]のエンゲル係数に、高騰が続く電気代の対消費支出を加えると、2024年1～3月期は1985年以降で最高に達します（図表20）。「異次元金融緩和」政策は解除しても、継続しても国民生活を苦しめることになっているのです。

食料と電気は生存のために不可欠な支出です。下位2割の低所得世帯では、生存に必要な食料費と電気代を合わせた支出額が消費支出の33・6%にも達しています。1985年以降でもっとも低かった2012年で27・4%だったので、6・2%ポイントも上昇しました（全世帯平均では5・5%ポイントアップ）。所得の低い世帯ほど選択的支出が制約され、生活が苦しくなっているの[8]です。

エンゲル係数（電気代を加算）が全世帯平均で5・5%ポイントも上昇したということは、家計所得の購買力が事実上5・5%ポイント低下したことを意味しています。とりわけ低所得世帯では6・2%ポイントの低下になります。食料費は1日3食を2食にするわ

図表20 所得の低い世帯ほど、生存のための支出が増加

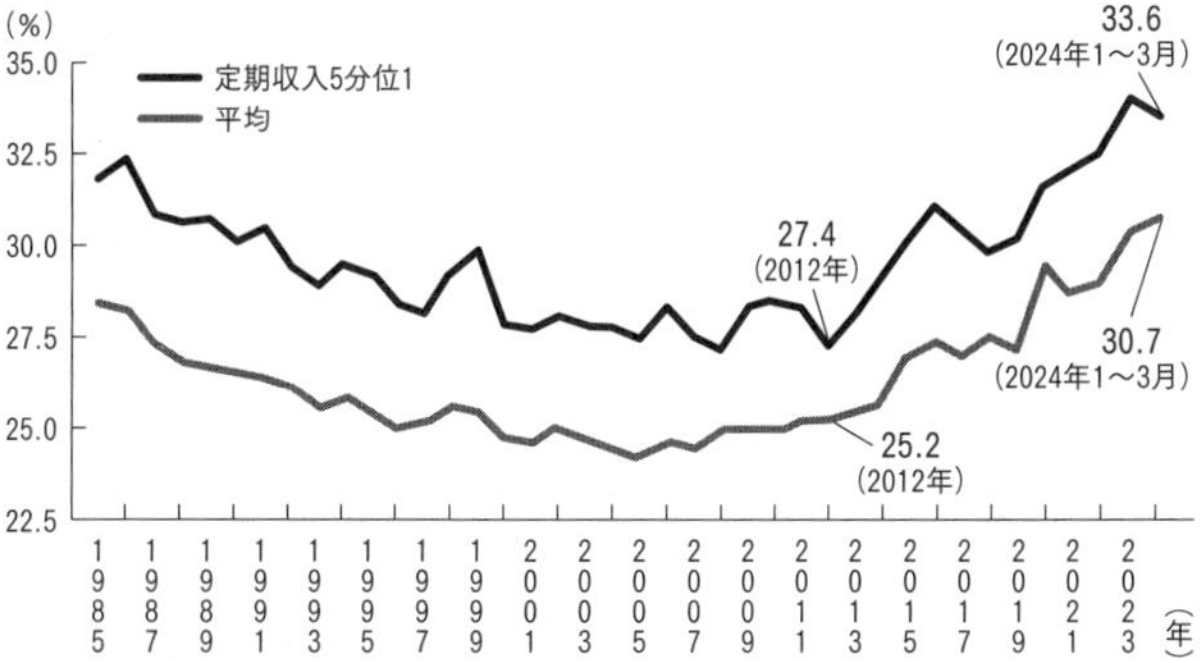

(注1) エンゲル係数＋電気代／総支出
(注2) 2024年は1〜3月の平均
(注3) 2000年以降、2人以上の世帯のうち勤労者世帯。1999年以前は、2人以上の世帯(農林漁家世帯を除く)
(出所) 総務省「家計調査 家計収支編」

けにはいきませんし、電気代も急にエアコンの使用をやめるわけにはいきません。これらは、生存にかかわる生命維持費です。

２０１２年と比べて、２０２４年１～９月平均の実質賃金は８・６％も低下しています。２０１３年から異次元金融緩和で円安が急速に進んだことで、ほとんど輸入に頼っている食料と原油価格が円建てで上昇したことが大きな原因です。

日銀の不作為

日本の物価上昇は新型コロナ・パンデミックによるサプライチェーンの寸断、ロシア・ウクライナ戦争によるエネルギーと食料の供給不足などが原因であって、これらの問題には金融政策では対処しようがありません。

実際に、日銀が3カ月ごとに公表している「生活意識に関するアンケート調査」によれば、「1年前と比べて、あなたの暮らし向きがどう変わったと感じますか」との問いに「ゆとりがなくなってきた」と回答する人の割合が2021年9月調査では36・3％と低かったのですが、2024年6月調査では55・7％と急増しました。リーマンショック時の65・2％（2008年9月調査）に近い水準にまで悪化しています。「ゆとりがなくなってきた」と回答する人が増えるとほぼ同じタイミングで、食料品価格が上昇に転じました。日銀の「異次元金融緩和」は、円安を通じてエネルギーと食料品価格をいっそう押し上げ、低所得者層を直撃します。そのいっぽうで、量的金融緩和は株価を押し上げ富裕者層はますます富を増やしています。日銀はシンボルエコノミーを膨張させるのに寄与しているのです。

本来、「日本銀行は、通貨及び金融の調節を行うに当たっては、物価の安定を図ることを通じて国民経済の健全な発展に資することをもって、その理念とする」（日本銀行法、第一章総則第二条）のです。しかし、「異次元金融緩和」政策は、国民経済の健全な発展に資するどころか、国民の生活を苦しめており、その是正にまったく無力です。その大きな原因は、日銀がシンボルエコノミー化していることを認識していないか、P・F・ドラッカーの言う「不愉快な問題」に取り組むことを避けているか、のどちらかです。まさか日銀が前者を認識していないはずはないので、後者だと判断できます。

リアルエコノミーとシンボルエコノミーが分離した理由について、ドラッカーは次のように指摘しています。「主要国の政府が、それぞれ国内の不愉快な問題に取り組むことを避けるために、世界経済を利用する度合いというものは、史上例を見ないところまで来ているといってよい。アメリカは、高金利で外国資本を導入することによって、国内の財政赤字に取り組むことを避けている」（［1986］47頁）。

日本銀行法にある「国民経済の健全な発展」とは、労働生産性の上昇率に比例して実質賃金が上がることです。[*9] 労働者が生産性を上げた場合、経営者はそのことに報いる義務があります。ところが、それを経営者に実行させるには金融政策がまったく無力だという「不愉快」な事実を、日銀は認めません。したがって、「異次元金融緩和」を続けるしかないのです。

「できることは何でもやる」と黒田日銀総裁は断言しましたが、結果的には嘘をついたことになります。2013年3月20日に日銀総裁に就任した黒田は、4月初の金融政策決定会合で「量・質ともにこれまでと次元の違う金融緩和を行う必要がある。できることは全てやる」[*10]と口火を切りました。そして、会合後のインタビューでは、2年間で消費者物価上昇率2％は「当然達成される」と自信たっぷりに答えていました。

しかし、政府の実質GDP成長率2・0％目標[*11]と同じく、日銀の物価目標は未達のままです。黒田総裁は就任時、2年後に消費者物価上昇率を2・0％にすると約束しましたが、2年後の2015年4月から退任直前の2023年3月までの平均消費者物価上昇率はわずか0・6％でした。

黒田は「できることは全てやる」と大見得《おおみえ》を切ったものの、結果が無残なものとなったのは、リアルエコノミーの世界では経済成長する基盤がすでに崩壊し、シンボルエコノミー化に向かっていたからです。日経平均株価は黒田日銀総裁時代に1万2397円（2013年3月末）から2万8041円（2023年3月末）へと、2・3倍に上昇しました。

さらに日銀は、2010年度から国債だけでなく株式も購入するようになり、日本のシンボルエコノミー化を促進しています。その額は、2024年3月末で37兆円（簿価）、時価換算では74兆円[*12]に達すると予想されています。東証プライム市場の株式時価総額は2023年11月時点で970兆円でしたから、日銀は7・6％を保有する日本で最大の株主です。しかし日銀は、株主総会で質問権も議決権も行使しません。
「日銀による大量のETF購入を巡っては、株主総会での議決権行使がETFの運用会社にゆだ委ねられており、経営監視の役割が機能しにくくなることを問題視する[*13]」声があります。この点について2023年5月10日、参議院決算委員会に植田日銀総裁と共に出席した清水誠一《しみずせいいち》同理事は「定期的に投資信託委託会社のスチュワードシップ・コード（機関投資家の行動指針）の対応状況に関する報告を受けており、適切にフォローしている」と述べました（注13［*13］と同じ）。

植田日銀総裁をはじめ日銀幹部が、実質付加価値生産性が上昇しているのに実質賃金が上昇していない会社の株主総会に出席して、「なぜ労働生産性が上昇しているのに、御社の従業員の実質賃金は下落しているのですか」と質問するだけでも、経営者には大きなプレッシャーになります。まさか、経営者の能力は飛躍的に高まっているが、従業員のそれは低下しているとは答えられないからです。

株主総会で質問権さえ行使しないようでは、日銀は国民の預金を裏づけとした日銀預け金（日銀の負債）を元手《もとで》に、資産サイドで株式を保有していることの正当性がないことになります。「できることは何でもやる」は単なるポーズにすぎないのです。日銀は、リアルエコノミーの国民のための銀行から、シンボルエコノミーの世界における株主のための銀行へと立ち位置を変えたことになります。

日銀は賃下げで生活が苦しい労働者の困窮ぶりを見て見ぬふりをしています。「伊藤レポート」[14]（経済産業省［２０１４］）が機関投資家の意見を聞いて、企業にＲＯＥを８％以上に引き上げることを求めたのと同じ構図であり、国民の声を「聞く耳」を政府・日銀、そして日本経済団体連合会（経団連《けいだんれん》）も持ち合わせていません。

政府と日銀は一応、経団連に繰り返し賃上げ要請をしてはいますが、自分たちに火の粉がかからないようにしています。ミゲル・デ・セルバンテス作『ドン・キホーテ』のサンチョ・パンサは「警鐘を鳴らす奴はいつも安全なところにいる」[15]（牛島信明［２００２］１１７頁）と言いました。エリートの本性はいつの時代も変わらないようです。

そもそも資本とは

資本の概念は、リアルエコノミーの世界とシンボルエコノミーの世界とでは大きく異なります。資本の定義[16]は数多くありますが、大まかに言えば利息（利潤）を生むおカネが回転したものであるという点で、意見の一致が見られる[17]ようです。

利子と利潤は源泉を付加価値とする点で同じですが、利子は事前契約であるのに対して、利潤は事後にしか確定しない点に違いがあります。ただ、長期に均せば、利潤＝利子＋リスクプレミアム（投資の機会損失）という関係にあり、両者はパラレルに推移するのが基本です。

「例外」なのか「常態」であるのかを判断する際には、資本の機能[18]をどう捉えるかにかかわってきます。何のためにおカネを回転させるのかを考察するには、資本の機能を考える必要があるからです。

資本の機能は二つに大別できます[19]。第1は、国民生活の向上に資する機能を有するという見方です。この見方では、ゼロ金利・ゼロ成長は「常態」であると判断されます。第2は、資本はいつでも換金でき、社会の新陳代謝《しんちんたいしゃ》に役立つ機能があるとする見方です。これだと、ゼロ金利は明らかに「例外」であり、物価上昇率を2・0％にして金利のある世界に戻さなければならないとなります。

第1の見方は、財・サービスの生産力（GDP）を高めるのが資本の機能であって、工場・店舗・オフィスビルなどがリアルエコノミー世界の資本ということになります。生産されたもの（GDP）は必ず支出額（GDE）と等しく、人々の財・サービスに対する需要は上限があるわけですから、人々の財・サービスに対する満足度が飽和すれば、経済は古典派経済学者が主張していた「定常状態」に行き着くことになります。

J・S・ミル（1806〜1873年）は古典派経済学を集大成し、その成果が1848年に刊行した『経済学原理』です。ミルは、「イギリスのような国においては、（中略）利潤率は速《すみ》やかにその最低限に到達して、その後における資本の増加はさしあたり一切停止してしまうであろう」（［1961］78頁）と予想しました。英国を日本に置き換えれば、ミルは1世紀半後の資本主義の行方を正確に予想していたことになります。日本のリアルエコノミーの資本は1998年度以降、300兆〜370兆円で、四半世紀にわたって横ばいで推移しているからです（図表21の実線）。

第2の見方は、シンボルエコノミーと親和性があります。いつでも換金できるものとすると、株式が資本となります。たとえば、工場・店舗・オフィスビルは即座に換金できませんが、上場株式はいつでも換金可能だからです。株式市場には無限の欲望を持った資本家が参加しており、キャピタルゲインがもっとも重要だということになります。

日本のリアルエコノミーの資本（固定資産）は1998年度をピークに、その後減少に転じ、2022年度に355・8兆円となってようやくピーク時を超えました。国民が求

図表21　リアルエコノミー資本をはるかに凌駕する シンボルエコノミー資本

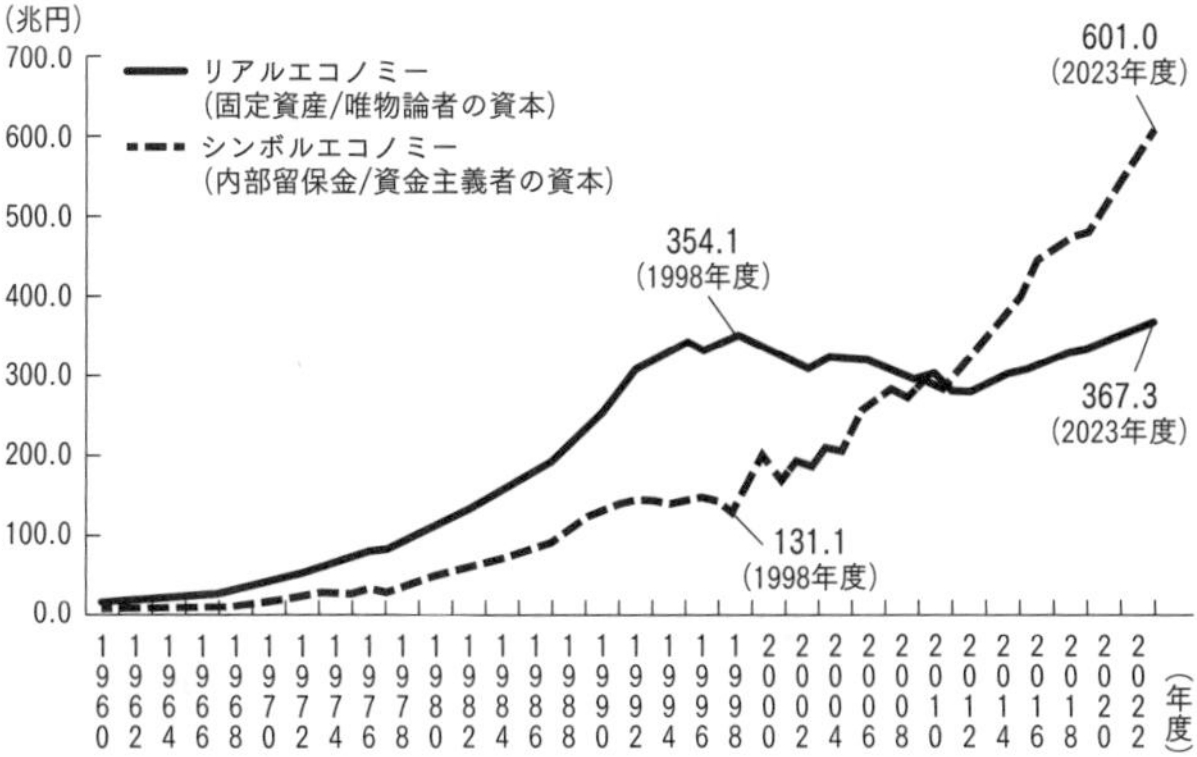

(注1) 固定資産＝建設仮勘定＋その他有形固定資産＋無形固定資産
(注2) 内部留保金＝利益準備金＋積立金＋繰越利益剰余金
(出所) 財務省「法人企業統計年報」

める財・サービスを生み出すのに固定資産を増やす必要がなくなってきたからです。いっぽう、シンボルエコノミーの資本（内部留保金）は逆に１９９８年度以降、増加テンポを強め、２０１２年度にはリアルエコノミーの資本を上回り、２０２３年度末には６０１・０兆円となりました（図表21の点線）。

　第１と第２を包括した資本の理論は、マルクスのＧ―Ｗ―Ｇ′―Ｗ′―Ｇ″……です（Ｇ＝貨幣、Ｗ＝商品）。そして、資本主義経済の永続性を保証する条件がＧ＜Ｇ′とＷ＜Ｗ′です。もし、Ｇ＞Ｇ′という状況が続けば、その会社は市場から淘汰されるでしょう。

図表22 リアルエコノミーvs.シンボルエコノミー

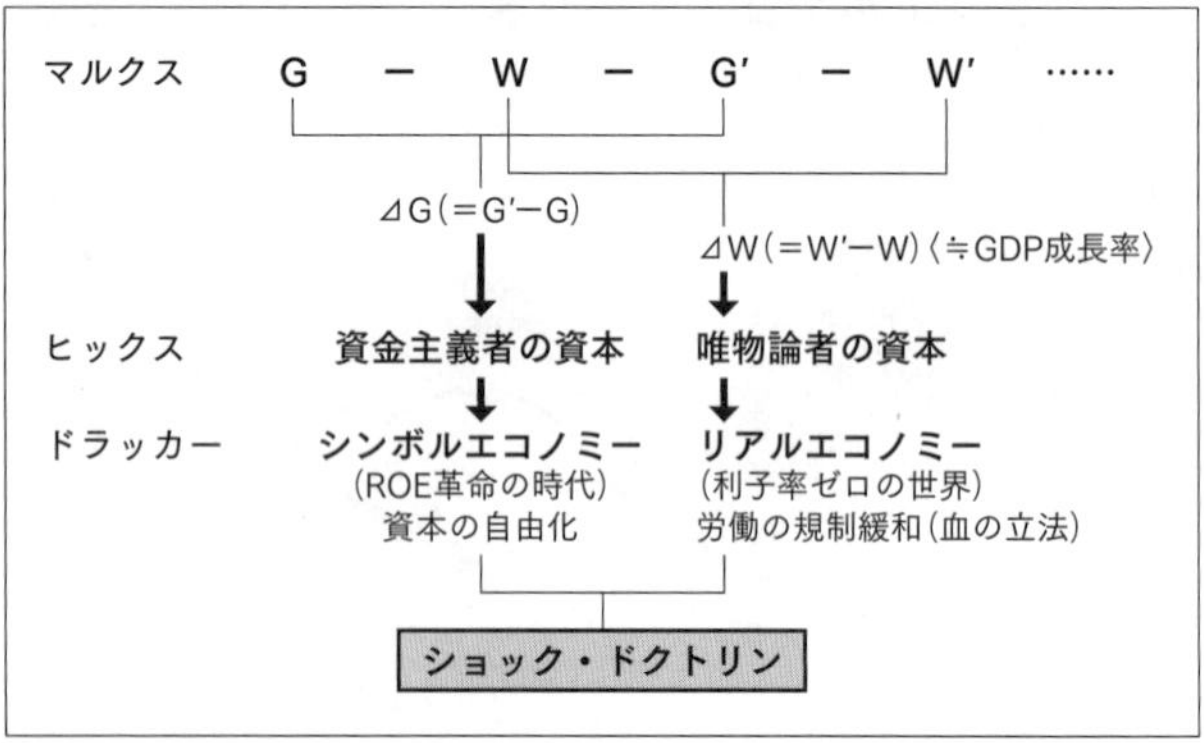

リアルエコノミーの資本はW－W′を繰り返しながら、⊿W（＝W′－W）である実質GDPの成長率を高めていきます。Wは前払い賃金・工場・店舗・オフィスビルを表しますから、おおむね実質GDPと等しくなります。前払い賃金が消費支出となり、工場などが投資となるからです。

いっぽう、シンボルエコノミーの資本がG－G′を繰り返して、Gの極大化、すなわち利潤の極大化を目指すのは、21世紀になって⊿Wがほぼゼロ成長となってきたからです。つまり、G－W－G′……のプロセスにおいて、Wを捨象しようとしているのです。

資本の自由化はバブル生成と崩壊をもたらし、バブル崩壊後、企業はリストラができるよう「労働の規制緩和」を政府に要求しました（図表22）。そして、非正規化された労働者は、「ショック・ドクトリン」のもとでいつでも解雇できるモノとなってしまったのです。

富裕層の拡大

国家や帝国が暴力装置[*20]であるように、資本も暴力装置を有しています。暴力装置が如何《いかん》なく発揮されるのは、シンボルエコノミーの世界で資本が蓄積されていくプロセスにおいてです。具体的には、資本蓄積のG－W－G′の永続的プロセスにおいて、「ショック・ドクトリン」のたびに、G、G′、G″……が原初（本源）的資本として再スタートします。

マルクスは、１８６７年に著した『資本論』第Ⅰ巻の第24章第１節「いわゆる原初的資本蓄積」で、資本の原初的蓄積について古典派経済学を次のように痛烈に批判しています。「現実の歴史においては周知のように征服、服従、強盗殺人、ようするに暴力が大きな役割を果たしている。ところが経済学は穏《おだ》やかだから昔から牧歌的な世界（Idylle）が広がっている。法と『労働』は、富を増やす昔からの唯一の手段であるとされる。もっとも、いつも**『今年かぎりの』**例外というのはあった。実際問題として原初的資本蓄積の方法は、法と『労働』とはかけ離れた、とても牧歌的とは言えぬものだった」（［２００５ｂ］５０２頁）。

近代においては私的所有権が神聖化され、絶対化されます。みずからの能力と努力で現在の莫大な資産を正当に築いたのだと、21世紀のビリオネアがいかにも主張しそうなことを、マルクスは150年も前に言い当てていたのです。

マルクスは19世紀の資本主義を批判したのですが、彼の批判は21世紀にもそのまま当てはまります。マルクスが指摘した征服や強盗殺人、そして「血の立法」など「暴力」による資本蓄積は21世紀になると市場の暴力、すなわち「ショック・ドクトリン」に姿を変え、法律違反とならないように巧妙に行われています。

Ｏｘｆａｍは、調査開始時の１９８７年に１４０人だったビリオネアが２０２２年11月には２４９５人へと急増していると報告しています［２０２３］。彼らの純資産は２９５０億ドルから11兆８６３０億ドルへと17・８倍にも膨れ上がっています。ビリオネア１人当たりでは12・８億ドル（１９８７年）から45・８億ドル（２０２２年）へと３・６倍になっています。

ビリオネアはシンボルエコノミーの申し子であると同時に、「政策が産み落とした失敗」（Ｏｘｆａｍ［２０２３］）の象徴でもあります。その衝撃的な例が、Ｏｘｆａｍの報告書“Inequality Kills: Methodology note（不平等による殺人）”で示されています［２０２２ｂ］。

それによれば、新型コロナ・パンデミックの間（2020年3月から当時の最新データである2021年11月まで）、富裕層トップ10人の純資産[*21]（インフレ調整後の実質評価額）は、6917億ドルから1兆5123ドルへと2・2倍となりました。これは1日当たり13・2億ドルの増加、1秒当たり1・53万ドルに相当します。1秒ごとに1万5000ドルをなんらかの財・サービスの支出にあてることは不可能です。まさにシンボルエコノミーの世界で貨幣が貨幣を生む、すなわちG－G′が延々と繰り返されているのです。

資本の暴力装置

金儲けと資本蓄積には大いに関心があるビリオネアですが、地球環境については無関心なようです。ビリオネア1人は一般的な人の100万倍の炭素を排出し、ビリオネアは平均的な投資家の2倍の比率で化石燃料などで大気を汚染する産業に投資しています（Oxfam［2023］）。

マルクスは「いかなる株式投機においても雷はいつか落ちるにちがいないということは全員が知っている。しかしその全員が、雷は自分自身が黄金の雨をたっぷり受けて安全な場所に逃げおおせた後で隣の人の頭上に落下するだろうと思っている」（［2005a］3

95頁）と指摘します。さらにマルクスは、資本が自己増殖を止めるというのは「いつか地球が太陽のなかに落下する可能性がある」（前掲書395頁）と考えるのと同じくらいにありえないことだと述べます。「地球沸騰化の時代」（アントニオ・グテーレス国連事務総長）の21世紀に、資本家たちはどうやら地球が住めなくなる前に、すなわち地球全域に雷が落ちる前に他の星の移住しようと計画しているのでしょうか。マルクスの慧眼には驚くばかりです。

リアルエコノミーの世界において、ビリオネア2495人以外の人にとって、地球から脱出するなど、考えもおよびません。不平等が原因で毎日少なくとも2万1300人（4秒に1人）が命を失っています。また99％人は新型コロナ・パンデミックによって所得が減少し（Oxfam［2022a］）、明日を生きることで精一杯です。富める人はますます富み、貧しい人は生命の危険に晒《さら》されています。資本の自由化などの規制緩和やグローバリゼーションがビリオネアを生み出すいっぽう、説明のつかないほどの格差を広げています。グローバル化で世界が一つの市場でつながる仕組みを作った富者（エリート）たちが、自分たちには責任はなく、貧しい人たちの自己責任だと言うのは詭弁《きべん》でしょう。

ナオミ・クラインが2007年に刊行した『ショック・ドクトリン』で紹介したよう

に、他人の不幸を待ち望み、それによって富を増やすチャンスを伺っているのが資本家です。たとえば、バブル崩壊は中間層やそれ以下の人々を不幸に陥れ、格差を拡大させます。

そして格差拡大により、米国では20世紀末以降、絶望死（自殺、薬物の過剰摂取、アルコール性肝疾患を原因とする死）が増え[*22]ています。絶望死の長期トレンドを見ると、45〜54歳の非ヒスパニック系の白人の絶望死は、1988年の10万人当たり32・6人をボトムに、2002年には48・5人、2017年には91・6人へと急増[*23]しています。

三つの死因のなかで急増しているのは、薬物の過剰摂取です。米製造業がグローバル化で生産拠点をコストの安い海外に移した結果、中間層だったブルーワーカーが職を失い、昼間からアルコールに依存し、精神が不安定になります。製薬メーカーは、オピオイド（麻薬性鎮痛薬）を過剰摂取させ、うつ病の診断に点数制を導入し大儲けしています。

中間層が没落すればするほど、富裕層は豊かになっていきます。米国の上位1％の人が得ている所得と資産が全米に占める割合は、19世紀末から20世紀はじめの状況に近づきつつあります（122ページの図表23）。米国ほどではなくても、他の国も同様の傾向があります。転機は1970年代半ば、ちょうど新自由主義が台頭してきた時期です。

ハーヴェイの言う「経済エリートの権力を回復するための政治的プロジェクト」は大い

図表23 所得と資産の集中

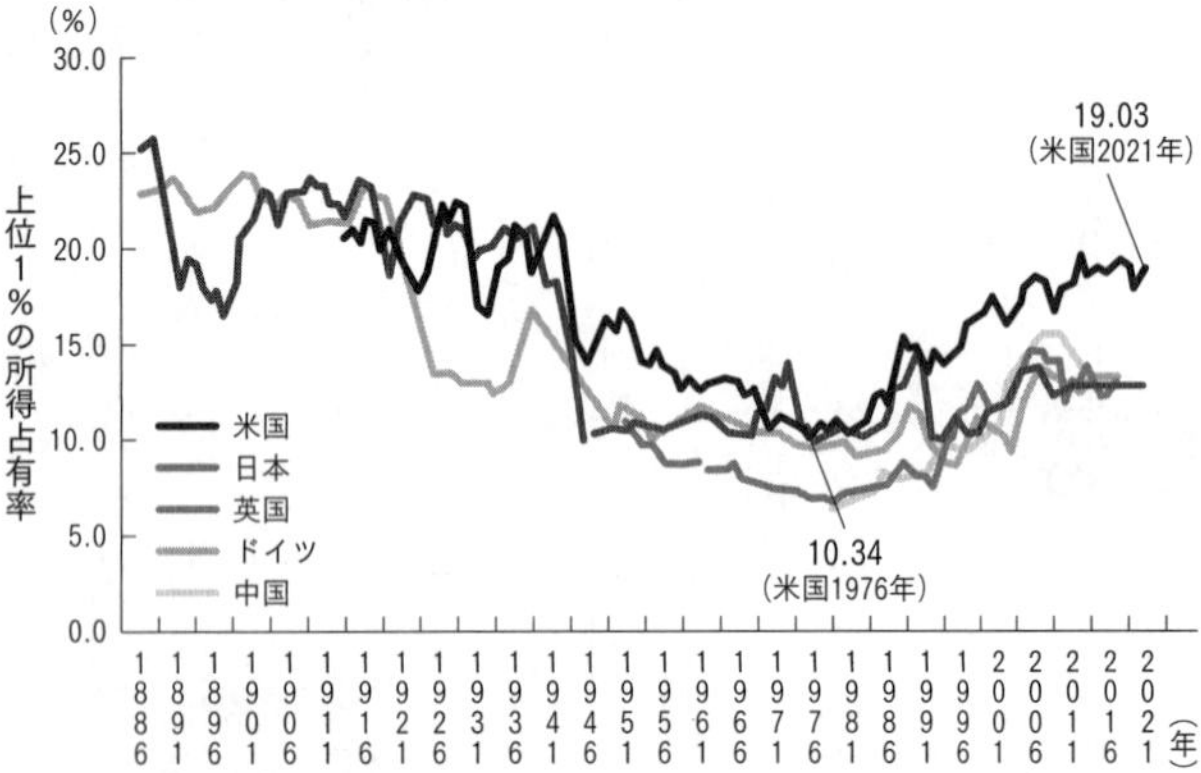

（出所）“Our World in Data”

なる成功を収めたことになります。当然ながら、上位1％に所得が集中すれば、それ以上に資産の集中[*24]が顕著となります。

中間層は経済、とりわけ雇用の先行きや物価高騰に関心を持っています。そして、非ヒスパニック系で学歴が高卒までの白人は絶望死の瀬戸際にあります。トランプは、これら多くの米国民にとって「アヘン（鎮痛剤）」なのです。

マルクスが1844年に著した『ヘーゲル法哲学批判 序説』で、「宗教こそは民衆の阿片《アヘン》である」（［2005c］158頁）と言ったことが、21世紀に蘇《よみがえ》っています。

「人間こそが宗教を作る」（前掲書157頁）のですから、「人間、それは、**人間のこの世界の**ことにほかならず、国家であり、社会的結びつきである。この国家、この社会的結びつきが**世界についての倒錯した意識**である宗教を生み出している」(前掲書157〜158頁)ことになります。19世紀が「倒錯した世界」だったように、21世紀も倒錯しているのです。

「今年だけは例外」を繰り返す資本家と経営者

21世紀のビリオネアは「今年だけは例外」と言って、バブル生成と崩壊を繰り返しながら「市場の暴力」を巧《たく》みに利用して、資本を蓄積してきました。「今年だけは例外」だと言いながら、それは3年に一度のペースで日常的に行われています。バブルは自然崩壊するのではなく、崩壊させるという目論見《もくろみ》を立てて事前に生成させるのです。

山本有造はなぜ、そしていかなる時に帝国が暴力を発揮するかについて、次のように指摘しています。「中心から周辺に向かう圧倒的な経済力もまた時には暴力装置として機能する」(［2003］12頁)。

「圧倒的な経済力」とは、モノと金《かね》の過剰な供給力を指しています。モノの過剰な供給力解消は他国市場の開放圧力となり、金の過剰な供給力解消は他国に資本の自由化圧力となります。圧力をかけられた国にとっては、たいてい最悪のタイミングで帝国の要求を飲むことになります。その好例はバブル崩壊後の1990年代の日本です。日本は労働市場の規制緩和、金融のビッグバンを実施せざるを得ませんでした。

ここで言う帝国は公式・非公式を問いません。「あらゆる時代に帝国主義が出現した事実が示唆するように、帝国主義に免疫のある社会経済構成体などは皆無」[*25]（香西純一［1980］233頁）なのです。21世紀の資本の帝国が、市場を「暴力装置」に変えてしまったのです。

各国政府も、シンボルエコノミーの住民を税制面で優遇しています。大富豪イーロン・マスクが2014年から2018年にかけて支払った真の税率は、たったの3・27%[*26]でした。それに対して、東アフリカのウガンダ北部のマーケットで米、小麦粉、大豆を販売するアバー・クリスティンは月80ドルの利益を得て、40%の税金を支払っています（Oxfam［2023］）。世界の3分の2の国は相続税や資産課税を課しておらず、ビリオネアの半分は現在、資産課税のない国に住んでいます（前掲書）。

マルクスの「今年だけは例外」という言葉は、資本主義の冷酷な本性を言い当てているのです。「今年だけは例外」とは毎年「例外」が生じることを表現しているのですから、暴力をともなった資本の原初的蓄積は「常態」だということになります。21世紀の現在では、労働生産性に見合った賃金を支払わないのも市場を利用した「暴力」です。いつ会社の倒産危機が起きるかもしれないので、経営者は「今年だけ」は利益を厚くしなければならないとして、従業員に対して賃上げを我慢してくれと二十数年間、言い続けています。「成長がすべての怪我を治す」と信じている近代成長主義者からすれば、20世紀末から日本を先頭に、少なくとも先進国のリアルエコノミーの世界は「例外状況」にあると言えます。その「例外」を常態化させ、シンボルエコノミーの世界で資本の成長を「常態」化させようとしています。

既存システムの安定下で生じる例外は一時的であって、従来の対処法で収束します。たとえば経済的な例外状況は、通常の財政金融政策で対処できます。ところが日本のデフレは、日銀が10年にもおよぶ「異次元金融緩和」政策を実施しても解消できませんでした。デフレを解消したのは、新型コロナ・パンデミックとロシア・ウクライナ戦争です。戦争という例外が、デフレという例外を解消したのです。戦争が終われば、再びデフレに戻る可能性が高いと言えます。そうなれば、デフレはもはや例外ではなく常態となるのです。

シュミットの言うように、「例外」があるから「原則」をつくるのであって、その逆ではありません。社会秩序の維持のために「例外」、たとえば殺人や強盗を望ましくないものとして禁止します。「例外」こそが、人間や資本の本質を露わにするのです。

石から種子に変わった貨幣

古代・中世では定常経済だったので、貨幣は「石」でした。投資という概念がない時に消費財購入のために借入をすれば、翌年から利息分だけ生活水準が低下します。所得（生産物）は毎年一定ですから、たとえば年4割の利子を支払えば、2年半で所得全額が利払で消えて債務奴隷となってしまいます。

キリスト教では、信者を守るために教会は利子を原則として厳禁しました。しかし実際には、11～13世紀になると「商人の時代」となり、教会の徴利厳禁は時代にそぐわなくなりました。「中世盛期には、金をもっているのは教会だけだったから、教会が法外な利息で金を貸していた。しかし、世俗の私的資本が形成され始めると、教会は（中略）金銭の移動によって得られる利得はすべて不正であるときめつけ、利子収入を堕地獄《だじごく》の罪業《ざいごう》に数え始めた」（モンタネッリ／ジェルヴァーゾ［1985］136頁）のです。

教会が33％以上の徴利を高利として禁止しても、「カール大帝時代には、一〇〇％を取る者がいれば、それは高利とみなされた。（中略）イタリアでは、一二―一四世紀には普通の率は二〇％を越えなかったにもかかわらず、ときには四〇％を支払わなければならなかった」（マルクス［1972b］494〜495頁）のです。

13世紀初頭、投資とその累計である資本[*27]という概念が生まれて、はじめて人々は現世における生活水準の向上を実感できるようになりました。ピエール・ド・ジャン・オリーヴィ（1248〜1298年）は従来のアリストテレスの言った「貨幣は石である」という考え方を否定し、「貨幣は種子である[*28]」という画期的な考え方を打ち出しました。

資本の暴力性は、「例外状況」になればなるほど全面に出てきます。1980年代以降、資本はバブル生成と崩壊を繰り返したり、非正規労働者の割合を増やして実質賃金を下落させたりして、資本利潤率いわゆるROEを引き上げようとしています。リアルエコノミーの近代社会では「例外」的だとされたことが「常態」化していきました。

資本家はこのような「例外」を奇貨として「ショック・ドクトリン」で莫大な利益を獲得するいっぽう、多くの人々の生活は困窮化していきます。資本主義が内在的に有する暴力性を臆面もなく白日《はくじつ》のもとにさらしています。ソ連の解体でライバルはいなくなり、資本主義はもはや礼儀正しくする必要がなくなったのです。

初期近代イングランドで資本主義が誕生した時に使われた「礼儀（civility）」は、次のように表現されています。「礼儀にかなうことは『野蛮』、『粗野』、あるいは『無教養』と相容《あいい》れなかった」（ピーター・バーク他［2008］i頁）。ということは、21世紀の資本主義は「野蛮」になったことになります。

バブルの発生

資本主義が誕生したり大きく変貌したりする時には、遺憾なく資本の暴力性が発揮されるのが歴史の常です。イタリアでは、資本主義の産褥期《さんじょくき》にメディチ家が活躍しましたが、同家の出自はギャングです。[*29] また、「長い16世紀（1450頃～1650年頃）」に活躍したのは、英国の海賊出身のフランシス・ドレーク（1543頃～1596年）でした。ケインズによれば、ドレークは英国における最初の資本家です。[*30]

「市場の暴力」の典型であるバブル生成と崩壊は、富を一部の人に集中させ、貧しい人が大きな打撃を被ります。1720年に起きた南海泡沫事件《なんかいほうまつじけん》（南海会社の株価暴落を契機に英国で起こった恐慌）について、ジョン・K・ガルブレイスは「ごく少数の人がそれ以外のすべての人民の完全な破滅によって金持ちになった」（［1991］64頁）と述べています。1630年代のオランダでチューリップの球根を巡って起きた『チューリップ・バブル』を著したマイク・ダッシュは、「チューリップ熱に関していえば、すなわちそれは、絶滅することのないウイルスだともいえる。それは、美に対する憧《あこが》れと金に対する欲望で培養される人間特有の病気で、しばしば発生し、蔓延《まんえん》する」（［2000］308頁）と指摘しています。

1980年代以降、およそ3年に一度生成して崩壊するバブルは「金に対する欲望で」人間が培養したウイルスです。オランダのチューリップ・バブル（マニア）からおよそ70年後にオスマン帝国でチューリップ・ブームが復活しましたが、それは「偉大なるオスマントルコ帝国が衰退の道をたどっているという直視したくない現実を覆い隠す役割を果たした」（前掲書280頁）からです。実際「チューリップ時代を飾る壮麗な花祭りは、トルコの民衆の目を政治の現実からそらせるために、そして不安定な帝国を支配するスルタンの労苦をまぎらわせるために、側近の大臣が命令して催《もよお》したものであった」（前掲書280頁）。シンボル（チューリップ）がリアル（生活苦）を覆い隠したのです。

17世紀のチューリップに代わり、21世紀では「株価」がウイルスとなりました。シンボルエコノミー化している21世紀において、世界のリーダーたちは「不愉快な問題」に取り組みたがりませんが、それは今回に限ったことではないようです。

13世紀はウスラ（暴利）からインテレスト（利子）への大転換がキリスト教世界で起き、商人が「金も命も」[*31]要求しました。

イタリア・フィレンツェの北西約20㎞にプラートという町があります。フランチェスコ・ダティーニは、そこで1335年に生まれました。彼は最初、武器を扱い、その後、毛織物などさまざまな商品を扱い、大成功します。彼の経営するダティーニ商会の「帳簿の表紙にはダティーニ商会の標語『神と利潤の名にかけて』が大書してある」（モンタネッリ／ジェルヴァーゾ［1985］132頁）。

つまり商人たちは、カトリック教会が信者に説く「来世でのよりよい暮らし」より、現世での「よりよい暮らし」を選んだのです。そしてイタリアの商人たちは資本を利子率・利潤率の高いオランダに移し、オランダがヨーロッパの経済・金融・文化の中心となっていきました。資本が世界を動かす主役となったのです。

資本が主役となる

「長い16世紀」は、シュミットが言う中世の盟主で陸の国のスペインに、海の国の英国・オランダ連合軍が勝利し、1648年にウェストファリア条約締結で決着を見ました。フエルナン・ブローデル（1902〜1985年）は、ビザンツ帝国（東ローマ帝国）が崩壊（1453年）してオランダが独立（1648年）するまで、言わば秩序が混沌としていた2世紀を「長い16世紀」と呼びました。1971年のニクソンショックから始まり現在に続く時代も、「長い16世紀」と同じ状況にあると言えるでしょう。

「長い16世紀」は、中世の秩序が崩壊しつつあるなかで未《いま》だ近代社会の秩序が確立していない時期です。ヤーコプ・ブルクハルト（1818〜1897年）はこの時期を「歴史の危機[*32]」（『2009』275〜355頁）と規定しています。英国では、ヘンリー八世（1509〜1547年在位）が王位に就《つ》いたあたりから「国の内外を問わず、次第に暗澹《あんたん》たる嵐の不吉な前触れを感じ始めていた」（平井正穂［2011］243頁）のですが、こうした時期になると立場の弱い人がいっそう追い込まれていきます。

16世紀の英国における第1次エンクロージャー（囲い込み）運動がその例です。羊毛産業が儲かる産業として台頭、地主は利益を増やすために、耕作地を羊の牧草地に変え小作人を追い出しました。そうした状況をトマス・モア（1478〜1535年）は1516年に『ユートピア』で次のように著しました。「イギリスの羊です。以前は大変おとなしい、小食の動物だったそうですが、なんでも途方もない大喰《おおぐ》いで、その上荒々しくなったそうで、そのため人間さえもさかんに喰殺《くいころ》している」（［2011］31頁）。

追い出された小作人は都市に行かざるを得ません。そして、彼らを待っていたのは死だったのです。「農場をおわれた者たちは餓死するか、泥棒するか、しなければならなかった。窃盗罪《せっとうざい》に対する処罰は死刑であった。『一つの絞首台ごとに二十人ずつ』、泥棒は処刑されていった」（平井［2011］244頁）。

「長い16世紀」における英国の原初的資本蓄積は、「今年は例外」と言いながら毎年のように、外では海賊行為によって、内では農民を都市に放逐《ほうちく》して死に追いやるようなエンクロージャー運動によって、行われました。

ギャングのメディチ家、海賊のドレーク、[*33]そして21世紀のビリオネアは資本の暴力性を象徴しています。「長い16世紀」に羊を飼うために小作人を追い出し、魔女を生贄《いけにえ》にした封建領主は、21世紀に株主の顔色を伺ってリストラに励《はげ》み、非正規労働者を大量に生み出した経営者と重なります。

ただし、メディチ家はローマ教皇[*34]を輩出したり、ドレークは英国政府に寄付して東インド会社の基礎を作って貴族（サー）の称号を得たりして、名誉を回復しました。ギャングも海賊も蓄財した財産を最後まで貯め込むことをせず、最終的には公共の利益に還元したのです。

いっぽう、11・9兆ドルを保有する21世紀のビリオネアたちは今のところ、財産を公共のために供しようとは考えていないようです。

Oxfamは2023年の報告書で富裕税の導入を提案しました。Oxfamによれば、世界のミリオネア（純資産100万ドル超長者）に2%、同0・5億ドル超の富裕層に3%、ビリオネアに5%の資産課税を課せば、年間1・7兆ドルの税収増となって、20億人を貧困から救うことが可能になるそうです［2023］。

こうした資産課税強化によって、2030年までにビリオネアの純資産を2012年時点の水準（1226人のビリオネアの純資産4・6兆ドル）に戻すよう主張しています。ドレークがスペインから強奪した財宝の半分を国家に拠出したのと同じように、ビリオネアの11・9兆ドルの純資産を半分にするというわけです。

この提案は厳しすぎるのではと思う人がいるかもしれません。しかし、この問題を考えるには近代社会においてどのような経緯で私的所有権が確立していったかを改めて考察する必要があります。

消滅した「近代の前提」

1990年代半ばから新型コロナ・パンデミックが起きるまで、日本では三つのゼロ（インフレ率・経済成長率・利子率）が定着していました。19世紀の古典派経済学者が想定し、当時は評判の悪かった「定常状態」が21世紀に生じたのです。

ミルは定常状態について、「ある国がその知識の現状をもって、その国の実際上における蓄積欲の平均的な強さに相応するだけの生産をなし、収穫量をあげている場合、その国はいわゆる停止状態に達している」（［1959］321頁）と述べています。また、ある国が停止状態にある時、「生産技術のうえにある種の改良が行なわれるか、あるいは蓄積欲の強さが強まるかしないかぎり、もはやそれ以上に資本は増加することがない、あの状態に達しているのである」（前掲書321頁）としています。

21世紀の日本は全要素生産性が鈍化し、人口が減少しているため、資本が過剰の状態にあります。そのため、図表21（115ページ）に示したように、国内のリアルエコノミー世界では資本の蓄積欲は高まりません。

さらに、ミルは「そもそも富の増加というものが無際限のものではないということ、そして経済学者たちが進歩的状態と名づけているところのものの終点には停止状態が存在し、富の一切の増大はただ単にこれの到来の延期に過ぎず、前進の途上における一歩一歩はこれへの接近であるということ、これらのことは、経済学者たちにより、（中略）ともかく必ずいつの場合も認められてきたことである」（［１９６１］１０１〜１０２頁）と述べています。

近代の「成長がすべての怪我を治す」という前提が１９９０年代半ばに崩壊して、四半世紀経ちました。結局、技術進歩と資本の深化が経済成長を促すことができると考える新古典派経済学は、定常状態への到達点を１世紀ほど延命したにすぎなかったのです。

無限の空間と時間を前提とする近代社会から見れば、21世紀のゼロ金利は「例外」となります。しかし、13世紀に利子がつくおカネを資本と認識し、産声《うぶごえ》を上げた資本主義の視点では、しかるべくして「定常状態」に到達したということになります。19世紀の古典派経済学者に加えて、20世紀のケインズやヒックスの想定した通りの世界が、21世紀に実現しつつあるのです。

ケインズは１９３６年に著した『一般理論』で、人々が利子あるいは利潤をという形態で報酬を受け取ることができるのは資本が希少だからであって、現在の犠牲あるいは我慢が利子・利潤が成長を生み出すという資本主義システムは「長期的にはおそらく存在しないであろう」（［1995］379頁）と述べました。いわゆる「利子（利潤）生活者」の安楽死を予想していたのです。

ヒックスも同じように考え、「おそらく過去二百年間の産業革命全体が、主として人口の比類なき増加によって誘発された、巨大な長期的ブームに他ならなかったという考えは、これを抑えることができない。（中略）産業革命が人類の歴史における非常に飽気《あっけ》ないエピソード」（［1951］463〜464頁）だったと述べています。

近代社会は経済成長によって国民一人ひとりに豊かな生活を保障するシステムであり、それによって社会秩序の維持を図ってきました。近代社会を今後も維持しようとする立場からはゼロ金利は「例外」であって、これから脱しなければならないと考えます。人間世界が自然と比べて相対的に小さい時には、経済成長は地球の生態システムに負荷をかけることはなかったのですが、グローバリゼーションが世界を覆い尽くした21世紀において、経済成長によって社会の秩序を維持していくのは困難です。

21世紀のはじめにグローバリゼーションはアフリカまで到達し、近代社会の行動原理「より遠く、より速く、より合理的に」の「より速く」は2003年4月、超音速旅客機コンコルドの運航停止で不可能となりました。「合理的な行動」と「より速く」が両立不可能となったのです。原油価格の高騰で採算が合わなくなってきたからです。しかも騒音問題・オゾン層破壊問題などで、環境にマイナスとなりました。

日本政府・日銀は近代社会が今後も続くと信じているからこそ、ゼロインフレ・ゼロ金利・ゼロ成長は「例外」であると考え、「改革なくして成長なし」（小泉《こいずみ》純一郎《じゅんいちろう》政権）や「アベノミクス」（安倍晋三政権）、そして異次元金融緩和政策が採られてきたのです。しかし、その実績は惨憺たるもの[*35]でした。四半世紀にわたって目標が実現できなかったのは成長する基盤が崩壊、すなわち無限の空間が閉じたからです。

中産階級の危機

21世紀に生じている実質金利ゼロは、「定常状態」を予見しています。定常状態に近づくほど成果（付加価値）をいかに公正に分配するかが、ますます重要性を帯びてきます。定常状態に近づくと付加価値の増加分が小さくなり、資本家が利潤をより多く得るように利益分配すると、労働者の取り分である雇用者報酬が前年より少なくなる事態が起きるからです。現実に、日本では１９９０年代後半からそれが起きています。

日本は労働生産性に見合った賃金が支払われていないわけですから、公正な分配をしようとせずに、付加価値を以前よりも増やそうとしています。言わば、「成長戦略」によって「定常状態」を阻止しようとしています。その結果、過剰生産体質になっているのです。過剰生産であっても統計上、付加価値は増加しますが、政府目標の年2・0％成長にほど遠く、2013年のアベノミクスから2023年まで実質GDP成長率はわずか0・7％にすぎません。

大量の衣料品廃棄問題、食品ロス問題、そして空き家問題が象徴しているように、日本は過剰供給体質となっています。それにもかかわらず、政府が持続的成長を目指している日本は、ミルの解釈によれば後進国ということになります。日本の分配は、21世紀になって資本側に著しく手厚くなっています（具体的には第4章で詳述）。

また、ミルは「すでに必要以上に富裕になっている人たちが、裕福さを表示するという以外にはほとんど或《ある》いはまったく快楽を生むことがないところのもろもろの物を消費する資力を倍加するということが、あるいは多数の個人が毎年毎年中産階級から富裕階級へ成り上がり、（中略）なにゆえに慶《よろこ》ぶべき事柄であるか、私には理解できない」（『1961』106頁）と述べています。

彼は、富裕者がさらに富を増やそうとする姿勢を理解できないと言っているわけですか

図表24　増加する金融資産非保有世帯

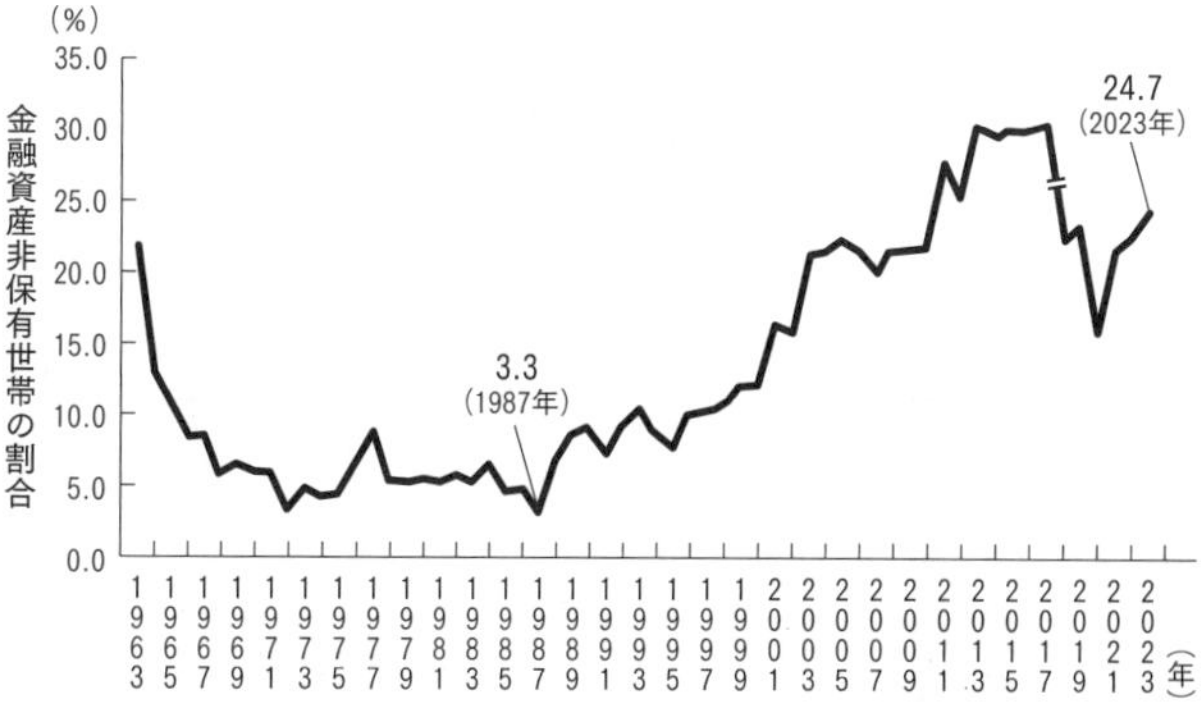

（注1）金融資産は預貯金のほか、有価証券、保険、その他金融資産を含む
（注2）2018年以降、調査方法が変更となったため、それ以前の数字と連続性を欠く
（注3）対象は2人以上世帯
（出所）金融広報中央委員会「家計の金融行動に関する世論調査」

ら、21世紀のビリオネアなど理解不能な存在でしょう。金持ちというのはどこか胡散臭《うさんくさ》さが漂うため、いつの時代も尊敬を得られないようです。

　近代最大の発明は中産階級です。中産階級が健全でなければ、資本主義も民主主義も機能しません。中産階級が他の階層に比べてもっとも望ましい存在である理由について、デイヴィッド・ヒューム（1711〜1776年）は『道徳・政治・文学論集』のなかで、「中産層は哲学を受け入れることができる最も数の多い階層をなしている。したがって、すべての道徳論は主に彼らに対して話しかけられるべきである。地位の高い人びとはあまりにも快楽に没頭しすぎ、貧民は生活必需品を用意することに時間をとられ、冷静な理性の声に耳を傾《かたむ》けない」（『2011』439頁）からと言っています。

この半世紀の間に上位層に富が集中し、中産階級が危機に瀕《ひん》しています。年収200万円以下の給与所得者は2023年に1036万人と給与所得者の20・4％にも達しています。2009年の24・4％からは低下していますが、労働者派遣法改正によって派遣業種が原則自由となる前年の1998年の17・5％を大きく上回っています。

金融広報中央委員会のアンケート調査によれば、2023年時点で金融資産を保有していない世帯の割合は24・7％となり、1987年の3・3％から大幅に上昇しました（139ページの図表24）。バブルが崩壊して株式投資で損失を被ったり、リストラで賃金カットや失業したりして、金融資産を取り崩さざるを得なくなった世帯が増加したからです。

積み上がる内部留保は何を意味するのか

20世紀になると税の再配分機能が重視され、福祉政策の実施により、中間層が台頭しました。その裏返しとして、資本家のパワーは相対的に低下します。

いっぽうで、二度にわたる（1973年・1978年）石油危機で先進国はスタグフレーション（スタグネーション［経済停滞］とインフレーション［物価上昇］の合成語で、不況とインフレが同時進行する状況）に陥り、「大きな政府」に対する支持を失いました。財政赤字や貿易赤字を改善するには増税が必要ですが、それは「不愉快な問題に取り組む」ことを意味します。民主主義国では選挙民の支持を得にくいため、株価や地価などの資産価格の値上がりによって、国民の目を逸《そ》らそうとしました。

そして、1930年代には見向きもされなかったハイエクの保守的自由経済思想が、新自由主義として脚光を浴びるようになります。新自由主義者は、「小さな政府」と「資本の自由化」こそが経済成長を促進すると主張します。小さな政府は規制緩和と国営企業の民営化につながり、外国人投資家は資本の自由化によって割安で民営化された外国企業を手に入れることができます。

グローバリゼーションの本命は資本の自由化にありましたが、資本家やエリート層はマスコミを動員し、グローバル化は中間層の利益にもなり民主主義を促進するなどのキャンペーンを行いました。米国のビル・クリントン大統領（1993〜2001年在任）やアラン・グリーンスパンFRB議長（1987〜2006年在任）などが言う[*36]ならと、多くの人々は疑問を持ちながらも賛同しました。

日本でビリオネアに相当するのは法人企業です。日本の法人企業の内部留保金は2023年度末で601・0兆円に達しています。内部留保金はバブル崩壊直後の1993年度には140・6兆円でしたが、その後、不良債権処理などで「失われた10年」に突入し、1998年度末には131・1兆円に落ち込みました。2023年度末には、1998年度末と比べて4・59倍まで膨れ上がっています。この間、リアルエコノミーを象徴する実質GDPは1・19倍にしかなっていません。

内部留保金はシンボルエコノミーにおける資本であり、当期純利益を増やすことで株価を押し上げる大きな要因となっています。事実、日経平均株価は2009年3月10日に7054・98円とバブル崩壊後の最安値をつけましたが、2024年7月11日には4万2224・02円まで値上がりし、5・98倍になっています。内部留保金の増加率を若干上回っています。定常状態に入った経済で当期純利益を増やすには、賃下げと銀行への利払費を削減するしかありません。企業はこれを実行しているのです。

資本の自由化と労働規制の緩和は、車の両輪です。資本の自由化はバブル生成と崩壊を生みます。その結果、景気の山は高く、谷は深くなります。谷が深くなると、企業はこれまでのように残業時間を減らすなどの対応では乗り切れなくなります。そこで、機動的な人員削減が必要になります。その手段が労働規制の緩和です。

地球上の「空間」が徐々に狭くなって企業の採算が合わなくなると、企業経営者は人件費を削減して利益を増やそうとしました。その甲斐あって2001年度にはマイナス0・1％だった企業のROEは、2023年度には9・0％まで高まりました。特に、大企業・製造業は12・3％と、1980年度の12・8％に次ぐ水準まで回復しています。大企業・非製造業も2022年度10・7％、2023年度10・1％と高収益を維持しています。

2014年には経済産業省がいわゆる「伊藤レポート」を公表し、企業にROE8％目標を要請しました。21世紀に入ってからの政府・日銀の政策は、明らかにリアルエコノミーよりもシンボルエコノミーを重視しています。

米国と同様、日本はGDPの2・5倍を超える一般政府の債務残高[*37]を抱えて、社会保障制度をどのように持続性を維持するのか、そして拡大する格差問題をどう是正するのかといった「不愉快な問題に取り組む」ことを避けています。

本来なら、社会保障制度の持続性や格差問題に取り組もうとすれば、増税に頼らざるを得ません。しかし消費税の増税は格差拡大に働きますし、かつ経済がシンボル化しているので、Oxfamが指摘しているように、金融所得に対する課税強化や新たな資産課税

［2023］、そしてROEのサーチャージ課税の導入が望ましいでしょう。

転機は1982年だった

シンボルエコノミーを金融資産残高で、リアルエコノミーを名目世界GDPで代替して、シンボルエコノミー／リアルエコノミー比率の推移を見ると、1982年に大きな転機を迎えていたことがわかります（図表25）。ちょうど、ドラッカーが「資本移動、為替レート、金融というシンボル経済が、財とサービスの流れという実物経済に代わって、しかもこの実物経済からほとんど独立して、世界経済のペースメーカーとなった」（［1986］45頁）と指摘していた頃です。

1981年まで、世界金融資産（シンボルエコノミー）／名目世界GDP（リアルエコノミー）の比率はおおむね100％で安定していました。その後、金融と資本の自由化が進み、2021年には258・7％まで高まりました（2023年は246・8％）。1982年と2023年を比べると、分母である名目世界GDPは9・0倍（年率5・4％）に増えていますが、分子の世界金融資産も25・6倍（同8・0％）にまで膨れ上がっています。とりわけ、世界の株式時価総額は45・5倍（同9・5％）になっています。

図表25　株価上昇で、リアルエコノミーを圧倒するシンボルエコノミー

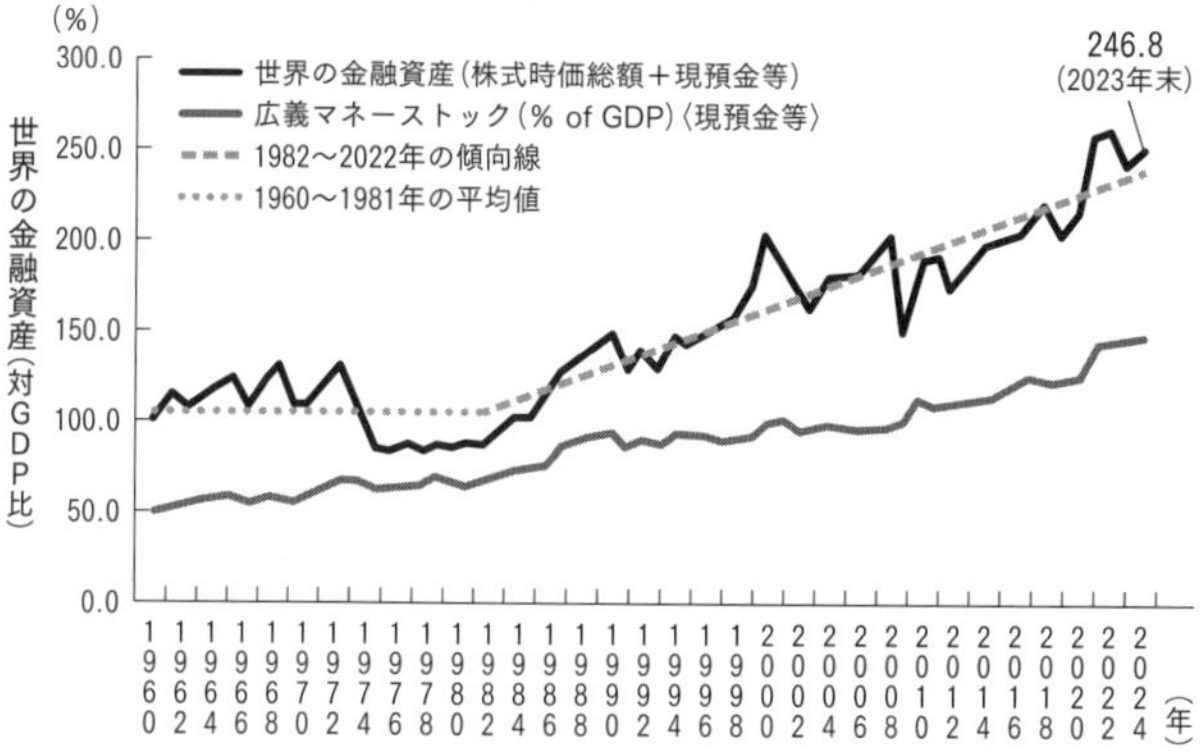

（注）2023年は推定値
（出所）World Bank“World Development Indicators”

リアルエコノミー／シンボルエコノミーの比率が１００％前後であった１９８１年までは、シンボルエコノミーのことは別段、気にかける必要はありませんでした。両者は同じ率で増加していたからです。実質ＧＤＰは雇用・資本・技術革新で決まるため、１９８１年までは雇用重視の政策が求められたのですが、シンボルエコノミーの時代になると株価や金《きん》価格などを見て、資産価格が上がって経済が好調であるような幻想を人々に与え、問題の本質が隠蔽されてしまいます。

また、税の応能負担（担税力に応じて累進的に負担を求める）原則がシンボルエコノミー化で崩壊しています。２０２１年の給与所得、事業所得、利子所得、配当所得、株式売

図表26 1億円の壁

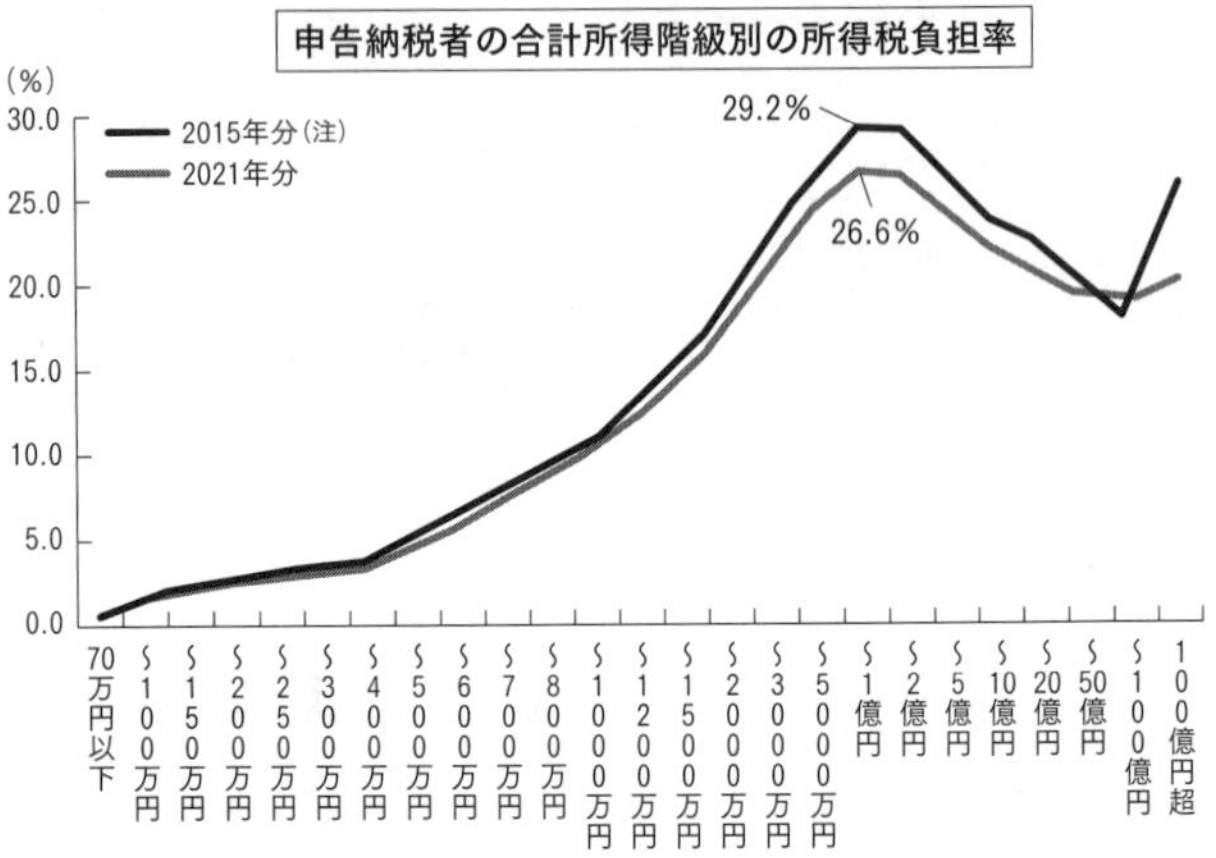

（注）2007年以降、「1億円の壁」がもっとも高かった年
（出所）梅原英治「申告納税者の合計所得階級別の所得税負担率」（『大阪経大論集』第74巻第1号・2023年11月）

却益等譲渡所得など10の所得を合計した合計所得金額別に所得税負担率を見ると、１億円を境に、応能負担原則が適用されていないことがわかります（図表26）。いわゆる「１億円の壁」と呼ばれるものです。

たとえば、２０２１年のデータによると、所得が２０００万円超から３０００万円以下の人の所得税負担率は20・9％です。いっぽう、20億円超の所得がある人の税負担率はそれを下回っています。とても公正とは言えず、まったく説明がつかないことが生じているのです。

１億円を超えると税負担率が低下するのは、１億円超の所得がある富裕者は、所得に占める株式譲渡所得の割合が極端に高くなるからです。給与所得は課税所得4000万円以上で45％課税、住民税10％を加えると、最大55％課税となります。いっぽう、株式売却益、配当、利子など金融所得にかかる税率は一律20・315％になっています。

2007～2021年の平均で見ると、2000万円以下の所得の人の株式譲渡所得の割合はわずか2％以下です。ところが、10億円超20億円以下の所得がある人は50％を超えています。とりわけ50億円超になると、その割合は80％を超えます。つまり、リアルエコノミーで働く人の給与所得は、シンボルエコノミーで稼ぐ人に比べて明らかに冷遇されているのです。

前述したイーロン・マスクとアバー・クリスティンと同じようなことが日本でも起きています。少なくとも、金融所得にかかる税率を図表26で示した「1億円の壁」を超える税率に引き上げる必要があります。あるいは、10の所得区分を廃止し、累進課税が適用される総合課税に移行する必要があるでしょう。

理想的な「定常状態」

ミルは、定常状態になった時に『どのような終点へ』という、いまひとつ立ち入った問題を提出せざるをえない。一体、社会は、その産業的進歩によって、どのような究極点へ向かっているか。この進歩が停止した場合、それは人類をどのような状態に置くと、私たちは予期すべきであるか」（［1961］101頁）を考えなければならないと述べています。ここで彼が言う「進歩」とは経済的な豊かさのことであって、精神的な豊かさではありません。

また、ミルは「人間の正常な状態は向上をもとめて苦闘している状態だと考える人々がいだいている人生の理想には、魅力を感じない」[*38]（ブローグ［1984］356頁）と言い、続けて「生産の増加が引き続き重要な目的となるのは、ひとり世界の後進国の場合のみである。最も進歩した国々では、経済的に必要とされるのはより良き分配」（ミル［1961］106〜107頁）だと述べています。21世紀に入って、日本の歴代政権は成長戦略を最優先していますから、ミルの定義では後進国に分類されます。今後、成長ですべてを解決しようとするのなら、まずはG7から脱退する必要があります。ミルには、日本の成長戦略や21世紀のビリオネアの存在を理解できないでしょう。

ミルはあるべき社会の状態を、ザイン（存在）としての停止状態ではなく、ゾルレン（当為）としての停止状態を理想としました。その条件として、①労働者階級の生活水準が高いこと、②富の公平な分配制度が実現されていること、③すべての人間が人生の美点美質＝人生の感動を自由に探究できること、を挙げています。[*39]

経済学者の前原正美《まえはらまさみ》は、「裏を返せばミルは、こうした経済的・政治的条件が満たされるならば、停止状態は究極の理想的社会状態となるだろう、と予想する」（［1998］2頁）と述べています。

近代社会はフランチェスコ・グィッチャルディーニ（1483〜1540年）が「私的な利益こそ、すべての人間を導く主である」（ラヴァル［2015］39頁）と宣言した時から、物的豊かさを求めてきました。豊かさはある一定の水準に達するまで資本の量と比例します。その資本は人間がつくるものですから、行きすぎが必ず起きるのは、ケインズが次に指摘した通りです。「富の蓄積がもはや高い社会的重要性をもたないようになると、（中略）財産としての貨幣愛は、ありのままの存在として、多少いまいましい病的なものとして、また、震《ふる》えおののきながら精神病の専門家に委ねられるような半ば犯罪的で半ば病理的な性癖の一つとして、見られるようになるだろう」（［1981a］397頁）。

ミルの言う①②は、実質賃金が労働生産性上昇率に比例して増加することです。内部留保金への課税は過去の清算をするための税です。将来については、ケインズはゼロ金利になれば、ROEは土地の利回り以下で十分だと主張しています。土地は人間がつくることができないが、資本はそうでないというのが理由です。J《ジェイ》－REIT《リート》（日本の不動産投資信託）の分配金利回りは4%前後で推移しているため、日本企業のROEは9・0%（2023年度）の半分で十分です。また、2023年度の当期純利益は80・5兆円と過去最高ですが、その半分以下の40兆円で十分でしょう。

ケインズは「明日のことなど少しも気にかけないような」（前掲書399頁）社会を理想としました。ジル・ドスタレールによれば、ケインズは「芸術は、人間諸活動の序列において頂点を占めるものであり、科学の上に、まして経済活動の上に立つものであった。経済活動は、芸術と科学の僕《しもべ》の地位にある」（［2008］506頁）と考えていたようです。

さらにケインズは、資本家が貪欲である理由を次のように説明しています。「芸術と科学は、至高の昇華形態をなす。芸術家や科学者になれる見込みのなかった実業家たちは、自《みずか》らのあり余る情欲《リビドー》のはけ口を、貨幣の神経症的追求に、何の役にも立たないものの蓄積に求めることを余儀なくされる」（前掲書507頁）。この指摘は、ミルの言う③に通じます。

第4章

中心の喪失

リアルエコノミーを反映する先進国の10年国債利回りは、歴史的な水準にまで低下しています。他方、シンボルエコノミーを象徴する日経平均株価は2024年2月22日、1989年12月末につけた最高値3万8915円を更新し、3月4日には4万円超えとなりました。いっぽうで、国民は円安による食料とエネルギー価格の値上がり、実質賃金の引き下げ、事実上の預金利息ゼロという三重苦を強いられています。利子率が「景気の体温計」ではなくなったように、株価も景気の良し悪しではなく、国民生活の苦しさを反映する指標となったのです。その背景には、「中心の喪失」という問題が潜《ひそ》んでいます。

近代の終焉

米国が「強いドル」政策を採用した1995年以降、円高に歯止めがかかり、2013年以降になると、円の市場レートは購買力平価（PPP）に比べて大幅に安くなっています。いっぽう、ユーロは対ドルでおおむね購買力平価に沿って推移しています。ドルのシンボル化の影響をストレートに受ける円に対して、ユーロはEU圏のシンボルとなったからです（67ページの図表12、157ページの図表27）。

日本の名目GDPは2023年、ドイツに抜かれました。[*1] 日独の名目GDP逆転は、シンボルエコノミーのリアルエコノミーに対する勝利を象徴しています。シンボル化したドル高の裏返しが円安です。円安はエンゲル係数を上昇させ（107ページの図表20）、国民生活を直撃しています。そのいっぽう、企業は賃金カットと利払費節約でROEを上昇させ、シンボル化した株価は日米独などで史上最高値を更新中です。

世界の過剰貯蓄を一身にウォール街に集めることができるのは、シンボル化したドルのおかげです。先進国（米国を除く）の貯蓄超過が強まり、ウォール街はリターンの高い外国に容易に投資できるようにグローバル化を促進させました。米経常収支赤字が拡大するのは米企業に輸出競争力がないのではなく、ドルに魅力があるからドルが強くなって輸入が増えるからだと米国は主張しました。まさに「強いドル」宣言は「コペルニクス的転回」であり、世界をシンボル化しその頂点に米国が君臨するという宣言だったのです。

経済成長の「収斂仮説」の通り、先進国の1人当たり実質GDPが一定の水準に収斂しつつあり、それは同時に、成長がすべての怪我を治してきた近代の終焉でもあったのです。近代秩序の根底には持続的な経済成長があり、定常状態への移行は将来不安を高めます。その結果、個人も企業も、将来に備えて従来以上に貯蓄を増やそうとします。そのような外国の過剰貯蓄を利用することで、巨額の貿易・経常赤字に悩む米国は、消費支出を抑制するための増税など「不愉快な問題」から解放されたのです。

円とユーロは何が違うのか

日独の名目GDP逆転を額面通り捉えれば、2010年に中国に、2023年にドイツに抜かれた日本の衰退を表しているということになります。しかし、この認識は正しくありません。なぜなら、リアルエコノミーを代表するGDPをシンボルエコノミーの物差しであるドルで評価しているからです。賃金下落や預金金利ゼロなど、国民生活の低下というリアルエコノミーの犠牲のうえに、ビリオネアに象徴されるシンボルエコノミーの繁栄が成り立っているのです。

実質GDPは、リアルエコノミーの世界における生産力を表しています。労働力と資本の共同作業によって生み出されるGDPはリアルの世界です。いっぽう、国境を瞬時に越えてリアルの裏づけのない取引で決まる為替レートはドラッカーが指摘するようにシンボル、すなわち単に象徴あるいは記号にすぎないのです。

GDPや賃金などリアルの成果を、シンボルの物差しである為替レートで国際評価すれば、リアルエコノミーが見劣《みおと》りしているように見えますが、本当の姿は覆い隠され、真の実体がわからなくなります。日独逆転が起きたのは、強いシンボル・ドルの対極で弱いシンボル・円となったのに対して、ユーロが強いドルと連動するようになったからです。

ユーロは1999年、ユーロ圏のシンボル通貨となることを目指して、シンボル・ドル圏から独立するためにつくられました。ユーロはシンボル・ドルと等価で推移しているという点でシンボル通貨であると同時に、リアル通貨でもあります。市場で決まるユーロは円と違って、PPP（輸出物価基準）で説明可能だからです。[*2] いっぽう、円（円／ドルレート）は2013年の「異次元金融」政策以降、PPPで説明不可能となり、「強い」シンボル・ドルに従属する「弱い」シンボル通貨となりました。

円とユーロがリアルエコノミーの世界で決まるPPPと比べて、どの程度割安か割高であるかを測れば、円とユーロのシンボル化の度合いがわかります。

市場レートをPPPで割った比率を、円ないしユーロの「割安・割高指数」と便宜的に名づけます。この指数は1・0を下回るほど、円およびユーロが対ドルで強くなっていることを示します。PPPは国境を越える財・サービス取引において、一物一価が成り立っているとの前提で導出されますから、PPPはリアルエコノミーを国際比較する時にふさわしい物差しなのです。

円は、プラザ合意（1985年9月）の翌年から、PPPを超える円高が進行し、1995年には割安・割高指数が0・78まで円高が進みました（図表27）。円の市場レートは1ドル＝94・1円と、PPP（輸出デフレーター基準）の120・1円を著しく上回って、オーバーシュート（価格の行きすぎた変動）したのです。

その後、米国の「強いドル」政策によって円安に転じ、2024年（1〜8月）には割安・割高指数は1・69（1ドル＝152・2円、PPP＝89・8円）となり、1973年の変動相場制移行後、円はもっとも割安となりました。いっぽうユーロは、ドルに対しておおむね1割程度の割高となっています。

図表27 リアルエコノミーのユーロと、シンボルエコノミーの円

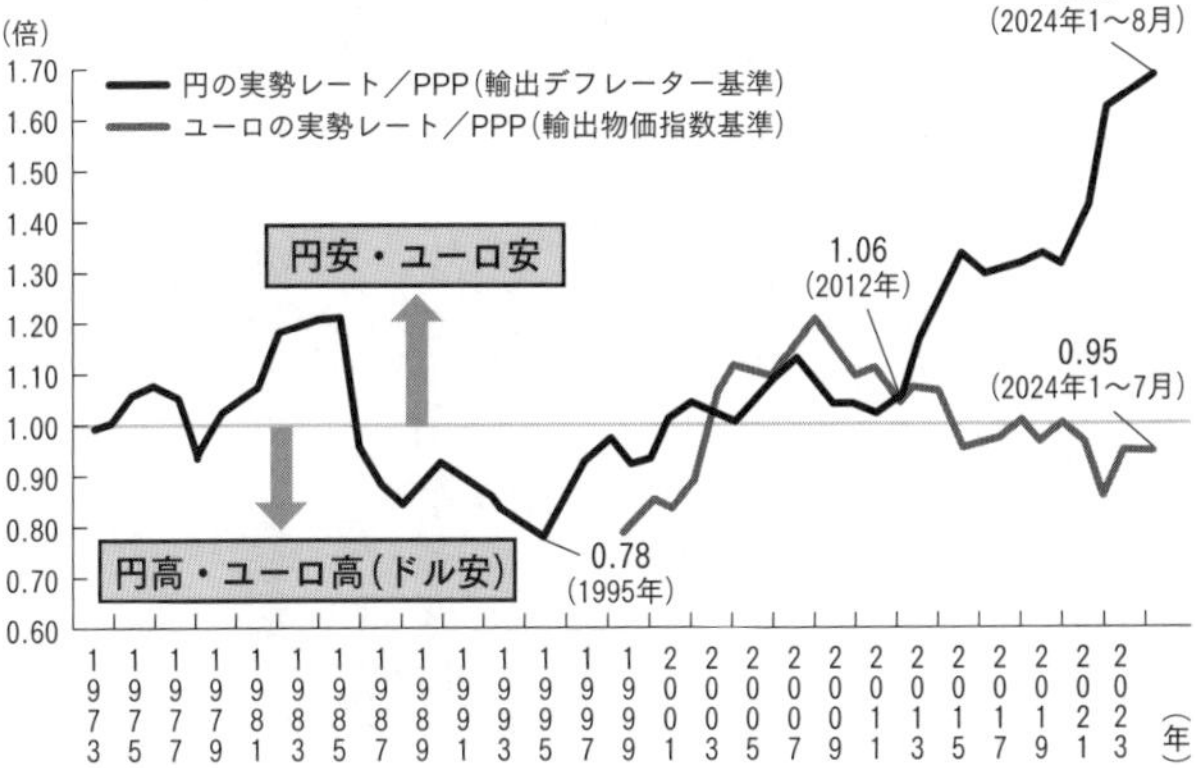

（注1）円の割安・割高度合いは、市場レート／輸出物価デフレーター基準のPPPで計算
（注2）ユーロの割安・割高度合いは、実勢レート／輸出物価指数基準のPPPで計算
（出所）内閣府「四半期別GDP速報」、国際通貨研究所「購買力平価」

変動相場制への移行から異次元金融緩和の直前（2012年）までは、円の市場レートはPPP輸出デフレーター基準に回帰する性質[*3]がありました。市場レートがPPPを超えて円安・円高に振れても、必ずPPPに戻ってきたのです。言わばPPPは市場レートのアンカーの役を果たしていたのです。

ところが、日銀が「異次元金融緩和」に踏み切ったあとの円は漂流し始め、異常なほど安くなっていきました。円レートの回帰性が消滅し、年々アンカーであるPPPから乖離していったという点で「異常」だったのです。

いっぽう、ユーロのPPPへの回帰性[*4]

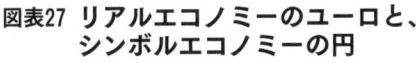

は1999年から2023年の現在に至るまで存在しています。

強い通貨、弱い通貨

円とユーロ以外の通貨の増減率について、ドルがシンボル化した1995年以降、国際決済銀行（BIS）が公表している26カ国の通貨の実効為替レート[*5]で見てみましょう。

この間、もっとも下落した通貨は韓国ウォン（31・3%下落）、次いでノルウェー・クローネ（26・1%下落）、日本円（26・1%下落）となっています。いっぽう、もっとも「強い」通貨はスイスフラン（54・5%上昇）、次いでシンガポールドル（24・0%上昇）、米ドル（18・6%上昇）です（図表28）。ユーロはほぼ中位で6・9%の下落です。

スイスフラン（実効為替レート）は1995年から2007年末までは安定していましたが、その後は上昇傾向に転じています。2020年までは実質金利の高さが魅力だったのですが、その後も強いのは、永世中立国のスイスはロシア・ウクライナ戦争に巻き込まれるリスクが小さいことが評価されているからです。シンガポールは国家自体がシンボル化しているため、米ドル以上に強くなっています。香港ドルは1983年以降、米ドルと連動するペッグ制を採用しているため、香港ドルの実効為替レートも上昇しています。

図表28　1995年と比較した、各国通貨の名目実効レート増減率

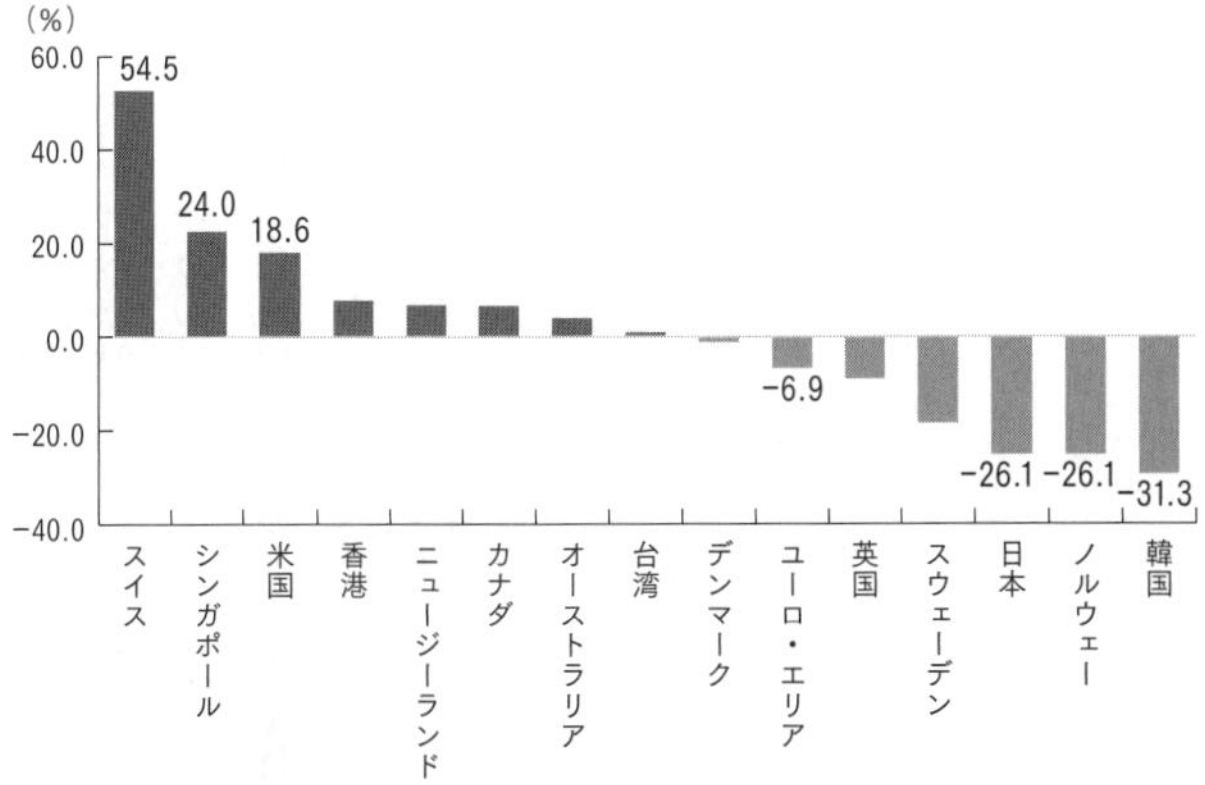

(注1) 1995年と2023年を比較した増減率
(注2) 対象は26カ国（ユーロ、台湾ドル含む）
(出所) BIS "Effective exchange rate indices"

韓国ウォンは1998年の通貨危機で急落し、実質GDPが5・1%減となりました。翌1999年にはプラス成長に回復しましたので、1999年と比較した2023年のウォン実効為替レートは6・5%安にとどまります。

円の実効為替レートは「異次元金融緩和」が始まった2013年から安くなっています。前年の2012年と2023年を比較すると、円の実効為替レートは36・9%下落しているのに対して、逆に韓国ウォンの実効為替レートは7・7%上昇しています。

日韓の経常収支対GDP比は2017年から2023年まで、平均すると日本

の3・3%の黒字（2023年3・5%）に対して、韓国は3・7%の黒字（同2・1%）と大きな差はありません。違いがあるのは、韓国中央銀行が2021年8月から政策金利を引き上げているのに対して、日銀は異次元金融緩和を続けていることです。

2024年3月19日、日銀は11年ぶりに「異次元金融緩和」を転換し、大規模緩和を止めることを決定しました。ただし、マイナス金利を解除したものの、政策金利を0・0〜0・1%にしただけなので、円ドルレートに大きな影響を与えることはありませんでした。

原油産出国であるノルウェークローネの実効為替レートは2013年6月以降、急激に安くなりました。その1年後に1バレル＝100ドルを超えていたWTI原油価格が急落し、2020年4月には16・6ドルまで値下がりしました。その後、ロシア・ウクライナ戦争で原油価格は再び100ドルを超えたのですが、ノルウェークローネが反発しないのは、根底にノルウェーの原油生産量が大幅に減少している[*6]からです。

弱い通貨である韓国ウォン、円、ノルウェークローネのなかで、経済をシンボル化させる金融緩和が理由で弱くなっているのは円だけです。PPPは財・サービスの貿易収支を均衡させるように作用しますから、リアルエコノミーの世界の概念です。いっぽう、資本の自由化によって実需原則が廃止されたことにより、外為市場で決まる円はシンボルエコノミーの世界の概念です。

円と違って、ユーロの市場レートはＰＰＰとおおむね一致しています。ユーロはユーロ圏のシンボル通貨となったことでドル高の影響を被ることなく、ドル圏のシンボル通貨であるドルとおおむね等価となっているのです。実際、２０２４年（1〜7月）のユーロ／ドルは本来なら、ロシア・ウクライナ戦争に巻き込まれるリスクが円と比べて圧倒的に高いにもかかわらず、ユーロの市場レートはＰＰＰに比べて４・７％割高となっています（ユーロの市場レートは１・０８２ドル／ユーロ、ＰＰＰ（輸出物価基準）は１・１３６ドル／ユーロ）。

名目ＧＤＰ下落の理由

日本の名目ＧＤＰが、どのような原因でドイツを下回ったかについて、ユーロが誕生した１９９９年と２０２３年とを比較分析すると、円ドルレートのシンボル化に問題があることがわかります。「異次元金融緩和」をやめて円を強くすれば解決するという単純な問題ではありません。日米同盟に深くかかわっているからです。

２０２３年の日本の名目ＧＤＰは４兆２３０９億ドル（内閣府の公表値をドル換算）、ドイツのそれは4兆５２７０億ドル（ＩＭＦ、２０２４年公表値）となり、１９６８年に日本がドイツを抜いて以来、半世紀振りに再逆転となりました。

名目ＧＤＰを左右するのは、①ＧＤＰデフレーター（物価要因）、②ＰＰＰで測った実質ＧＤＰ、③為替レート（市場レートとＰＰＰの乖離率）の三つの変数です。①と②はリアルエコノミーの世界で、③がシンボルエコノミーの世界で決まる変数です。名目ＧＤＰは①と②と③の掛け算で決まるので、足し算の概念にするために、①～③の変数について各々対数を取れば、日米の名目ＧＤＰ増加率に対して、どの変数がプラス（マイナス）に寄与していたかがわかります。

２０２３年の日本の名目ＧＤＰは１９９９年に比べて０・91倍（年率０・４％減）と縮小したのに対して、ドイツは２・02倍（年率３・０％増）となりました。日本の名目ＧＤＰが縮小したのは為替要因（図表29の③。以下、本項の①～③は図表29）によるものであり、デフレ要因（①）は微々《びび》たるものです。

日本の名目ＧＤＰが低迷しているのは、円が輸出物価基準のＰＰＰから大幅に乖離して安くなったことにあります。いっぽう、ドイツの名目ＧＤＰが１９９９年と比べて2倍になったのは、物価要因（①）と実質ＧＤＰの増加（②）によるものです。シンボル要因

図表29　日独名目GDP逆転の原因は、経済のシンボル化

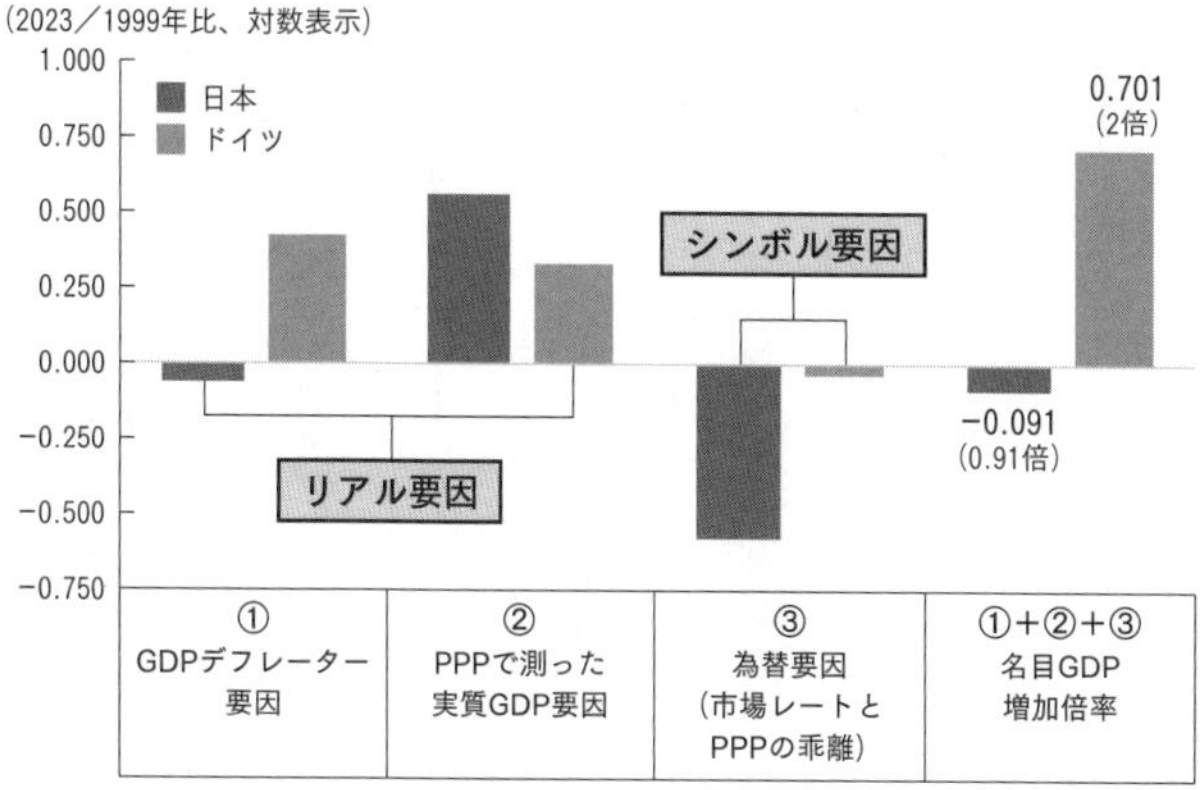

(出所)国際通貨研究所「購買力平価」、
IMF“World Economic Outlook”(2023年10月)

(③)は、日本と違ってほとんどドイツの名目GDPを押し下げてはいません。

　つまり、デフレ脱却のために実施された「異次元金融緩和」が、日本の名目GDPを縮小させていた最大の原因だったのです(③)。仮に、円レートがシンボル化しないで、ユーロと同じ程度に市場レートがPPPと乖離していたという前提で、日本の名目GDP(2023年)を計算すると、6兆9148億ドル(1999年比1・49倍)となります。

　ドル換算した名目GDPで何位になったと一喜《いっき》一憂《いちゆう》するのは、実体のない「幻想」に惑《まど》わされているからです。「異次元金融緩和」やアベノミクスは国民を「幻想」の世界に招

き入れ、「不愉快な問題」から目を背《そむ》ける政策だったのです。日本の「不愉快な問題」とは財政再建、社会保障制度の持続性、日米同盟のあり方などです。そうした困難な問題に国民が目を向けないよう、株価が上がっていればうまくいっているとの「幻想」を振りまいているのです。

利潤率（利子率）の低下

為替におけるリアルエコノミーとシンボルエコノミーの関係、すなわち市場の円とＰＰＰの非連続的な乖離は、実は国内の企業活動における利子と利潤の関係性が「例外」、すなわち逆比例となっている構造と同じです。すなわち本来、付加価値からしか生まれない利子と利潤の間における比例関係が欠如したのも、シンボルがリアルを圧倒していることに原因があるのです。

21世紀になって、先進国の実質長期金利はゼロないしマイナスとなり、経済は「定常状態」に入ったと判断することができます。10年国債の実質利回り[*7]を見ると、日本では２０１３年12月からマイナスに転じ、その後もマイナス基調となっています（２０２４年７月マイナス０・７％）。ドイツのそれは２０１４年４月からマイナスとなり（同マイナス０・

図表30　収斂する日米独の実質10年国債利回り

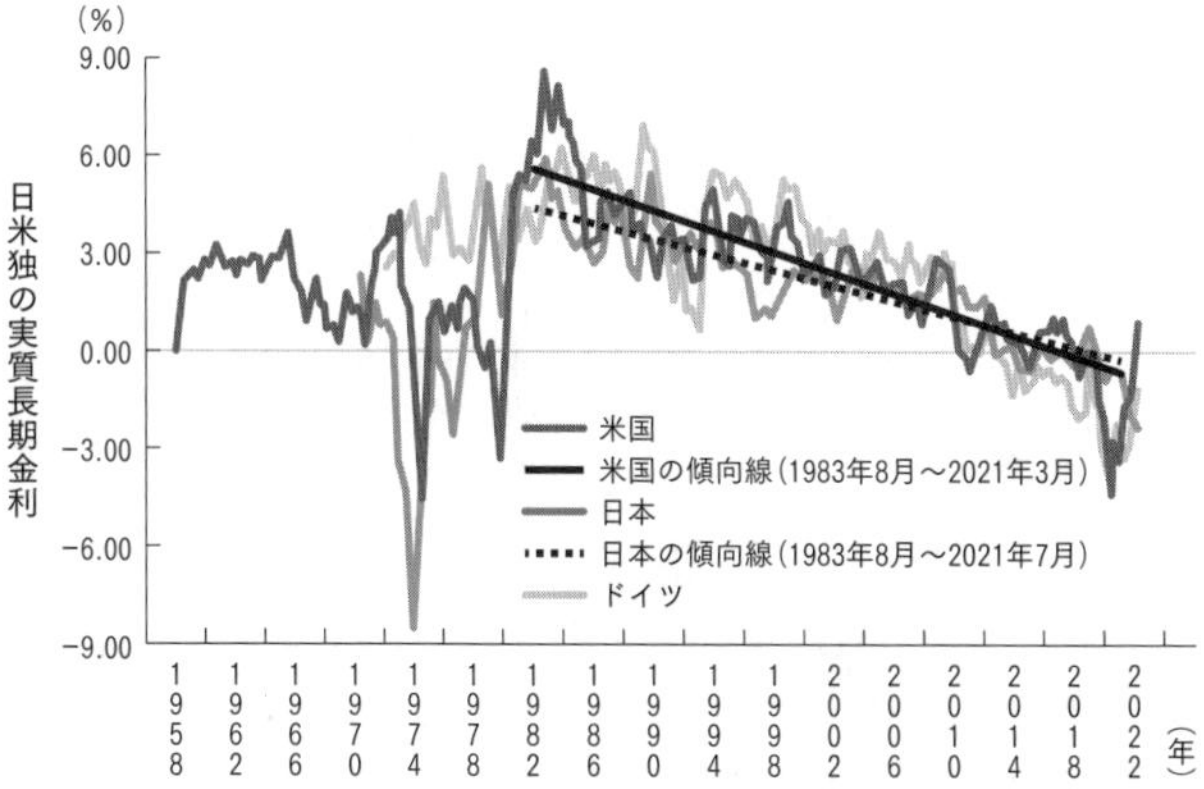

（注）実質金利＝10年国債利回り−コアインフレ率
（出所）財務省・総務省（日本）、FRB・労働省（米国）

４％）、米国は２０１９年５月からマイナスに転じています（同プラス１・１％）。

日米独の実質10年国債利回りは１９８０年代前半にピークをつけたあと、３カ国いずれも同じようなテンポで低下しています（図表30）。興味深いのは１９８０年代半ば以降、３カ国のなかで傾向線の低下テンポが速いのはドイツ（年間の低下幅０・20％）、次いで米国（同０・16％）、日本（同０・12％）となっていることです。グローバル化によって先進国の１人当たり実質ＧＤＰの収斂が起き、日本の成長率が早い時期から鈍化しているため、日本の実質金利の低下テンポが緩やかなのです。

さらに、新型コロナ・パンデミックとロシ

ア・ウクライナ戦争によって消費者物価が大幅に上昇しているにもかかわらず、日米独の実質10年国債利回りは、1980年代前半以降の低下傾向線上に沿って低下しています。債券市場は、ロシア・ウクライナ戦争が10年も続くとは見ていないようです。

実質10年国債利回りは長期で均すと、おおむね期待潜在成長率を表します。経済・物価に対して引き締め的にも緩和的にも作用しない、中立的な実質金利の水準を「自然利子率」と言います。自然利子率は一定の前提のもとで、長期的には潜在成長率に一致します。[*8] すなわち、日米独の期待潜在成長は同じように低下していることになります。

利息がつくお金という意味で資本が誕生したのは13世紀初頭です。[*9] その利息の推移を、英中央銀行のイングランド銀行（ＢＯＥ）は、14世紀から現在に至るまで計算しています（図表31）。カナダを除くＧ７にスペイン、オランダを加えた８カ国を、名目ＧＤＰで加重平均した実質長期国債利回りです。これにより、８世紀におよぶこれらの国の潜在成長率を推測できます。図表31に見られるように、７世紀にわたって先進国の実質長期金利、すなわち潜在成長率が長期にわたって低下傾向にあるのは明瞭です。

この事実は、第２章で示した成長の収斂仮説（93ページの図表17）と整合的です。成長の収斂仮説とは、数世紀かけて先進国の１人当たり実質ＧＤＰは一定値に収束するという

図表31　8世紀にわたって資本主義社会を貫く、利潤率（利子率）低下の長期法則

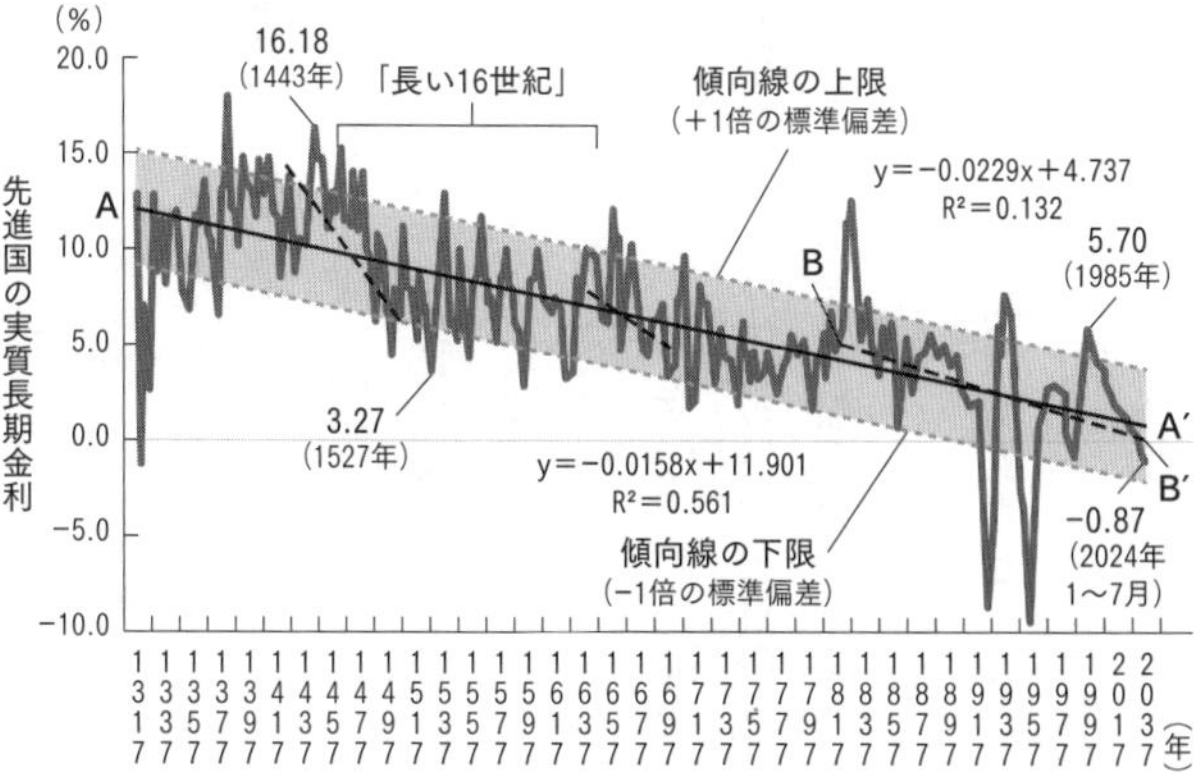

（注1）実質長期金利はスペイン、イタリア、オランダ、英国、米国、日本、ドイツ、フランス。実質長期金利を名目GDPで加重平均して算出
（注2）2019〜2023年の実質金利は日米独の3カ国で推計
（出所）BOE"Eight centuries of global real interest rates, R-G, and the'suprasecular' decline, 1311-2018"（2020年）

もので、図表17で示した傾向線の傾きがマイナス1・0になれば、収斂仮説が成立していると判断できます。図表17の傾向線の傾きはマイナス0・95とマイナス1・0に近く、おおむね収斂仮説は成立しているからこそ、先進国の潜在成長率は長期にわたって低下しているのです。

長期法則

こうした実質長期金利の一貫した長期低下傾向は、いわゆる古典派経済学者たちが主張していた「利潤率低下の長期法則」が農業社会や商業社会のみならず工業社会、そして1990年代

半ば以降の情報社会においても該当していることを示しています。「利潤率低下の長期法則」が支配しているからこそ、投資家が唱える「ROE革命」というスローガンを掲げて経済のシンボル化を促しているのです。

資本の概念が誕生して1世紀経った14世紀以降、現在まで7世紀におよぶ傾向線（167ページの図表31のAA′）の傾きはマイナス0・016ですから、先進国の実質長期金利は均せば10年ごとに0・16％低下していることを示唆しています。100年で1・6％低下しているわけですから、7世紀経てば11％強の低下となります。14世紀はじめに先進国の実質長期金利は13％台でスタートしましたので、8世紀目に入った現在、実質長期金利はゼロに向かっているのです。その先陣を日本とドイツが切っているにすぎません。

産業革命以降の傾向線（図表31のBB′）の低下幅は10年で0・23％であり、14世紀以降と比べると若干、低下幅が大きくなっていますが、14世紀以降の長期低下のトレンドを変えたわけではありません。産業革命は資本1単位当たりの利潤率を引き上げたのではなく、資本量を飛躍的に増加させることによって利潤総額を増やしたのです。資本量の増大と利潤率の低下は、20世紀になって中間層を生み出しました。

ヒュームは『道徳・政治・文学論集』において、利子率も利潤率も低下すると主張しています。「商業の増大は、必然的な結果によって多数の貸し手をつくり出し、それによって低利子を生み出す。（中略）競争は、大資本が交易自体を増大させると同時に、交易の利潤〈率〉を低下させ」（［２０１１］２４６頁）、「広範な商業は、大資本を生み出すことによって利子も利潤〈率〉も低下させる」（前掲書２４６頁）。彼の「広範な商業は、大資本を生み出す」という指摘は、「21世紀のグローバリゼーションが大富豪（ビリオネア）を生み出す」に置き換えることができます。

ヒュームより1世紀ほどあとの１８０６年に生まれたミルも、１８４８年に著した『経済学原理』の「最低限へ赴《おもむ》こうとする利潤の傾向について」と題する第四篇第四章において、次のように言及しています。「われわれの文明の特色となっているような種類の社会的進歩は、その利潤の最低率なるものを低下させる傾きをもっている」（［１９６１］71～72頁）。

長期実質利子率で見た「利潤率の最低率」は、短期法則（173～177ページで詳述）が作動するごとに水準を切り下げていきます。最低率は「長い16世紀」半ばの１５８８年には２・４％、「長い16世紀」の終盤１６１９年には２・５％となりました。さらに、17世紀前半のデフレの時期である１７０６年は１・０％、フランス革命直前の１７９６年は１・

1%、1848年のフランス2月革命に端を発する「諸国民の春」直後の1854年は0・2%になりました。そして21世紀の現在、ゼロに向かっているのです。

「定常状態」がもたらす将来不安

ミルは、文明による社会的「進歩から生ずる結果として人々に認められているもの」(『1961』72頁)には二つあると言います。「一つは、一般的安寧《あんねい》の増大」(前掲書72頁)であり、それによって「戦争による破壊や、公私の暴力による掠奪は、その恐れがますます少なくなってゆく」(前掲書72頁)のです。もう一つは、「人類は(中略)その欲求と目的とを遠い将来へ及ぼす習慣をより多く身につけるようになったが、これもやはり文明がもたらした諸種の帰結の一つである」(前掲書72頁)。

つまり、社会的進歩とは、人々に安心をもたらすことで遠い将来の展望を描くことができるようになることを言うのです。そして「現在のような種類の社会的進歩というものは、おそらくは蓄積欲を増大させる傾きはないまでも、(中略)世間の人たちが貯蓄し蓄積するための動機をして絶対的に必要とする、あの利潤の量を減少させる傾きがあるものである」(前掲書72~73頁)。しかし、企業経営者や資本家は21世紀になると、ミルの教えに逆《さか》らうかのように、「利潤の量」を増やすことに専念しています。

ミルの言う利潤の量を利子率に置き換えれば、利子率低下の法則が示す通り、21世紀のゼロ金利は最低限の利潤率に到達した段階であり、いわゆる「停止状態」となるはずです。しかし、現実は「利潤の量を減少させる」どころか、利潤額を増大させています。なぜでしょうか。

実は、利子率低下の法則はリアルエコノミーの出来事です。対して、シンボルエコノミーがリアルを圧倒する世界では、ミルの言う定常状態が「一般的安寧」をもたらすどころか、真逆《まぎやく》のショック・ドクトリンがますます獰猛化《どうもうか》しています。そのため、雇用が不安定となり、人々は遠い将来の見通しを立てることができなくなっています。

日本では老後の生活を心配する人の割合が高くなり、米国では絶望死を選択せざるを得ない人が増えています。金融広報中央委員会の「家計の金融行動に関する世論調査」によれば、日本人の金融資産の保有動機（金融資産保有世帯）、すなわち貯蓄動機は2013年以降、「老後の生活資金」が「病気や不時の災害への備え」を抜いて1位となっています（172ページの図表32）。それに対して、「こどもの教育資金および結婚資金」は1987年をピークに大きく低下しています。日本人の貯蓄動機は、もはや子供や孫の世代に財産を残

図表32 日本人の貯蓄動機は「老後の生活資金」

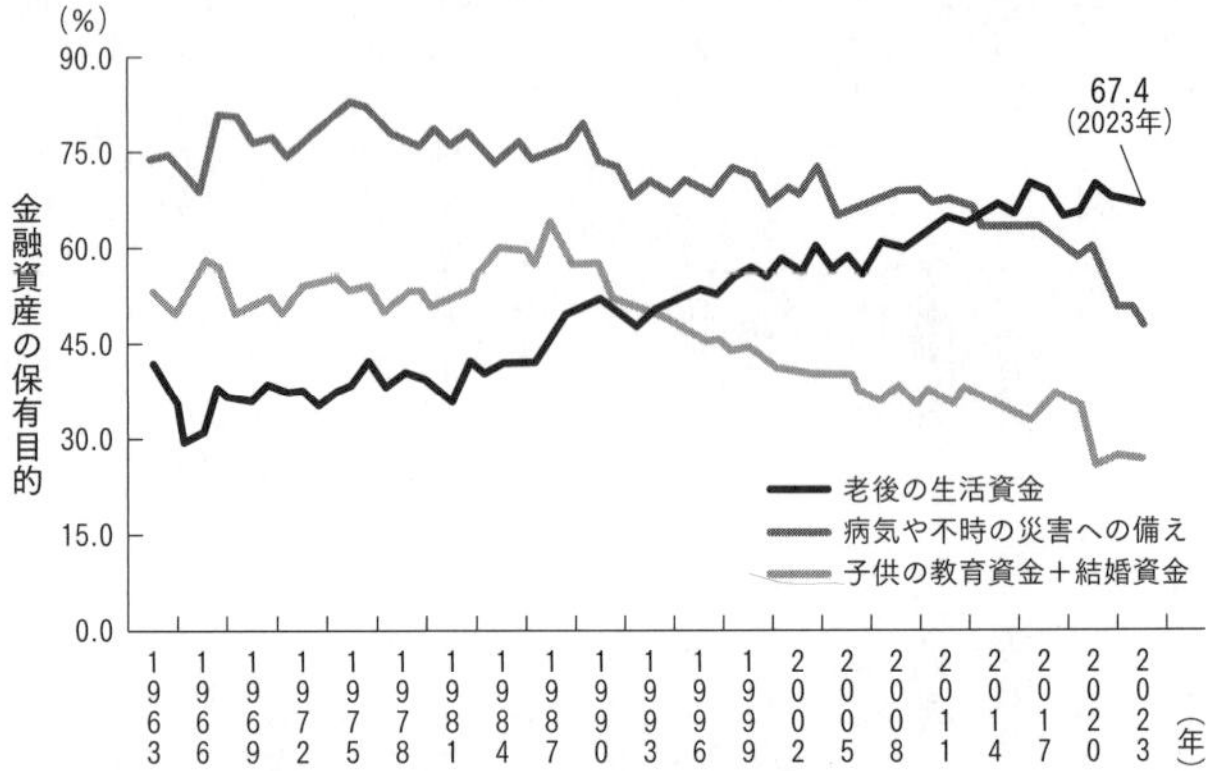

(出所)金融広報中央委員会「家計の金融行動に関する世論調査(二人以上世帯)」

すという「王朝仮説」は成立していないのです。

政府の債務残高は膨れ上がるいっぽうなのに、政府は「不愉快な問題」に真剣に取り組むことを放棄しています。ミルの言う進歩は１９８０年代に停止し、逆回転しています。ミルの文明観によれば、シンボルエコノミー化とＩＴ化が進めば進むほど、精神文明は退化し、人間は野蛮化していることになります。

図表31（167ページ）は、ミルの「停止状態」への移行を裏づけています。イングランド銀行は、経済学者であり元米財務長官ローレンス・サマーズらが２０１０年代はじめに主張した「長期停滞論（secular stagnation）」はミスリードであると主張しています。図表31で見られるように21世紀以降、傾向線ＡＡ′、およびＢＢ′から

実際の先進国の実質金利が大きく下振れしているわけではないからです。21世紀の利子率は7世紀におよぶ長期の利潤率低下の法則に従って低下しているにすぎないのです。

ＢＯＥは、先進国の実質金利はまもなく恒常的なマイナスの領域に入るだろうと予想[*10]しています。そして、２０１９年から２０２４年７月まで、日米独の３カ国の実質金利を加重平均してＢＯＥのデータを外挿《がいそう》すると、２０２０年から実際にマイナス値となっています。ただ、３カ国の内訳を見ると、米国が６年ぶりにプラスとなりました。日本とドイツは、２０２４年に入ってもマイナスが続いています。

短期法則

ここまで、実質利子率の長期低下の法則について述べてきました。実は、実質利子率には7世紀におよぶ長期法則と、１世紀近い単位で起きる短期法則の二つがあり、両者を区別する必要があります。長期法則は「常態」において機能し、短期法則は「例外状況」の時に顔を出します。

利子率長期低下の法則（図表31の傾向線ＡＡ′）が7世紀を貫いているなかで、実質長期金利が長期傾向線の上限を超えると、短期法則が現れてきます。具体的には、その後に急激な低下が起き、最終的に1世紀近く経つと長期傾向線の下限を突き抜ける水準にまで到達します。行きすぎた上昇が行きすぎた下落をもたらすのです。

14世紀初頭から現在に至るまでの先進8カ国の実質長期金利の振れ幅（167ページの図表31の上限と下限の幅）を見ると、傾向線AA′から上下に2・85％となります。年々の実質長期金利は3分の2の確率で、各年の傾向値から、この範囲内に収まります。

上限値を長期間にわたって超えたのは、いずれも世界規模の大戦争が起きて極端に国債のリスクプレミアム（財政破綻）が高まった時です。実際の実質長期金利が傾向線の上限を5年以上超えたのは、7世紀の歴史のなかでわずか5回だけです（図表33）。

第1回目は1440～1451年の12年間で、この間、神聖ローマ帝国が支配するハンガリーにオスマン帝国が攻め込んできました。結局、1453年にビザンツ帝国が崩壊し、その直後に「長い16世紀」へと突入します。

第2回目は1651～1656年の6年間です。この直前に、ヨーロッパ世界における大戦だった80年におよぶオランダ独立戦争（1568～

−1σを下回る下限／利潤率の最低率	全期間（上限から下限まで）年数
1527年／3.27%	88
1706年／1.04%	56
1854年／0.194%	40
1945年／−10.37%	18
?	53年経過中

図表33 利子率低下の長期法則と短期法則

長期の法則：利子率容認（1215年）以降、貫徹する資本蓄積の法則

短期の法則：長期法則の「例外状況」

1倍の標準偏差（+1σ）〈上限値〉を超えた時期	期間（年）	既存秩序を揺るがす事件・戦争	喪失した「中心」
第1回目（1440～1451年）	12	神聖ローマ帝国とオスマン帝国の戦争、ビザンツ帝国崩壊	神
第2回目（1651～1656年）	6	オランダ独立戦争、ドイツ30年戦争、清教徒革命	帝国と皇帝
第3回目（1815～1823年）	9	ナポレオン戦争とウィーン体制	絶対王朝
第4回目（1928～1933年）	6	戦間期と世界恐慌	大英帝国
第5回目（1983～1993年）	11	米ソの冷たい「世界大戦」、ソビエト連邦解体	金とリンクしたドル

1648年）、ドイツ30年戦争（1618～1648年）、英国の清教徒革命（1642～1649年）が起きています。これら「長い16世紀」を挟む2回の金利急騰は、秩序崩壊時と新秩序形成期において起きたヨーロッパの「世界大戦」によって、人々に将来不安を高めリスクプレミアムを上昇させたことが原因です。

「長い16世紀」は、その前後に実質長期金利が傾向線AA′の1倍の標準偏差（上限値）を超えて上昇する、言わば実質長期金利の「例外状況」に挟まれた時代（第1回目と第2回目に挟まれた時代）だったということになります。

国債市場は「長い16世紀」が始まる予兆、すなわち中世の終わりを不安視し（第1回目）、「長い16世紀」が終了して近代が始まる生みの苦しみ

（第2回目）を表明していたと考えることができます。利子率の「例外状況」が露わにする物事の本質とは秩序の新旧交代による不安だったのです。

「長い16世紀」の前に起きた、「例外的」な実質長期金利の上限を超えた水準から下限を下回る水準への下落テンポと、第2回目のそれとを比べると、第1回目の下落テンポは10年で1・1％であるのに対して、第2回目は0・5％[*11]と半分にとどまっています。このことから、旧秩序（中世）崩壊のほうが、新秩序（近代）誕生よりも事態は深刻だということがわかります。

第3回目と第4回目はいずれも近代秩序を維持したなかで、「非公式の帝国」誕生を予見していたのです。第3回目はナポレオン戦争が終わった1815～1823年の9年間で、ウィーン体制の不安定さが実質金利に反映されています。その後、パックス・ブリタニカ（英国の強大な経済力・軍事力により維持された国際秩序）の時代が到来しました。1837～1901年はヴィクトリア王朝期であり、「一八五一年の水晶宮《クリスタル・パレス》（ロンドン）万国博覧会において、イギリスはその『世界の工場』時代の絶頂にあることを誇示」（ランデス［1980］140頁）しています。

第4回目は1928～1933年の6年間で、いわゆる戦間期に当たり、ニューヨーク証券取引所に端を発する株価大暴落で「世界大恐慌」が始まった時期に当たります。その後、第2次世界大戦が終わると、世界のリーダーは英国から米国に代わり、パックス・アメリカーナの時代となりました。

第5回目は1983～1993年の11年間で、米ソ冷戦とソ連が解体し、資本主義のライバルだった共産主義の敗北が明らかとなった時期です。

これら5回のうち、現在進行中の今回を除き、いずれも実質金利が上限を超えた場合、およそ半世紀から1世紀近くかけて下限を突き抜けるところまで低下しました。2020年以降、世界8カ国平均の実質金利は現在のところ、下限値（2024年時点でマイナス2・13%）[*12]を下回ってはいません。しかし、この原則から言えば、おそらく下限値を下回ってくる可能性が高いと言えます。

実際、8カ国中、ドイツの実質長期金利は2023年平均でマイナス2・6%とすでに下限値を下回る水準に達していますし、日本は2023年平均でマイナス1・8%と下限値に近づいています。2024年1～7月の数字を見ると、ドイツはマイナス0・5%、日本はマイナス1・3%となっています。

現在も「例外状況」が進行中

7世紀にわたって貫徹する実質利子率の長期法則は、利息のつくお金を追求する資本主義の本質的な構造にかかわるものです。いっぽう短期法則は、資本主義の有する「過剰・飽満・過多」が全面に出てきた時、すなわち「例外状況」に現れます。

資本の蒐集に情念を燃やすのが資本家の本性であり、DNAです。しかし、「例外状況」になる時はいつも「過剰」性が顕在化します。その最大の「機会」は、「中心」が喪失した時です。現象としては、戦争やバブルの時に、他人の不幸を待ち望む「ショック・ドクトリン」が顔を出すのですが、水面下では「中心の喪失」が起きていることが共通項です。この時、リーマンショックやロシア・ウクライナ戦争がそうであったように、資本の暴力性（戦争やバブル生成・崩壊）が存分に発揮されます。

短期法則は長期法則の「例外状況」であって、秩序を揺るがす「世界大戦」が起きています。第5回目の短期法則（174〜175ページの図表33）は1983年、米国のレーガン大統領とソ連のミハイル・ゴルバチョフ大統領による冷たい「世界大戦」によって始まりました。ロシア・ウクライナ戦争、イスラエルとハマスの戦闘、2024年米大統領選挙でのトランプ勝利を鑑《かんが》みれば、現在も「例外状況」が進行中と言えます。

「例外状況」において、資本の暴力性が顕在化するのは、秩序に責任を持つ「中心」が喪失するからです。喪失した「中心」とは神（第1回目）であり、続いて帝国と皇帝（第2回目）でした。そして、新たに「中心」に鎮座したのは、貨幣と国民国家です。中世から近代へのプロセスである「長い16世紀」では、聖界における精神が崩壊すれば、聖俗二頭体制のもういっぽうの極である、俗界の頂点に立つ皇帝とその帝国も崩壊するのは必然だったのです。

第3回目と第4回目に失われた「中心」は近代秩序を変えることなく、体制内における「中心」の交代でした。

現在進行中の第5回目に失われたのは、金《きん》の裏づけがあったドルです。１９７１年のニクソンショックを契機に、ドルは日々変動するようになりました。実際には、ドルは「強いドル」を掲げたレーガン大統領が登場するまで安くなるいっぽうでしたから、「中心」の資格を喪失していました。ドルを再び「中心」に添えたのは１９９５年、ルービン財務長官です。彼の「強いドル」政策は、リアル・ドルを殺してシンボル・ドルを「中心」に据えました。

リアル・ドルが死んだということは、唯物論者の資本が死んだことを意味します。唯物論者の資本（115ページの図表21）は1998年度以降、おおむね横ばいです。それに対して、シンボル・ドルを象徴している内部留保金は膨張し続けています。雇用と実物資本によってGDP（付加価値）を生み出す唯物論者の資本の死は、国民の死でもあります。米国において1990年代末以降に急増する「絶望死」は、リアルエコノミーが殺されている象徴的な例なのです。

日本においては、日本経営者団体連盟（旧日経連《にっけいれん》、現経団連）が1995年に公表した「新時代の『日本的経営』」で、非正規労働者が大量に生み出されました。1994年の非正規労働者は971万人でしたが、2023年には2124万人と2・2倍になりました（総務省「労働力調査・詳細集計」）。いっぽう、正規労働者は1994年の3805万人から2023年には3606万人と、199万人も減少しています。

シンボルエコノミーの世界で株価上昇を目指す資本（内部留保金）から見れば、もう中間層（労働者階級）は邪魔な存在と映《うつ》っているに違いありません。米国での絶望死をもたらす大きな要因はオピオイドの過剰投与ですが、これが可能となったのは米製薬メーカーのロビー活動によるものです。そして、日本の非正規労働者の増加は日経連の要請によるものです。

秩序の崩壊

現在作動している短期法則の行方《ゆくえ》を予測すれば、実質長期金利がどこまで低下するか、およそ見当がつきます。それには、まず今回の短期法則が過去4回のどれと比較すべきかを検討する必要があります。過去4回は、いずれも秩序が崩壊した時に長期傾向線の上限を超えています。その後、秩序回復と共にリスクプレミアムの縮小によって実質長期金利は低下し、下限を超えて低下したところで、ようやく次の秩序が見えてきます。

「利潤率低下の法則」の長期法則と短期法則を重ね合わせると、今後、1983〜1993年（174〜175ページの図表33の第5回目）の行きすぎた先進国の実質長期金利の修正は、長期傾向線の下限を下回るところまで行き着き、長期傾向線（167ページの図表31のAA′）の2024年の下限値マイナス2・13％を下回ることが予想されます。日銀は2025年の消費者物価上昇率（生鮮食品を除く総合）を2・1％[*13]（政策委員見通しの中央値）と見ていますので、実質10年国債利回りが短期法則通り2・13％を下回るとすれば、名目ベースの10年国債利回りはゼロ％前後まで低下することが予想されます。

もっとも大きな秩序崩壊は、ビザンツ帝国の崩壊で始まった中世から近代への移行期を指す「長い16世紀」です。第1回目の短期法則が始まって87年後の1527年に、ようやく実質長期金利の低下が止まりました。過剰に反応して上昇した利子率は、低下の過程でも過度に低下します。

1527年は、神聖ローマ皇帝カール五世軍による「ローマの劫略《ごうりやく》」*14があった年です。フランスの美術史・文化史家アンドレ・シャステル（1912〜1990年）は、1983年に上梓した『ローマ劫掠――一五二七年、聖都の悲劇』で、「この時代を震撼させた最大の事件は、まさしく『世界の頭《カプット・ムンディ》』たるローマが皇帝軍により陥落した一五二七年五月の事件であったことがわかる」（［2006］44頁）としています。さらにシャステルは次のように述べています。「世界の頭」の陥落、すなわち世界の「中心の喪失」は「貨幣と貴重品類の所有移転の点では、ローマ劫掠は史上稀に見る大規模な経済的流動の契機となった」（前掲書152頁）のみならず、「芸術家たちの急激な移動は、マニエリスムの『全ヨーロッパ化』をもたら」（前掲書14頁）したのです。「中心」がキリスト教の総本山であるローマから、商業都市であるロッテルダムやロンドンに移ったのです。

英国の思想家フランシス・イエイツ（1899〜1981年）は、ローマの劫略がヨーロッパに与えた影響について、ニコロ・マキァヴェリ（15〜16世紀イタリアの政治家・思想家）とフランチェスコ・グイチャルディーニ（同政治家・歴史家）にとって「神聖ローマ帝国の予期せざるぶり返しは、イタリア独立の終焉を予兆し、人間精神の前むきで自由なあらゆる運動を閉塞《へいそく》せしめる不毛な元《もと》の木阿弥《もくあみ》と観ぜられても無理はなかったかも知れない」（［1982］55頁）のであり、「カール五世とともに蘇った帝国の幻影は、以前の人文学者につきまとったローマ化された幻影ではない。それは、第二のカール大帝《シャルルマーニュ》とともに立ち戻ってくる北方の幻影」（前掲書55頁）と指摘しています。

ローマの劫略で蘇った世界帝国理念が「幻影」だったことは、1世紀以上経った1648年のオランダ独立（第2回目の短期法則。174〜175ページの図表33）で明らかとなりました。21世紀の第5回目の短期法則で明らかになるのは、シンボルエコノミーが「幻影」だったということになる可能性が高いと思われます。

図表33で示した利子率低下の短期法則が作動した5回のうち、第1回目〜第3回目はブルクハルトの言う「歴史の危機」に該当します。彼は、「歴史の危機」は過去3回あると指摘しています。第1回目は、476年の西ローマ帝国崩壊から800年のカール大帝の戴冠式まで。第2回目は「長い16世紀」です。第3回目は1789年に始まったフランス革命から1871年の普仏《ふふつ》戦争までです。19世紀末に亡くなったブルクハルトは、20世紀

の短期法則（第4回目と第5回目）は知りませんし、「歴史の危機」第1回目には、利息のつくお金（キャピタル）の概念はありませんでした。第1回目は、利潤率（利子率）低下の長期法則の適用範疇《はんちゅう》には入らないことになります。

21世紀は短期法則の支配下にありますから、「歴史の危機」でもあるのです。金融政策で物価を上昇させて利子率を引き上げようとするのは、ドン・キホーテが巨大なオランダの風車を巨人とまちがえてロバに跨《また》がって突進したのと同じく、時代錯誤も甚《はなは》だしいと言えます。近代の動力を象徴しているオランダの風車に、中世の騎士道で立ち向かっても跳《は》ね返されるだけです。近代経済学の一学派であるマネタリズムに依拠した「異次元金融緩和」で、近代秩序が崩壊している「歴史の危機」に立ち向かっているのは、まるで400年前のドン・キホーテそのものなのです。

21世紀は中心を喪失していることから、「長い16世紀」にマクベスが3人の魔女に惑わされたのと同じく（201ページで詳述）、「幻想」の時代です。利子率低下の短期法則が起動してからすでに53年経過していますが、未だ下限値を突き抜けていません。シンボルエコノミーが「幻想」だとわかった時に短期法則が終わり、新しい秩序が見えてくることになるでしょう。

21世紀が「○○イズム」になるかは、現段階ではわかりません。少なくともキャピタリズムではないことは確かでしょう。13世紀はじめに「利息のつくお金」を意味する「キャピタル」という言葉が誕生し、商人は投資によって利潤を極大化していきましたが、その行動様式が「キャピタリズム」であると命名されたのは20世紀はじめです。

21世紀の行動原理は「より近く、よりゆっくり、より寛容に」[*15]になるものと予想することができます。近代の行動原理である「より遠く、より速く、より合理的に」が限界に来ていることは明白だからです。

中心の喪失

古代、中世、近代への移行期の決定的な要因はいずれも「中心の喪失」です。古代ローマ帝国の崩壊は皇帝の廃位、中世の崩壊はコペルニクス革命による「コスモスの崩壊」、今回は１９７１年にニクソンがドルと金の交換を停止したことで、不動のドルが動きました。実質長期金利が上限を超えた期間が10年以上続いたのは、第１回目と今回だけです。

実質長期金利の「例外状況」が物事の本質を露わにするのは、戦争による「中心の喪失」です。「中心の喪失」とはハンス・ゼードルマイヤー（１８９６〜１９８４年）が１９

48年に著した書籍のタイトルです。サブタイトルに「危機に立つ近代芸術」とあるように、同書は近代文明が危機に立っていると訴えています。

ゼードルマイヤーは「芸術の事実から神との害《そこな》われた関係が障害の中核だ」（［1965］324頁）と主張しています。21世紀の経済の事実からすれば、資本との害なわれた関係が障害だと言えます。「定常状態」という理想に向かおうとする社会にとって、最大の障害は、資本を無限に増やすことに執念を燃やすビリオネアの存在なのです。

経済的な現象面においても、「長い16世紀」と1971年に始まる今回の「長い21世紀」には共通点があります。「長い16世紀」も今回と同様にインフレが高進し、いわゆる「価格革命」[*16]が起き、実質長期金利が急低下しました。当時もインフレによる利益は資本に還元され（いわゆる「利潤革命」）、労働者の実質賃金が大幅に下落しました。トマス・モアの言う「羊が人間を食べている」[*17]時代であり、マルクスの言う「血の立法」（［2005b］532頁）、すなわち第1次エンクロージャーが施行された時代です。

1500年と1547年を比較すると、英国の1人当たり実質GDPは年率0・2％増と緩やかに増加していたのですが、実質賃金は年率1・6％も下落[*18]しました。この間、1人当たりの実質賃金は1500年を100として、およそ半世紀後の1547年には47ま

図表34「長い16世紀」vs.「長い21世紀」

	「長い16世紀」 (1450頃〜1650年頃)	「長い21世紀」 (1971〜?年)
中心の喪失	1543年、コペルニクス革命 (コスモスの崩壊)	1971年、ニクソンショック (金とドルの交換停止)
価格革命	食料品価格2倍(小麦6.5倍、燕麦、麦芽7〜8倍)	株価(世界の株式時価総額、1982年比45.5倍)
実質賃金 (生活水準)	ピーク比6割減(英国) (年率0.9%減)	同17.4%減(日本) (年率0.7%減)
雇用	小作人から都市賃金労働者へ (第1次エンクロージャー)	正規労働者から非正規労働者へ (労働の規制緩和)
利子率革命(長期国債利回り)	1.125% (イタリア・ジェノバ1619年)	−0.9% (日本2019年) −0.52%(ドイツ2020年)
利潤	利潤革命	ROE革命
時代の特徴	「非人間的な時代」 (ブローデル)	絶望死の時代 (米国)

で低下するいっぽう、利潤が急増して資本が蓄積されていきました。現在の日本で起きていることは「長い16世紀」のヨーロッパで経験済みだったのです。「長い16世紀」と「長い21世紀」は驚くほど似ています(図表34)。

利子と利潤の開きが拡大する事態

実質利子率の推移を示した図表31(167ページ)は、実は利潤率でもあります。利子も利潤も、その源泉は付加価値からしか生まれないからです。この事実から言えるのは、両者は比例関係にあるのが「常態」であり、逆方向に動くのは「例外」ということです。付加価値が増加すれば、通常はその増加率に応じて、利子と利潤も増加します。

しかし、21世紀に入ると、両者の関係は「例外」が定着するようになりました。この「例外」が露わにしている物事の本質を探ってみましょう。

「常態」における両者の関係について、アダム・スミス（1723〜1790年）は『国富論』で次のように指摘しています。「資本の平均利益率が現在どうであり、過去にどうであったかを多少とも正確に確認するのは不可能かもしれないが、金利をみていけば、ある程度まで感覚をつかめる」（［2007］93頁）。

両者の違いは、利子はあらかじめわかっているのに対して、利潤は決算してみないとわからない点にあります。企業は不況時に赤字になれば資本が棄損することがあるため、好況時には将来の損失に備えて、利子率より利潤率を高くして資本を厚くする必要がありま す。利潤率は、確定利付きで安全資産（元本保証）である国債利回りにリスクプレミアムがプラスされます。

ここで言うリスクプレミアムとは、短期法則が働いておらず長期法則のみが作用している時に生ずるものです。不況によって利益が極端に減少したり、赤字に転落したりする、言わば景気循環で生じるリスクを指しています。いっぽう、短期法則が作動している時に急騰するリスクプレミアムには、敗戦の危険負担が加味されます。戦争によるハイパーインフレーションで国債価格が大幅に下落したり、最悪の場合には国家破綻により国債が紙くず同然となったりする恐れがあるからです。

近代社会はリスクを低減する仕組みを相次いで導入し、経済活動上の不確実性を極力排除しようと努めてきました。英国では「一七一〇年には、はじめての保険会社[*19]、サン火災の株式募集が成功を収め」（チャンセラー［２０００］１０５頁）、20世紀になると、景気循環を平準化するマクロ経済政策が取られるようになり、利子率に上乗せされるリスクプレミアムは徐々に縮小していきました。

実際に、戦後の日本企業（全規模・全産業）の利潤率（ＲＯＥ）と金融機関の貸出金利子率のスプレッド（以下、利子・利潤スプレッド）は、金利が規制されていた時代（１９６０〜１９７６年度）においては平均４・８％でした。規制金利時代の利子・利潤スプレッド拡大は、企業の収益環境を高め設備投資を拡大させることで、将来の国民の生活水準向上（実質賃金の上昇）に資していました。

１９７７年度以降[*20]、ＲＯＥがマイナス０・２％となる１９９８年度まで、利子・利潤スプレッドは年平均で０・９％まで縮小しました。この時期は、利子率と利潤率がパラレルに動き、なおかつ景気循環リスクが０・９％と、バブルとその後の崩壊があったにもかかわらず、均せば利子率と利潤率はスミスをはじめとする多くの経済学者が想定した通りに推移しました。

しかし、１９９８年度から利子・利潤スプレッドは拡大に転じ、２０２３年度には７・89%（ＲＯＥ９・04%、貸出金利子率１・15%、全産業・全規模ベース）と、規制金利の時代と比べて大幅に広がりました。資本家は、グローバル化で外国企業と比べて低いＲＯＥの日本企業に対して高い水準を求めるいっぽう、日銀はデフレ対応という理由で短期金利を低い水準にとどめたからです。

ＲＯＥと貸出金利率が逆方向に動くのをサポートしたのが、２０１３年から採られた「異次元金融緩和」政策でした。この政策は、２・０%の財・サービス物価を上昇させることができなかった代わりに、ＲＯＥと株価を上昇させる政策だったのです。

「定常状態」における金融機関の機能

営利企業である銀行は、短期金利（ＴＩＢＯＲ《タイボー》*21）に一定の利ザヤを乗せて企業向け貸付金利（企業の借入金利子率）を決めます。貸付金利からＴＩＢＯＲを差し引いたスプレッド（以下、預貸《よたい》スプレッド）が、銀行の資金利益（＝資金運用収益－資金調達費用）を決めることになります。

日本の物価水準が下落に転じた１９９５年から２００５年まで[*22]、預貸スプレッドは平均１・99％でしたが、２００６〜２００７年に下方屈折し、２００４年２月までは１・09％と半分に縮《ちぢ》みました。その結果、銀行の収益状況（コア業務純益[*23]）は、２００５年度をピークに大幅に減少しました。

銀行の預貸スプレッドが縮小したのは、貸付金利の低下でほとんど説明することができます[*24]。ＴＩＢＯＲは１９７７年以降、日銀のデフレ対応型の金融政策で年平均０・35％と安定しており、預貸スプレッドの低下は貸付金利子率の低下によるものです。貸付金利子率は、10年国債利回りの低下にともなって低下[*25]しました。というのも、資金調達を必要とする事業会社は社債の発行条件を貸出金利子率と比較して決めますが、社債利回りは債券市場において、10年国債利回りに一定のスプレッド[*26]を乗せた水準となるからです。

10年国債利回りは１年後、２年後……９年後の予想短期金利の集合です。借入金利子率と10年国債利回りは、１９７７〜１９９７年においては同じ方向に動き、かつおおむね同水準でしたから、この時期はＴＩＢＯＲと10年国債利回りのスプレッド（以下、長短金利スプレッド）が銀行の利ザヤ（預貸スプレッド）と同じだったことになります。つまり、長短金利スプレッドが、銀行の貸し倒れ損失などのリスクプレミアムとなっていたのです。

デフレは、金融機関の収益構造に大きな打撃を与えます。金融機関の間で短期的な資金不足を調整する貸借レートであるＴＩＢＯＲは、ゼロ％超という下限が存在するのに対して、貸付金利子率は10年国債利回りに追随して決定されている限り、下限はありません。問題は、金融機関にとって最低限必要な利益を保証する水準で預貸スプレッドの縮小が止まる保証がないことです。長期的な実質10年国債利回りは潜在成長率を表すため、ゼロインフレ下では10年国債利回りはマイナスとなることさえあるからです。

現在の貸出金利子率が、ＴＩＢＯＲを基準に一定の利ザヤを上乗せして決めている限り、金融機関は存続の危機に立たされます。この決め方は、一定の利ザヤが長短金利スプレッドとなっており、長短金利スプレッドは10年国債利回りに連動していることになります。10年国債利回りがプラス値を維持するためには、成長経済を前提にしていることになります。21世紀が「定常状態」に向かっているとすれば、ゼロ金利は現在と将来が同じ価値を持つことを表しているのですから、銀行の貸出金利子率は「予想（将来）」名目ＧＤＰ成長率、すなわち10年国債利回りではなく、現在の企業利潤率を基準とすべきです。

銀行の資金利益（預貸スプレッド）は、名目ＧＤＰ成長率を予想[*27]したものにほかなりません。予想インフレ率がゼロになり、かつ潜在成長率もゼロになれば、10年国債利回りはゼロ％となります。年平均ではじめて10年国債がマイナス利回りとなった、２０１６年から２０２３年までの平均でおおむねゼロ％（実際は年０・11％）だったのは、そうした状態になったからです。

企業のご都合主義

大企業・製造業に限れば、利子・利潤スプレッドの拡大はいっそう顕著なものとなります。プラザ合意以降、円高が進行し、その後バブル崩壊による国内景気が低迷したため、企業は高い成長機会を求めて、グローバル展開を積極的に進めていきました。[*28] 日本の国債利回りは、あくまで成熟した国内の投資機会を反映した利回りであり、グローバル化の進展と共に、スプレッドが拡大していくのは当然です。

こうした状況下において、企業が金融機関などに支払う借入金利子率が、国債利回りと同じように低下するのは理に適《かな》っているとは言えません。企業の金融機関借入金や社債など有利子負債（２０２２年度平残で７０４・２兆円）も、自己資本（同８３６・７兆円）も、企業利益の増大に貢献する点では同じだからです。

企業はご都合主義的、あるいは前例踏襲的に、経費である借入金利子率を、成熟化する国内経済の成長率を反映する国債利回りに連動させています。国債利回りは短期金利の予想を集計したものですから、経済が成熟化するとインフレ率の変動幅が小さくなり、貸入金利子率、TIBOR、10年国債利回りはおおむね同じように動き、かつ各々の水準自体が収斂していきます。それに対して、企業の連結ベースの売上は国境を越えたグローバルな活動から生まれるため、国内法人と比べると非常に高い伸びを示しています。

国内法人と現地法人の売上高営業利益率が2013年度から現在（2022年度）までほぼ同じになっています（図表35）。売上高で見ると、この間の現地法人は1・5倍（年平均4・5%増）に増えたのに対して、国内法人はわずか1・07倍（同0・8%増）にすぎません。ところが経常利益で見ると、現地法人が1・99倍（同7・9%増）に対して、国内法人は1・65倍（同5・7倍）と、見劣りしません。

国内法人の売上高経常利益率が現地法人と遜色ないのは、成熟化した国内経済を反映した低水準の国債利回りに連動させて、金融機関への利払を経費計上し、労働生産性に見合った賃金を支払っていないからです。国内経済が順調に経済成長している時は、借入金利子率が国債利回りに連動していてもなんら問題はありませんでした。企業は国内で十分利

図表35 現地法人と国内法人の収益状況

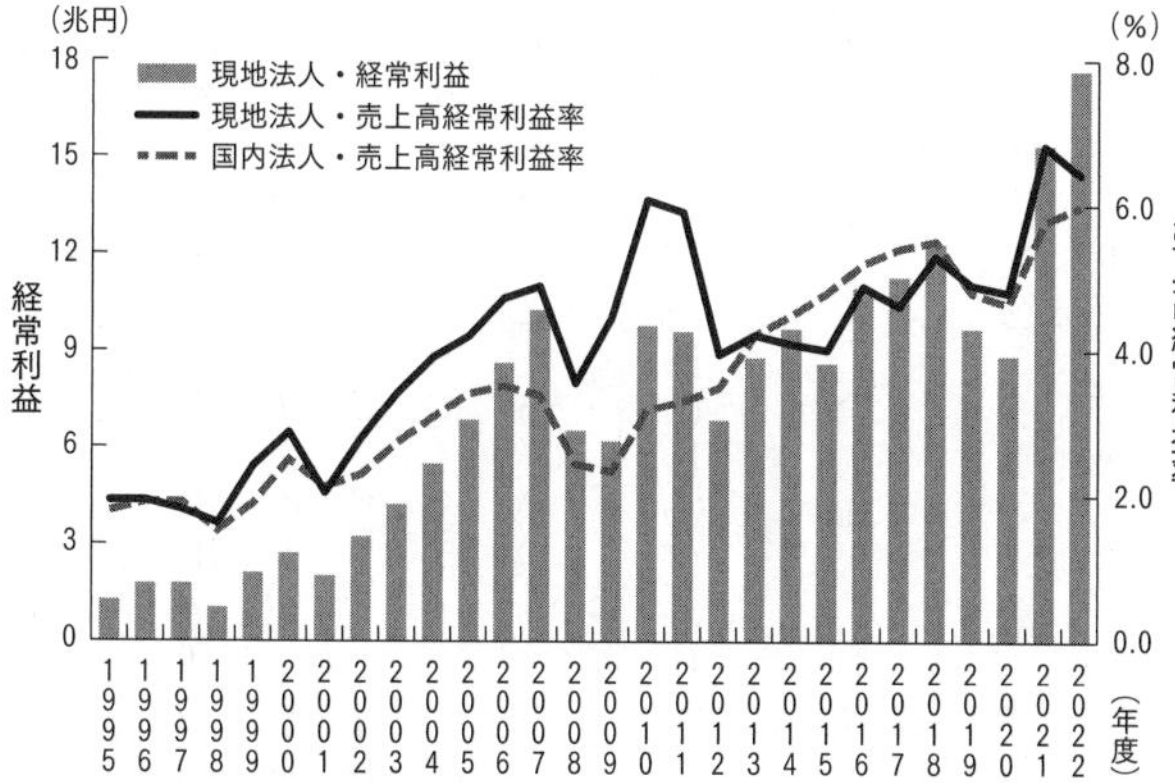

(出所)経済産業省「海外事業活動基本調査」

潤を上げることができ、国内の成長率を反映する国債利回りは国内の投資機会を反映しているからです。

しかし21世紀の現在、良くも悪くもグローバル化の時代となりました。グローバル化の時代に、利子と利潤の関係を考えたのはアダム・スミスです。17世紀以降、英企業はグローバル展開をしていました。スミスが『国富論』を著した18世紀後半は、英国の植民地支配が世界に広がっていました。

1607年のヴァージニアから始まった北米支配、1757年のフランス軍に勝利したことによるインド支配、1770年の英海軍のジェームズ・クックによるオーストラリア領有権宣言など、英国が七つの海を独占していく過程で、英企業は積極的に海外進出していきました。

スミスは、企業の利潤率と利子率の関係について次のように指摘しています。「通常の純利益率に対する通常の市場金利の適正比率は、利益率が上下するとともに変わるはずである。イギリスの商人の間では、利益率は金利の二倍であれば、低すぎず高すぎず、適切だとされている」（［2007］101頁）。

スミスの利潤率と借入金利子率の関係に関する理論は、グローバル化した21世紀の日本企業に適用することができます。2023年度の数字で言えば、1・2%だった借入金利子率は、スミス理論によれば最低でも3・4%となっているはずです（図表36）。それにともない、企業のROEは9・0%から6・8%へと低下します。

2005年度以降、利子率（借入金利子率）と利潤率（ROE）の関係に関するスミスの理論を適用した場合の両者の利子・利潤スプレッドの推移を示すと、図表36の点線のようになります。2005〜2022年度の期間で、スミス理論を適用した利子・利潤スプレッドは平均で2・5%となり、上昇傾向は見られません。ところが、現実のスプレッドは2005年度3・7%を境に2022年度7・9%と、上昇傾向に転じました（この間の平均は4・4%）。[29]

図表36 スミス理論を適用した場合の利子・利潤スプレッド(ROE－借入金利子率)

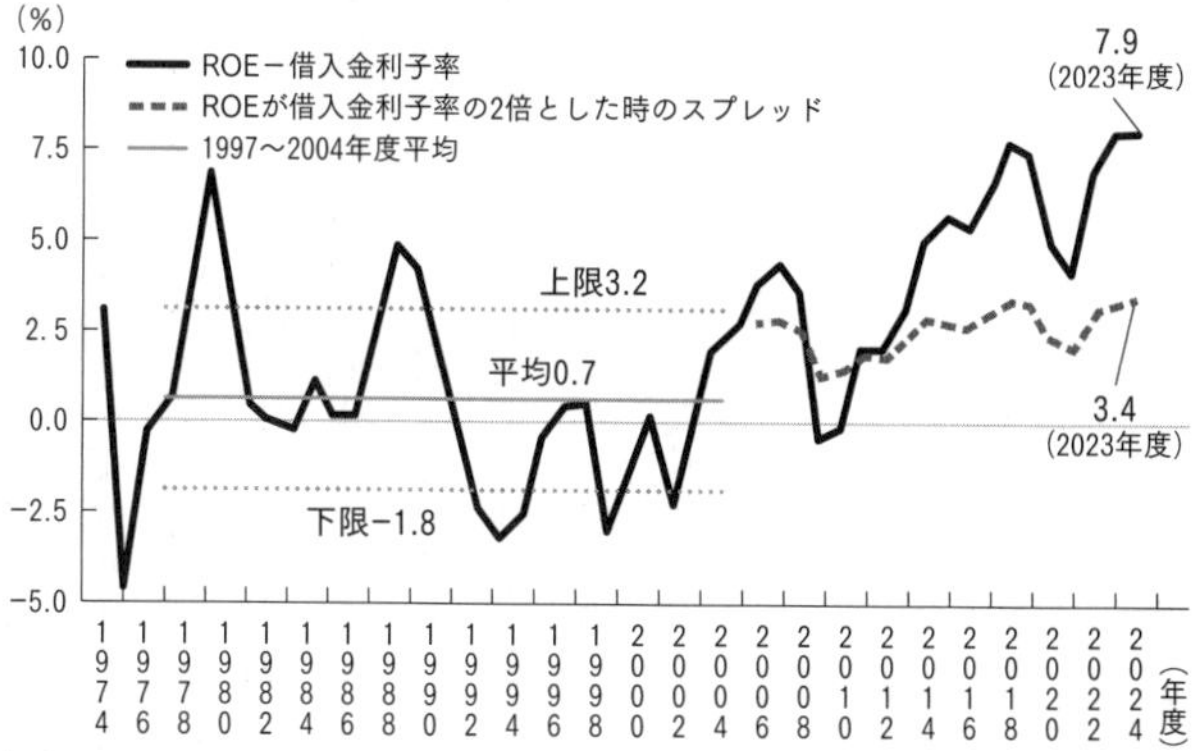

(注)上限と下限は、平均値(0.7%)の±1倍の標準偏差を加減
(出所)財務省「法人企業統計年報」

1977～2004年度の利子・利潤スプレッドが年平均0・7%だったことを考えると、21世紀のグローバル化で投資の機会損失としてのリスクプレミアムが6倍(＝4・4／0・7)に拡大したことになります。2005～2022年度までの全規模・全産業のROE(実績値)は年平均5・9%、大企業・製造業に至っては6・7%まで高くなっていたのですが、スミス理論によって算出されるROEは平均すると4・9%、大企業・製造業は5・4%となります。

「定常状態」での利益確保

問題は、スミス理論によって算出したROEが「定常状態」において適正な水準であるかどうかです。これには二つの考え方があります。

一つは、21世紀に入ってグローバル化がいっそう強まり、海外事業にはリスクが高まってきたので、その分を国内事業（国内販売と輸出）で海外リスク負担するという考え方です。もう一つは、成熟化した日本国内を中心に事業展開する企業の利潤率は、土地利回りよりも低くなるのが適正だとするケインズの考え方です。

まず前者について考えてみましょう。海外展開に積極的なのは、主として大企業・製造業です。大企業・製造業の利子・利潤スプレッドは1977～2004年度までは年平均0・5%だったのですが、2005～2022年度までは5・3%と大幅に拡大し、2022年度は10・6%まで広がりました。2004年度までは海外事業展開のリスクが含まれていないと仮定すると、2005年度以降の海外事業にともなうリスクプレミアムは19・1%[*30]にもなります。

これについて、国内に比べて海外事業にともなうリスクが高いからという解釈は成り立ちません。21世紀に入って海外進出している企業（主として大企業）の利潤率（ここでは当期純利益/内部留保金残高[*31]）は、国内法人のそれと比べて大幅に高かったからです（図表37）。2008年のリーマンショック後でも、現地法人のROEは国内法人より高い水準

図表37　現地法人のROEは、国内法人より常に20％ポイントほど高い

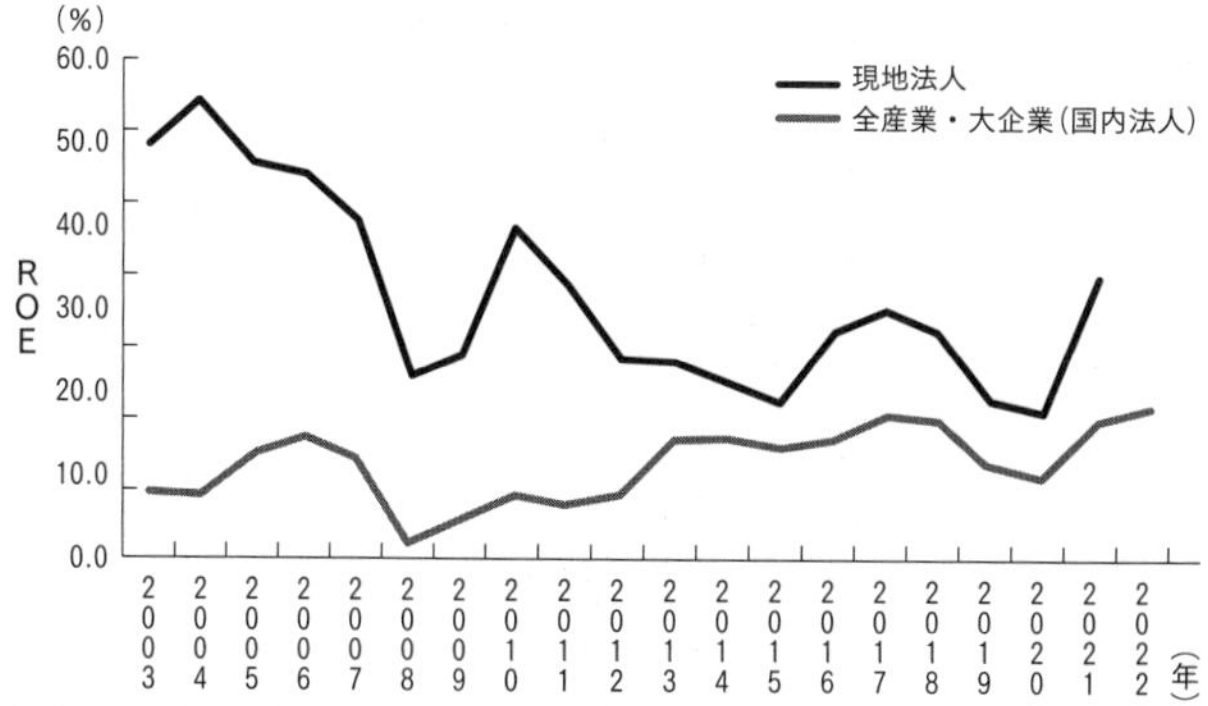

（注）ROE＝当期純利益／内部留保金残高（期首・期末平残）
（出所）財務省「法人企業統計年報」、経済産業省「海外事業活動基本調査」

で推移しています。このように考えるならば、国内事業のＲＯＥのなかに海外現地法人のリスクプレミアム（18・5％）が含まれているとは考えられないことになります。国内法人のＲＯＥが高いのは国内要因、すなわち人件費と利払費の削減にあると言えます。

２００４年度になって、製造業で現実値のＲＯＥがスミスの理論値（上限）を超え、翌２００５年度から非製造業もそうなりました。リーマンショック後の数年間はＲＯＥが低下し、スミスの理論値を下回っていたのですが、２０１０年度以降、まず大企業のＲＯＥがスミスの理論値を上回るようになりました。

２０１３年度以降は大企業製造業、中小企業製造業、大企業非製造業、中小企業非製造業の

いずれも、スミス理論が該当しないようになっています。2022年度において、もっとも乖離が著しいのは大企業製造業（3・25％超過）、次に大企業非製造業（2・84％）となっており、いずれも1960年度以降、最大の乖離となっています。中小企業は儲かっていないと言われますが、ROEは利子率の2倍を超えています。*32

経済理論が通用しない

事業会社の利子・利潤スプレッド（197ページの図表36）が2005年度以降、それ以前と比べて大きくジャンプしたため、企業利益は増加傾向を維持しています。その背後には2006年度以降、金融機関の預貸スプレッドが縮小してきたことがあります。同じタイミングで、現実値のROEがスミスの理論値（上限）を超えるようになってきたのです。こうした現象が起きた共通要因は、10年国債利回りの低下とそれに連動する貸付金利子率の低下にあります。

従来の経済学が築いてきた原理・原則が通用しなくなっているわけですから、経済学は現実から大きな挑戦を受けていることになります。2世紀半にわたり培《つちか》われてきた経済学が21世紀に陳腐化して、もはや現実を説明できなくなっているのか、あるいは現実がおかしいかのどちらかです。

スミス以来の経済学によれば、21世紀に起きている「ＲＯＥ革命」は明らかに「例外」です。しかし、中世スコラ哲学のサラマンカ学派にその起源を持つ新古典派経済学では、資本主義の産褥期においてあたりまえだったことが今起きているだけで、先祖返りしたと見ることができます。

これは、経済学がスミス以来の諸国民のための経済学なのか、資本のための経済学なのか、どちらの立場に立つかによって「例外」であり、「常態」でもあるのです。「長い16世紀」の後半にシェイクスピアは、『マクベス』で魔女に「きれいは穢《きた》ない、穢ないはきれい」（［１９９１］10頁）と言わせています。王権の奪取が正当性を有するのか、あるいは簒奪《さんだつ》なのかは正解がありません。

「長い21世紀」にも同じことが起きているのです。「長い16世紀」の魔女は時代の転換期において、生贄にされた老女の反逆と解釈できます。21世紀のテロも、同じような背景があると言えます。絶望死を選ばざるを得ない人やテロで犠牲になるのは、一番立場の弱い人です。経済学をはじめとして学問は本来、立場の弱い人々を救済するためにあるのですから、21世紀のスミス理論を超えた高いＲＯＥは「例外」だと言えます。

この「例外」が露わにしているのは、資本の暴力性です。人間が進歩しているとするのであれば、この暴力性を制御する仕組みをシステムに組み込んでいかなければならないのですが、その制御システムをことごとく取り払ってきたのが、新自由主義経済学です。

なぜROEは土地の利回りより低くてよいのか

海外展開をほとんどしていない国内企業は「定常状態」にあります。これらの企業については、スミス理論による理論値ROE＝5・0％（2005～2023年度、全規模・全産業ベース）は高すぎることを、ケインズ理論から導くことができます。

スミス理論から導かれる理論値であるROEは、次のようにして求めることができます。2023年度のデータで計算してみましょう。ROEは9・0％、借入金利子率は1・2％です。この二つを足した数字である10・2％を2対1に分けると、ROEは6・8％、借入金利子率は3・4％となります。したがって、2023年度のROE9・0％（実績値）は、スミスの理論値6・8％に比べて高すぎます。

次に、理論値6・8％は、ケインズ理論から見て妥当かどうかを検討してみましょう。ケインズは、1936年に著した『一般理論』において、土地と資本はどちらも希少性を理由に地代や利潤率（利子率）が正当化させると考えていたので、土地と異なり資本の希少性はいつか消滅すると予想していました。リアルエコノミーにおける資本の希少性が消滅するサインが利子率ゼロであることから、ＲＯＥは地代よりも低くてよいことになります。

土地の利回りをＲＥＩＴで代表させると、第3章の終わりで述べたようにＲＥＩＴの利回りは４％前後ですから、スミス理論で求められる２０２３年度のＲＯＥ６・８％は、ゼロ金利社会では高すぎるということになります。

スミス理論、ケインズ理論を21世紀に適用したのは、ブローデルが言う「歴史学の任務のひとつとは現在のさまざまな不安な問題に答えを出すこと、（中略）帝国主義的な人間諸科学との連携を保つこと」（［２００４］23頁）だからです。「歴史学の任務」を経済学の古典の任務に置き換え、また「帝国主義的」とは他の学問領域に手を伸ばすということですから、歴史学、地理学、法学、政治学、社会学、心理学、そして経済学を総動員して、21世紀の「さまざまな不安に答えを出す」必要があるのです。

大企業・製造業では１９８５年のプラザ合意移行、40年近くにわたってグローバル化が進んでいます。長期にわたり事実が既成化すると、白紙の状態に戻すことはできません。

その過程で、立場の弱い人が過去四半世紀にわたって被った損失（逸失《いしつ》賃金）をいかに遡《そ》及《きゅう》して救済し、かつ将来の歪《ゆが》みを是正するかを考える必要があります。前者は内部留保金課税など資産課税であり、後者は法人税の累進課税になるでしょう。長期にわたって歪んだ年々の賃金と借入金利率の決定は、ストックである内部留保金として積み上がっているからです。

製造業の海外生産比率は27・1％（2022年度）です。海外進出企業に限ると、42・0％[*33]（同）に達しています。また、非製造業では、卸売業の国内法人売上高が突出して高くなっています。卸売業の国内法人売上高342・2兆円に対して、同現地法人売上高は138・0兆円と、3分の1に該当します。

付加価値	
兆円	構成比（％）
317.9	100.0
82.2	25.9
43.1	13.6
25.5	8.0
235.7	74.1
62.0	19.5
131.1	41.2
5.2	1.6
230.5	72.5
269.6	84.8
48.3	15.2

大企業・製造業と大企業・卸売業は、言わばシンボルエコノミーの世界で競争する産業（全産業の付加価値の15・2％）です。シンボルエコノミー産業のROEは12・63％に達しています。ROEが低いと外国企業に買収される恐れがあるからです。彼らは海外企業との競争上、ROEを高めざるを得

図表38 リアルエコノミー産業とシンボルエコノミー産業のROE、借入金利子率（2022年度）

	現実の値（%）		スミス理論の値（%）	
	ROE	借入金利子率	ROE	借入金利子率
全規模・全産業	8.89	1.018	6.61	3.30
製造業	9.80	1.02	7.21	3.61
大企業（①）	11.52	0.89	8.27	4.14
中小企業	4.40	1.25	3.77	1.88
非製造業	8.47	1.02	6.32	3.16
大企業	10. 65	1.07	7.81	3.91
中小企業	5.11	0.98	4.06	2.03
大企業・卸売業（②）	20.05	1.31	14.24	7.12
非製造業（除く大企業・卸売業）	7.87	1.01	5.92	2.96
リアルエコノミー（①②を除く全規模・全産業）	7.61	1.023	5.75	2.88
シンボルエコノミー（①＋②）	12.63	0.98	9.08	4.54

（出所）財務省「法人企業統計年報」（2022年度）

ないので、全規模・全産業からこれらを除いたリアルエコノミー産業のＲＯＥは7・61％、借入金利子率は1・02％となります。

リアルエコノミー産業（同84・8％）の販売先は主として国内の消費者です。雇用者数で比較すると、リアルエコノミーの世界で働く人のほうが圧倒的に多いわけですから（従業員ベースで92・3％）、欧米企業並みにＲＯＥを高める必要はありません。

スミスの言う利子率と利潤率の妥当な関係を、21世紀のリアルエコノミーの世界に適用すると、結果は図表38のようになります。スミス理論から求められるリアルエコノミーのＲＯＥは5・75％（2022年度）、借入金利子率は2・88％（同）となります。やはり、ＲＯＥはＲＥＩＴの利回りを上回っています。企業のＲＯＥは過剰であって、裏を返せば金融機関にとっては逸失利益です。

１９９８年度以降、ＲＯＥと借入金利子率は逆比例となりました。ＲＯＥが上昇するいっぽうで、企業が金融機関に支払う借入金利子率は低下の一途を辿っています。借入金利子率は１９９１年度には６・68％（全規模・全産業ベース）あったのですが、２０２３年度には１・15％となっています。借入金利子率が低下すれば当然、預金利子も低下します。借入金利子率と預金利子の差（以下、預貸ギャップ）が銀行の利益になるからです。[*34]

銀行の利益の源泉である預貸ギャップはゼロにはなることはありえません。１９９５年度の２・73％をピークに低下し、ようやく２０１９年度に０・９％台となって歯止めがかかりました（２０２２年度０・96％）。

１９９０年代半ば以降、ＲＯＥギャップ（204〜205ページの図表38で示したシンボルエコノミー産業のＲＯＥ−リアルエコノミー産業のＲＯＥ。以下、同じ）が拡大するにつれて、預金金利の低下によって預貸ギャップは縮小していきました（図表39）。ＲＯＥギャップの拡大はシンボルエコノミー化を表し、預貸ギャップの縮小はリアルエコノミーの預金者の犠牲が膨らんでいることになります。シンボルがリアルを殺しているのです。「長い16世紀」

図表39　縮小する預貸ギャップと、拡大するROEギャップ

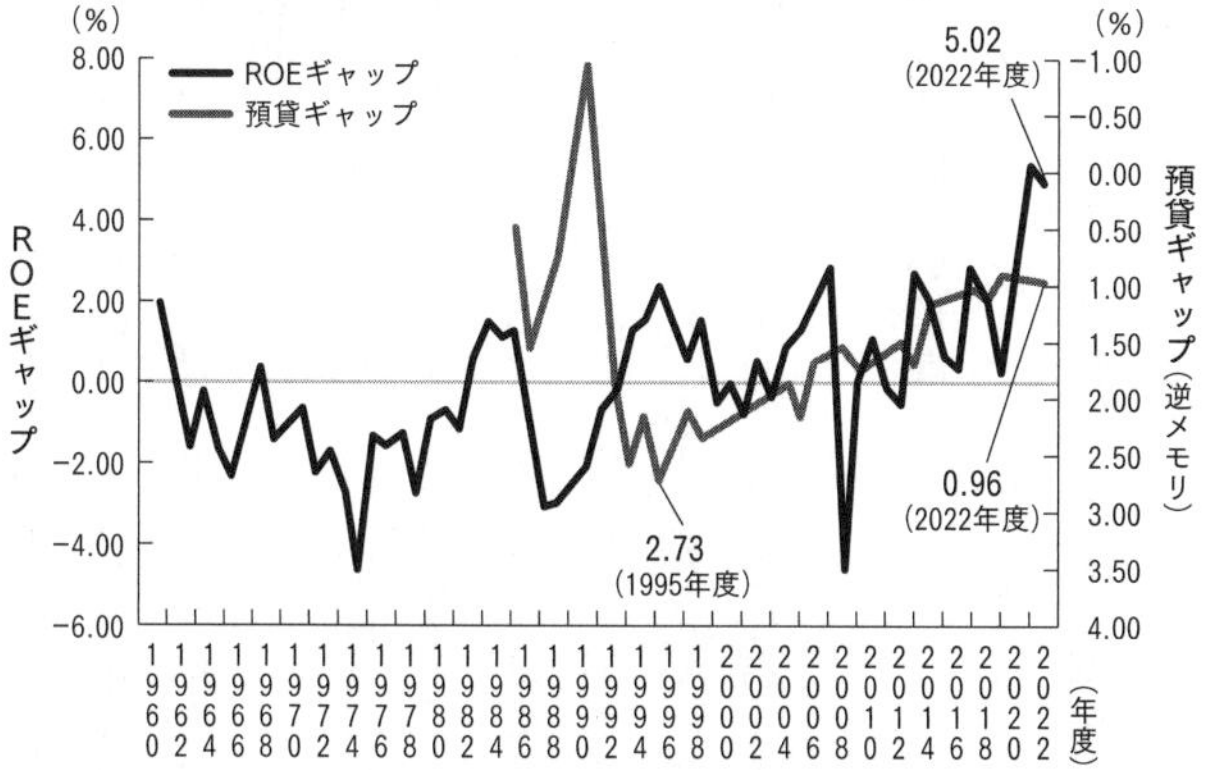

(注1) ROEギャップ＝シンボルエコノミー産業のROE－リアルエコノミー産業のROE
(注2) 預貸ギャップ＝全規模・全産業ベースの借入金利子率－銀行の預金金利
(出所) 財務省「法人企業統計年報」、
日本銀行「定期預金の預入期間別平均金利(新規受入分)」

における生贄は魔女でしたが、21世紀のそれは預金者です。

　預貸ギャップの低下は、預金者の受取利息の減少を意味します。家計の利子受取額は1994年度（預貸ギャップがピークだった1995年の前年）に26・6兆円でしたが、2022年度には6・4兆円[*35]と20・2兆円も減っています。なお、住宅ローン金利などが低下しているので、利子受取から支払いを控除した家計の純利子受取額は同期間で10・5兆円の純減となっています。

　シンボルエコノミーとリアルエコノミーの分断は、産業間のROEに表れています。シンボルエコノミー産業のROE

は12・63％、なかでも大企業・卸売業のＲＯＥは過去最高だった１９７３年度の22・6％、および過去2番目の１９７１年度の20・2％に次ぐ20・05％に達しました。その結果、ＲＯＥギャップは、２０２２年度に５・02％と過去最高に広がっています（207ページの図表39）。

ＲＯＥ革命は、グローバル展開をたいしてしていない企業（２０２２年度ＲＯＥ７・61％のリアルエコノミー産業）に対しても、ＲＯＥを欧米企業並み（16〜22％）に高めることを迫ります。[*36] １９９８年度のマイナス０・９％にまで落ち込んでいたリアルエコノミー産業のＲＯＥは、２０２２年度に７・61％まで回復しました。労働生産性に反比例させて実質賃金を低下させたり、借入金利子率の決定をＲＯＥとの連動性を断ち切ったりした結果です。いずれも経済原則に反する行為です。

金融機関の新しい機能

スミス理論によって、リアルエコノミーの世界で借入金利子率を現在の１・02％から２・88％に引き上げれば、金融機関が受け取る額は、11・２兆円増加します。[*37] 預貸ギャップを２０２２年度の０・96％から、金融システム危機が一応収束した２００３〜２００５

年度の平均である2・0％に回復させると仮定すると、流動性預金と定期性預金を合わせた個人預金は993・2兆円（2023年3月末、日銀「資金循環統計」）ですから、現在の預金金利（普通預金0・1％、大口定期［1年］0・125％）を0・88％（＝銀行の貸出金利子率2・88％－預貸ギャップ2・0％）に引き上げることができます。

リアルエコノミー産業に対して、貸出金利を2・88％に引き上げれば、預金金利を引き上げたうえに、金融機関の業務純益も大幅に増えます。預金金利が0・88％になった場合、国債利回りが1・0％を超えるような上昇圧力がかかる心配はありません。ゼロインフレの経済では、イールドカーブがフラットに近づくからです。

これまで金融機関は、資金余剰（貯蓄超過）の家計から資金不足（貯蓄不足）の企業へ資金を融通する、言わば仲介機能を有していました。ところが、1998年度を境に、民間非金融企業は調査開始以来はじめて資金余剰（＝金融資産増－金融負債増）に転じ、その後一貫して資金余剰が続いています。

いっぽう、家計は資金余剰のままですから、家計と民間非金融法人企業を合わせて、2023年度36・6兆円の資金余剰となっています。家計の資金余剰9・7兆円に対して、民間非金融法人企業は企業業績の好調を受けて26・9兆円にも達しています。これらに金融機関などの資金余剰を加えると、中央政府を除く国内部門は48・7兆円もの資金余剰となり、中央政府の資金不足（おおむね財政赤字）24・0兆円を補って余りあります。その結果、日本の経常収支は24・7兆円の黒字となっています。

従来、金融機関は、家計の資金余剰を不足の企業へ貸し出すお金の量を仲介する機能を果たしていました。家計も企業も資金余剰となった現在、利子率と利潤率をスミス理論に従って企業の成果を資金提供者である家計に還元する機能が求められることになります。金融機関の新しい機能とは利子率と利潤率の調整、すなわち質の調整が望まれるのです。そうなれば、1・0％前後の国債利回りと0・88％の預金金利となって、裁定がある程度働くことになります。

第5章

作られたバブルと、ビリオネアの増殖

人間を襲うのは、新型コロナウイルスだけではありません。シンボルエコノミーの世界ではさまざまなウイルスが蔓延し、「狂気」が支配するようになりました。たとえば、チューリップウイルスや株式ウイルスは、人間の欲望を掻き立てて狂気の世界に引き込み、バブルが弾けると「絶望」のどん底に突き落とします。本章では、バブルが繰り返し生成し崩壊するのはなぜか、そしてそれがもたらす弊害について考察します。

退化する世界

米国では、上位1％の所得割合と下位50％のそれとの比率が、統計で確認できる1820年以降で最大となっています。この200年間は、産業革命の恩恵で1人当たり生活水準がそれ以前と比べて飛躍的に高まりました。人類は経済的観点からは格段に「進歩」したように見えますが、フランス革命の理念から見れば明らかに「退化」です。

「歴史の進歩」とは「各人が責任を問われる必要のないことから受ける苦痛を、可能な限り減らす」[*1]（松嶋敦茂［2005］8頁）ことです。バブルや新型コロナウイルスが「ショック・ドクトリン」を引き起こし、責任のない人が貧困に陥ったり、亡くなったりしていることから、21世紀は進歩が逆回転していることになります。

21世紀の小泉政権以来、新自由主義者が判で押したように言う「努力すれば報われる」とのスローガンは、人々が“Inequality Virus（不平等はウイルスだ）”に感染していることを自覚させないためです。菅義偉《すがよしひで》政権が「自助」を「共助」や「公助」よりも優先させたのは、国民が“Inequality Kills”の実体に気がつかないようにするための煙幕《えんまく》なのです。

当然のことながら、経済学はお金持ちになるための学問ではありません。ドラッカーが言うように、資本主義は「経済的な進歩が個人の自由と平等を促進するという信念に基づいて」（［２００７］35〜36頁）いる限りにおいて機能するものです。そのうえで「経済の成長と拡大は、社会的な目的を達成するための手段としてしか意味がない。社会的な目的の達成を約束するかぎりにおいては望ましいものであるが、その約束が幻想であることが明らかとなれば、手段としての価値は疑わしくなる」（前掲書35頁）。自由と平等が実現しない経済進歩は「幻想」であり、意味がないのです。

実質賃金を減少させ、金融資産の非保有世帯を増加させているシンボルエコノミーは、「幻想」です。個人の自由と平等を促進させるという「約束」が反故《ほご》にされ、個人の自由度が減って、ますます不自由となっているからです。１９９７年以降、実質賃金は労働生産性と逆比例して低下しており、公正な分配もなされていないのです。

日米リレー式バブル

世界的な株高現象は、世界がシンボル化した有力な証左です。投機が大規模に行われるとバブルとなります。ただ、バブルは事前にはわかりません。「投機とは失敗に終わった投資であり、投資とは成功を収めた投機だ」（チャンセラー［２０００］12頁）と言われるように、事前には投資と投機は区別しがたく、事後的に判明するだけです。そのため、グリーンスパン元ＦＲＢ議長は、「バブルは弾けてはじめてバブルだったと認識できるのであり、事後的に短期間で３割下落したらバブルだ」と考えていました。

日経平均株価が１９８９年12月末に史上最高値３万８９１５円を記録したあと、３割下落して２万６１７６円になったのは８カ月後の１９９０年８月13日です。20世紀の代表的な５回のバブル崩壊事例を見れば、ピークから３割下落するのは早くて１カ月、遅くとも１年です（217ページの図表40）。ブラックマンデー（１９８７年10月19日）は３割下落した時点がボトムでした。この五大バブルの事例から言えるのは、グリーンスパンが言う「短期」とは１年以内ということになります。

バブルのピークから１年以内に３割下落すると、バブルが崩壊したことになります。ピークからボトムをつけるまでの期間は米国の場合、ブラックマンデーの２カ月がもっとも短く（図表40の②。以下、本項の①〜⑤は図表40）、それ以外でも長くて３年弱（①）です。いっぽう日本の場合、13年４カ月（③）で、米国に比べて長くなっています。日本の対応は、欧米諸国から「小出し、かつ後手《ごて》後手《ごて》」と非難されますが、日本はリアルエコノミーに急激なショックを与えないことを優先していたからです。

バブルの始まりからピークをつけるまでに株価がどれくらい上昇したかを見ると、世界大恐慌を引き起した1920年代の米国のバブル（①）は、NYダウで6・0倍になりました。次いで、日本の5・7倍です（③）。そしてネットバブルが4・9倍です（④）。レーガンバブル（②）とリーマンショック（⑤）は上位三つのバブルと比べると、上昇率が小さかったことになります。

②③④は一つのバブルだったと見なすことができます。1980年代前半に日米でほぼ同時にバブルが生じ（②③）、日本のバブルがボトムをつけるより先に米ネットバブル（④）が生成し、弾けています。つまり、日本のバブル生成と崩壊は、米国の二つのバブルに挟まれていることがわかります。レーガンバブルの株価上昇率が3・6倍と比較的小さかったのは、日本の土地・株式バブルとそれに続くネットバブルの序章にすぎなかったからです。

シンボルエコノミーがリアルエコノミーを圧倒するようになったのは、1980年代前半からです。レーガンバブルと共に、シンボルエコノミーが世界経済を良くも悪くも動かすようになり、「シンボル＝バブル」の世界となったのです。

レーガンの大規模減税と対ソ軍拡競争はそもそも相容れない政策ですが、それを覆い隠したのが、②③④と続くバブルです。日本は、米国債を購入することで、米国の対ソ軍拡

図表40 20世紀の五大バブルの生成と崩壊

バブルの始まり	ピーク	ピークから3割下落	ボトム
① 世界大恐慌(1929年)			
63.9	381.17	260.64	41.22
(1921年8月24日)	(1929年9月3日)	(1929年10月28日)	(1932年7月8日)
	6.0倍	−31.6%	−89.2%
8年1カ月		2カ月後	2年10カ月後
② レーガンバブル			
759.13	2,722.42	1,738.74	1,738.74
(1980年4月21日)	(1987年8月25日)	(1987年10月19日)	(1987年10月19日)
	3.6倍	−36.1%	−36.1%
7年4カ月		2カ月後	2カ月後
③ 日本のバブル			
6,849.78	38,915.87	26,176.43	7,607.88
(1982年10月1日)	(1989年12月29日)	(1990年8月13日)	(2003年4月28日)
	5.7倍	−32.7%	−80.5%
7年3カ月		8カ月後	13年4カ月後
④ ネットバブル			
1,019.97	5,048.62	3,321.29	1,114.11
(1995年8月25日)	(2000年3月10日)	(2000年4月14日)	(2002年10月9日)
	4.9倍	−34.2%	−77.9%
4年7カ月		1カ月後	2年7カ月後
⑤ リーマンショック(2008年9月15日)			
7,286.27	14,164.53	9,447.11	6,547.05
(2002年10月9日)	(2007年10月9日)	(2008年10月7日)	(2009年3月9日)
	1.9倍	−33.3%	−53.8%
5年		1年後	1年5カ月後

(注1)①②⑤はNYダウ、③は日経平均株価、④はナスダック指数
(注2)②の終わりは、ブラックマンデー(1987年10月19日)とした
(注3)④の始まりは、ウィンドウズ95の発売日とした

競争を側面支援したわけで、三つのバブルは日米連携による「リレー式バブル」と解釈することができます。日本はプラザ合意でシンボル化の道を選択し、日米は軍事面のみならず、経済・金融面でも一体化したのです*2。米国のレーガンバブルの後始末を、日本が土地・株式バブルで引き受け、冷

戦が崩壊したことで、米国はレーガンバブルのツケを日本に回したのです。

いっぽう、「平和の配当」の大きな経済的成果であるインターネットの民間転用による利益は、GAFAM《ガーファム》(Google、Apple、Facebook、Amazon、Microsoft)など米巨大IT企業(ビッグ・テック)が享受しました(④)。

この「日米リレー式バブル」の始まり(②。1980年4月)に、NYダウに100ドルを投資して、ネットバブルのピークから3割下落した時点(④。2000年4月)で手じまいした場合、いくらに膨れ上がっているかを計算すると、史上最大のバブルだったことがわかります。投資方法は次の通りです。

1980年4月にNYダウに投資して、ブラックマンデーのピークから3割値下がりした時点(②。1987年10月)で日経平均株価(ドル建て)に乗り換え、日経平均株価がピークから3割下落した時点(③。1990年8月)でいったんキャッシュに替えて、様子を見ると仮定します。そして1995年8月、ウィンドウズ95の発売と同時にナスダック総合指数に投資して、ピークから3割下落した2000年4月に清算したとします。初期の100ドルが1万4800ドルとなって14・8倍、つまり20年にわたって年率14・4%のペースで資産が膨らみます。

この仮定にすこし修正を加えて、１９９０年８月から１９９５年８月の５年間、キャッシュを手許《てもと》に置く代わりにＮＹダウに投資したとすると、「日米リレー式バブル」は29・6倍（年率18・5％）になります。投資額が15〜30倍に増えるほどの大バブルは、17世紀前半のオランダのチューリップ・バブルと、18世紀前半の英国の南海泡沫事件と肩を並べるか、凌《しの》ぐことになります。

チューリップ・バブル

「チューリップ狂時代[*3]」は、１６３３年に始まりました。Earl A. Thompson によれば、チューリップの球根の先物《さきもの》価格は「急騰する直前の１６３６年11月上旬と比べてピーク時（１６３７年2月2日）にはおよそ20倍にまで値上がりし、崩壊後の１６３７年5月上旬には20分の1となり」（［２００６］１頁）、わずか3カ月で元の水準に戻ってしまいました。ダッシュは、「オランダ人のギャンブル好きは有名」（［２０００］１５５頁）だと言います。チューリップ狂時代におけるチューリップ熱、すなわちチューリップへの投資（結果的には投機）は「香料貿易や陶磁器の委託販売と同様に金儲けができる事業として、人々は熱中した」（前掲書１６２頁）のです。

そうした国民性に加えて、ダッシュはチューリップ狂時代をもたらした背景を二つ挙げています。第1に「平和の配当」、具体的には「熱に浮かされたような大好況」（前掲書162頁）、第2に「腺《せん》ペストの流行」（前掲書162頁）です。

第1の「平和の配当」は、ネットバブル（217ページの図表40の④）を生んだ大きな原因の一つでしたが、この時の「平和の配当」は、独立戦争の勝利が見えてくるとオランダに膨大な資金流入と大好況をもたらしました。「スペインの攻撃は一六三〇年を最後におさまり、（中略）スペイン軍の脅威が消えると、それまで軍備につぎ込んでいた予算が大幅に縮小し、その余剰金がオランダ経済に流れ込むようになった」（前掲書88～89頁）のです。加えて、外国からの資本流入が、オランダの巨額のカネ余り経済に拍車をかけました。マルクスが指摘[*4]しているように、国内で魅力的な投資先がなくなった超低金利国イタリアの資本家は、高利潤が期待できるオランダへ資金を移したのです。

第2の「腺ペストの流行」はオランダに労働者不足を招き、「その結果、人手不足で賃金が上昇し、労働者側に余剰収入をもたらし、チューリップ取引の元手となった」（前掲書162頁）。さらに、腺ペストは「諦観と絶望感を国民が抱くようになり、投機へと走る気運を育《はぐく》んだ」（前掲書163頁）のです。

20世紀末以降、米国のラストベルトの労働者は工場閉鎖で職を失い、「絶望感」に打ち拉《ひし》がれています。勃興の途上にあった17世紀のオランダの労働者と異なり、投資資金を持たない落ち目の米労働者はオピオイドの過剰摂取で絶望を紛《まぎ》らわし、死に至ることさえあります。

南海泡沫事件

チューリップ狂時代から1世紀経って、英国で大規模なバブルが発生しました。いわゆる南海泡沫事件です。

南海会社の株価*5は1720年はじめに128ポンドでしたが、6月後半には1050ポンドと、6カ月弱で8倍に値上がりしたのです。ところが9月末になると一転、200ポンドを割り込み、わずか3カ月で75%以上も下落しました。さらに翌1721年には100ポンド以下となり、急騰以前の1719年の株価（100ポンド超）を下回りました。

J・A・シュンペーターは、南海泡沫事件の背景を「それまで三十年間の金融革新との関連でとらえて」います（チャンセラー［2000］156頁）。事件の32年前に起きた1688年の名誉革命は「金融革新」をもたらしました。「たとえば、一六九三年には政府の借り入れを議会が保証するようになり、後の『国債』が作られた。一六九四年にはイングランド銀行が設立され、紙幣を発行する権限を与えられた。一六九六年には政府短期証券が登場した。一七〇四年には約束手形法が制定され、すべての債務が譲渡可能になり、取引できるようになった」（前掲書62頁）のです。

皇帝や王の借金は帝国や王国のそれではないので、次の皇帝・王が引き継ぐ保証はありませんでした。したがって、16世紀になるとスペイン皇帝やフランス国王による債務不履行宣言が頻繁に行われるようになりました。いっぽう、英国債は国民国家の借金となったわけで、投資家にすれば、オランダや英国という永続性のある国民国家が保証する国債を安心して購入することができたのです。

さらに、「合理的バブル」という「大馬鹿者理論」という思考が、バブルに油を注ぎます。1720年に、「世の中全体が狂っているときには、ある程度までその真似をするべきだ」（前掲書160頁）と考えたロンドンの銀行家ジョン・マーティンは、「合理的バブル」に従って投資しました。ここまでの彼の行動は、合理的だったかもしれません。しかし、バブルがいつピークを迎えるかを合理的に判断することは不可能です。

マーティンは「暴落前に売却することができず、財産を失って、『他人の助言に惑わされて、先が見えなくなっていた』と悲しげに愚痴《ぐち》をこぼすようになった」（前掲書160頁）のです。当時、「オランダの銀行家、クレリウスによれば、一七二〇年のエクスチェンジ通りは、『精神病院から患者が一斉に押しかけてきたような』状態だった」（前掲書159頁）という記録が残っています。

古典的バブルと現代バブルの共通点・相違点

近代のはじめに起きたチューリップ・バブルや南海泡沫事件など17〜18世紀の古典的バブルと、20〜21世紀の現代バブルには似ている点と異なる点があります。似ているのは、国民を熱狂させることです。また、外形的にはバブルが起きると5倍あるいは10倍、20倍まで価格が高騰し、崩壊後の安値はバブル開始時まで戻ってしまうことです。

科学が進歩した20〜21世紀に、18世紀はじめの「合理的バブル」は存在しないはずだと思われがちですが、1988年10月に日本証券経済研究所が公表した報告書は、[*6]日本中を熱狂の渦に巻き込みました。この報告書が持ち出した「qレシオ理論」は、株価が割高か否かを判断するためにバブル化した地価を物差しにしたわけですから、18世紀によく見られた商人が量《はか》り売りする時、量りの分銅をごまかしたのと同じです。

qレシオとは、株価を1株当たり純資産で割った比率のことです。分母の1株当たり純資産（資産マイナス負債）は、簿価ではなく時価を用います。日本のPER（1株当たり利益）が欧米に比べて著しく高くなり、株価が過大評価されているのではという意見が出てきたため、それを打ち消す目的で、この報告書は書かれました。

報告書の「はじめに」では、「最近のわが国の株価水準にたいして、それは決して高すぎない、合理的に説明できるという立場から、一つの見方を示したものである。（中略）内需は無限に近くあり、企業の将来、日本経済の将来はきわめて明るい。とにかく現在の株価が高いのはこのような明るい未来を先取りしているからだ」（日本証券経済研究所［1988］1頁）と、超楽観的な見解を述べています。まるで18世紀初頭の「合理的バブル」論そのもので、大恐慌直前のイェール大学教授アーヴィング・フィッシャーの託宣と同じです。

人間の欲望は確かに無限かもしれませんが、内需が無限と主張していること自体、この報告書は「非合理」的と言えます。18世紀の南海会社ブームに登場した「大馬鹿者理論」は「世の中が狂っている」ということを認識したうえで投機をしていたわけですが、3世紀後の日本のバブル期になると、「狂っていない」ことをq理論で証明しようとしたわけですから、18世紀の英国人よりも始末が悪いと言えます。

報告書が公表された1988年10月末の日経平均株価は、2万7982円でした。当時のPERは54・2倍（東証1部）となり、バブルがスタートする直前の1982年9月の23・0倍と比べて著しく高くなっていました。米国のPER（SP500、景気循環要変動因による利益は除去）は1881年からデータ*7が存在しますが、米国の長期的なPER（10・2〜19・4倍の範囲）と比べると、日本株のPERはいっそう割高感が目立っていました。

米株のPERが非連続的に上昇したのは、1995年の「強いドル」政策以降です。グローバル化により、他国の過剰貯蓄がウォール街に流れ込んだからです。1881〜1994年までの平均PERは14・8倍だったのですが、1995年以降になるとおよそ2倍の27・9倍へとジャンプしました（227ページの図表41）。1980年代後半の日本株のPERはそれ以上に割高だったことになります。

日本証券経済研究所は「qレシオは一般に1以上になることが知られている」（「1988」11頁）と指摘し、1986年のqレシオは0・453であるから、むしろ割安であるという、今から考えると、とんでもない結論を持ち出していました。もっとも、いつのバブルもそうであったように、投資家はもちろん、本来冷静であるはずのアナリストでさえ理性を失います。当時、強気なアナリストは将来、日経平均株価が5万円、あるいは10万円になると予想した本が飛ぶように売れ、連日、大手メディアが朝のニュースで紹介し、「熱狂」に拍車をかけていました。

当時、日本の企業会計は簿価会計であり、土地は非常に安い価格で資産に計上されていました。地価が高騰すれば、qレシオの分母にあたる純資産は膨れ上がり、分子の株価が値上がりしてもqレシオはたいして上昇しません。常に日本の株価は割安だということになります。qレシオが株価の割安・割高を判断できるのは、地価が収益還元法で決まっている時だけです。ところが、1980年代の日本の地価は転売を繰り返すことによって高騰していたので、株価判断にはqレシオは合理的な指標ではなかったのです。

リーマンショック前、格付け会社と米大手投資銀行は、タッグを組んでジャンク債(投資不適格債)であるBBB格債券を掻き集め、投資適格債に変換して、世界中に売りまくりました。1日も早くプライム層(債務返済能力など信用度が高い顧客層)になりたい一心で熱狂していた米国のサブプライム層(同低い層)は、利上げによって梯子《はしご》をはずされ、住宅ローンを支払うことができずに結局、家を失いました。

図表41 米国PERは、1995年にジャンプした

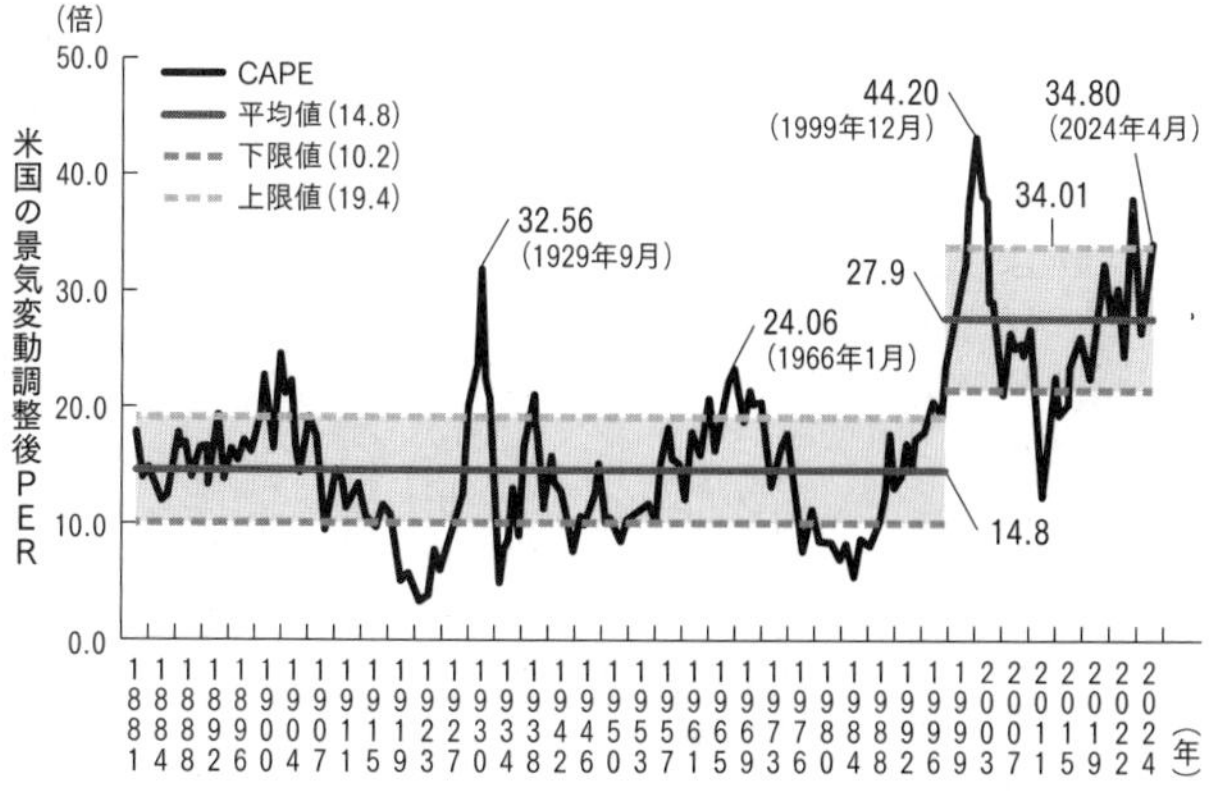

(注)1881～1994年の平均値は14.8、1995～2024年4月の平均値は27.9
(出所)Robert J. Shiller "http://www.econ.yale.edu/~shiller/data.htm"

古典的バブルと現代バブルの異なる点は、バブル生成の期間です。古典的バブルの場合は1年たらずで崩壊したのに対して、現代バブルは7～8年の長きにわたって続きます。20世紀以降のバブル生成の期間が長くなったのは産業革命以降、経済成長が中間層を生み出して投資家の裾野《すその》が広がったからです。最後の投資家が登場するまでに時間がかかるのです。

　このような外形上の共通点と相違点がありますが、４００年前のバブルと現在のそれとの間には、本質的に共通する点があります。それは人間の本性にかかわるものです。すなわち、人間の欲望には際限がなく、事前にわからないバブルを「合理的」だと説明するな

ど、愚《おろ》かであるということです。際限のない欲望と愚かさが「狂気」を生むのです。

その象徴的な例が、「黒いチューリップ」です。オランダのチューリップ・バブル時、「フロリスト*8は、新しいものに対してあくなき探求心を発揮したが、その悪名高き例が黒いチューリップ探し」（ダッシュ［2000］222頁）でした。「もちろん、黒いチューリップは架空のもの」（前掲書223頁）です。

バブルは人間に理性を失わせ、狂気に走らせます。南海泡沫事件の最中では株価高騰を「合理的バブル」だと正当化していたのですが、崩壊してはじめて正気を取り戻すのです。1727年には「他のことであれば理性的に考えると思えても、南海会社株という言葉を聞いたとたんに、熟考も比較検討も忘れてしまう人が……多かった」（チャンセラー［2000］159頁）。当時の新聞は「バブルの時代に理性が無視された」（前掲書159頁）と嘆いています。

チューリップ狂時代には「黒いチューリップ」、18世紀初頭の英国では「南海会社」がそうであったように、現在の世界的な株高ブームでは「AI」という言葉を聞いたとたんに、投資家は理性を失い「熟考」することを忘れてしまいます。

世界同時多発バブル

「日米リレー式バブル」が2003年4月に終わると、5年後にリーマンショックが市場を襲いました。リーマンショックの翌2009年の2~3月にかけて、先進主要5カ国（G5）の株価はボトムをつけ、上昇に転じました。2024年3月末時点でNYダウは6・08倍、日経平均株価は5・72倍、独DAX30は5・04倍、仏CAC40は3・04倍、英FT100は2・26倍となり、いずれも史上最高値を更新しています。

リーマンショック以降の米日独の3市場における株価上昇率は2024年3月末時点で5~6倍となっており、図表40（217ページ）で見た五大バブルと比べても遜色ありません。しかも、上昇期間が15年も続いていて、異例の長さとなっているのは、まさにシンボルエコノミーのなせる業《わざ》です。ただ、21世紀の株価が20世紀のバブルと同じ倍率で上昇しているからといって、今回がバブルかどうかは事前的にはもちろん判断できません。

リーマンショック以降の株高は、G5だけの現象ではありません。先進国23市場の1465銘柄で構成されるMSCI世界株価指数も、史上最高値を更新中だからです。1980年から2003年までの株高現象の特徴が「日米リレー式バブル」であったのに対し、2009年以降の株高は「世界同時多発」であり、それは過去に見られない「異次元」ブームと言えます。

21世紀の米ウォール街は株高製造マシーンとなっています。「世界同時多発」株式ブームは、ウォール街が世界の投資銀行となって、日本を筆頭に外国人投資家から安いコストの米国国債で資金を調達し、南米やヨーロッパなどのROEの高い企業に投資しているからです。

米国民は外国人の貯蓄を利用することで、みずから貯蓄することなく消費比率を高めることができます。外国にとっても自国の株価が高くなり、表面的には自国の経済があたかも順調であるかのように見えます。

バブルは伝染する

チューリップ・バブルに見られるように、近代史は始まりからバブルの歴史でもありました。近代は「より遠くへ、より速く、より合理的に」行動することで利潤極大化を目指してきたので、人の移動にともない、ウイルスも広がります。

バブルの第1の特徴は「伝染」であり、ダッシュが「チューリップはウイルスだ」と述べたように、バブルも人々の欲望に感染するウイルスです。ということは、ウイルスの法則はバブルの法則でもあります。ですから、第２の特徴はお金持ちがますます金持ちになり、貧富の差を広げます。そして、第１と第２の特徴が合わさって人間を堕落させ、社会秩序の混乱をもたらします。これが第３の特徴です。

バブルは反近代的現象です。近代社会は皇帝や絶対君主の横暴から逃れ、自然現象を科学的・合理的に解明することで、つくられました。対して、バブルは市場の横暴であり、予期せず崩壊して不確実性を高める性格を有していますから、社会にとって、資本家が近代に送り込んだ言わば「トロイの木馬」です。

第１の特徴「伝染」が意味するのは、バブルの物語に続編があるということです。１６３９年はじめに収束したチューリップ・バブルは、オランダで終わることはありませんでした。チューリップ熱は「腺ペストの流行のように、しばらく流行《はや》ったあと、消えたようでいても完全に消えたわけではなく、たんに潜伏しているだけ」（ダッシュ［２０００］２７６頁）で、およそ70年後のオスマン帝国にチューリップウイルスが再び姿を現しました。「一七〇三年にアフメット［アフメト］三世が即位し、チューリップ・ブームがイスタンブールで復活し、このブームはトルコの首都でほぼ三十年にわたって大流行することになる」（前掲書２７９頁）のです。ただし、アフメト三世はチューリップ・バブルが起きないように市場での売買を規制し、投機抑制の手段を取っていました。

シンボル化はリアルの問題を覆い隠すことが目的ですが、それはすでに18世紀の衰退するオスマン帝国で実践されていたのです。真実を隠してきたチューリップはお金にもなり、[*9]娼婦に変身することもあったのです。人々はシンボル化した世界のなかにいると、自分がウイルスに汚染されているということに気がつかなくなります。

「ローマ時代初期の有名な娼婦フローラは、不道徳な行為で得た多額の金を死後に街に寄付したため、これに感謝したローマ市民によって神格化され」（前掲書247頁）ましたが、1630年代オランダのチューリップ狂時代には、「次々と持ち主を代えた高価なチューリップをこのローマの娼婦にたとえ」（前掲書248頁）られました。お金が娼婦と化したのです。「フローラはいちばん多く金を出す男に身を売っていたため、値段はどんどん上がっていき、しまいには誰も長くそばにおけなくなってしまった」（前掲書248頁）ように、「黒いチューリップ」など世の中に存在しないとわかったとたんに、娼婦フローラは去っていき、投資家は目を覚《さ》ましました。

シェイクスピアはチューリップ狂時代の約30年前、1608年頃に著した『アセンズのタイモン』において、お金は眼に見える神[*10]であり、売女《ばいた》[*11]であると指摘、お金の本質を言い当てていました。オランダのチューリップ・バブルをまるで予見していたかのようです。

普遍的価値を表す貨幣の価値は不動のはずですが、チューリップ狂時代、貨幣の役割を果たすチューリップ自体が半年たらずで20倍となりました。人間社会は不動の中心があってはじめて秩序が維持できるのであり、「闘争状態」のなかから誕生した近代社会を安定化する仕組みを取り入れる努力をしてきました。具体的には、金本位制、中央銀行による通貨価値と物価の安定化を図る金融政策、景気変動を平準化する財政政策などです。

南海泡沫事件に先立つ１６８０年代末、英国で株式ウイルスが発生しました。発端は、１６８７年の「企業設立の爆発的なブーム」（チャンセラー［２０００］67頁）でした。「デフォーはこれを『企業熱』と呼んだ」（前掲書67頁）。「この年、ニューイングランドの船長、ウィリアム・フィップスが、*12 カリブ海のイスパニオラ島沖に沈んでいたスペインの装甲船から、三十二トンの銀と大量の宝石を引き揚げて帰国した」（前掲書67頁）のです。

17世紀末から18世紀初頭に至るまでのバブルの「伝染」、すなわち１６９０年代の英国株式ブーム、その30年ほどのちのフランスのミシシッピ計画と、英国に再び戻って南海泡沫事件が起きました。バブルの仲介役はスコットランド生まれのジョン・ロー（１６７１〜１７２９年）です。株式ウイルスはドーバー海峡を行き来したのでした。

賭博師であり、その後、投機家となったジョン・ローは1690年代の英国「企業設立ブーム」に触発され、フランスのミシシッピ会社（前身は1717年設立の西方会社）を設立しました。ミシシッピ会社に負けじと、英国は南海会社を作ったのです。両社共に、膨れ上がる国家債務を解消しようと計画して設立されました。

フランスの未曽有《みぞう》の投機ブームで、英国をはじめヨーロッパ中の投資家がパリにお金を移したので、英国政府は対抗策が必要だと考えました。「フランス最大の企業が、大河に因《ちな》んで社名を付けているのであれば、イギリスにはもっと大きな名前の会社がある。大洋に因んだ名前の会社、南海会社が、ミシシッピー会社のイギリス版になるだろう」（前掲書109頁）。

17世紀に発生したチューリップウイルスはオランダ→オスマン帝国、17世紀末～18世紀初頭の株式ウイルスは英国→フランス→英国と旅をしました。20世紀になると、図表40（217ページ）で示した②③④のバブルは米国→日本→米国を渡り歩きました。大規模バブルが最初に発生するのはもっとも繁栄した国であり、次にナンバー2の国に飛び火し、最後は最初に発生した国に戻ってくるようです。

戦争とバブル

はたして、バブル＝ウイルス説が資本主義社会で普遍性を持つのか。そのためには、図表40の①と⑤が単独だったか否かを検討する必要があります。結論を先に述べれば、普遍性を持っています。

資本が「神」の地位に座ったわけですから、神と同様に無限のパワーを欲しいと願い、資本蓄積には、バブル生成と崩壊がもっとも「効率的」であると考えたのです。

まず、世界大恐慌を引き起した１９２０年代の米国バブルが、戦間期に起きたということが重要です。人々の「狂気」が戦争に向かわせるのですから、バブルと同じです。

また、オランダのチューリップ・バブルは、オランダ独立戦争の決着が見えたあとに起きました。さらに、英国の１６９０年代の企業設立ブームは１６８８年の名誉革命、１６８９年の英仏戦争が始まった直後に起きました。この戦争は１６９７年まで続いたので、戦争と英国のブームは同時進行しました。まさに、「砲撃の轟音で買い、戦勝のラッパで売る」（チャンセラー［２０００］70頁）という格言通りです。

第１次世界大戦終結のわずか3年後の１９２１年から始まる米国バブル（図表40の①）は１９２０年代を通じて活況を呈し、１９２９年に破裂しました。その後、ＮＹダウがバブルのピークを超えたのは、四半世紀後の1954年11月23日（382・73ドル）でした。1920年代の米国バブルとその後の崩壊は、前後に世界大戦に挟まれていたのです。資本は、第1次世界大戦によって大打撃を受けたヨーロッパから米ウォール街やフロリダの土地に向かったのです。

第1次世界大戦の敗戦国ドイツは、政治的にも経済的にも国家存亡の危機に陥りました。西からはベルサイユ条約による巨額の賠償金を請求され、ドイツ経済はハイパーインフレーションとなり、東からはロシア革命の影響がおよびつつありました。そのようななか、ナチスは国民の不安を巧みに操《あやつ》り、1933年に政権を奪取しました。1929年のドイツ鉱工業生産の水準を100とすると、ナチス政権誕生前年の1932年には53と半減[*13]していました。統計のある16カ国でドイツが最大の落ち込みで、次いで米国とポーランドが共に54でした。

第1次世界大戦は、オーストリア＝ハンガリー帝国から独立を願うセルビアにおけるナショナリズムの台頭が引き金となって起きました。この大戦はオランダ独立戦争で始まった帝国と国民国家の最終決戦という意味を持っています。ナショナリズムは帝国に支配された民族を「熱狂」させます。第1次世界大戦が終わると、ヨーロッパの「熱狂」は醒《さ》め、米国に場所を移し「狂乱の時代（Roaring Twenties）」[*14]を迎えました。

　ウイルスは人間に棲《す》み着いて「熱狂」させ、その反動で生まれる失望を「狂気」に変換させます。ヨーロッパのナショナリズムが１９２０年代の米国で「狂乱」を生み、ドイツに帰って「狂気」と化したのです。18世紀前半にドーバー海峡を越えたウイルスは、産業革命によって、その後はいとも簡単に大西洋を行き来するようになりました。

　戦争もバブルも、国民を熱狂と狂気の渦に巻き込むという点で共通しています。バブルを生むウイルスは崩壊すると人々を恐怖に陥れます。恐怖は狂気に転じ、それが他国に向かえば、戦争を引き起こすことさえもありうるのです。戦争もバブルも混乱をもたらすのですが、ナオミ・クラインが『ショック・ドクトリン』で指摘している通り、投資家にとっては「混乱」[*15]こそ大チャンスです。

　ブラックマンデーで終わるレーガンバブルは、１９８０年４月から始まりました（217ページの図表40の②）。レーガンの大統領就任（１９８１年１月）の１年前で、レーガンは当時から「強いアメリカ」を掲げ、ソ連を「悪の帝国」と呼ぶなど、対ソ強硬路線を断行しました。また、リーマンショックをもたらした米金融派生商品バブルは、２００２年10月からスタートしました（同⑤）。その前年の９月11日には同時多発テロ事件が起き、米国はテロとの戦いを宣言しました。

広がり続ける貧富の差

２００９年から始まる「世界同時多発」株式ブームは、その前の米金融派生商品バブルとつながっています。米国発の不況が世界に大打撃を与えないように、中国は２００８年11月に4兆元規模（ＧＤＰの13％）の内需拡大策を打ち出し、先進国はゼロ金利政策と量的金融緩和政策で不況を乗り切ろうとしました。結局、リーマンショックによる世界不況を克服するために、２００９年の年初から多くの国で実施された大規模な財政政策と金融政策によって、今まで以上の大きな株式ブームを招来させていることになります。

17世紀前半のオランダ・チューリップがウイルスだと言われたように、バブルはウイルスでもあるのです。先述したバブルの第1の特徴「伝染」は、たいてい三つの地域に伝搬します。バブルが時間を経て三つの地域を襲うこともありますし、二つの戦争に挟まれたバブルもあります。

２００９年以降の世界株高ブームをどう判断するかは、「伝染」「貧富の差」「社会秩序の混乱」が起きているかを検討する必要があります。

「伝染」は現在のところ、リーマンショックを引き起こしたバブルが、ウイルスのごとく世界的な株高ブームを生み出す要因となっています。注目すべきは、ロシア・ウクライナ戦争とイスラエルとハマスの戦闘が、世界規模の「社会秩序の混乱」を引き起こすか否かです。

「貧富の差」は、米国では1980年から拡大し続けています。特に、新型コロナ・パンデミックが急拡大させています。製薬メーカーと在宅勤務を可能にしたIT業界の株価が上昇し、株主は莫大な富を手にしました。ロシア・ウクライナ戦争とイスラエルとハマスの戦闘により、軍需関連企業の株主も同様でしょう。

ガルブレイスは、チューリップ狂と同様にミシシッピ計画のあと、貧富の差が広がり、金持ちはより豊かになったと指摘しています。「事件の後、オランダのチューリップ狂の後と同様に、フランスの経済は沈滞に陥り、経済・金融は概して秩序が乱れた。（中略）しかし、投機およびそれに欺《あざむ》かれた参加者が非難されることはなかった。これはオランダのケースでもそうであったし、本書で述べる歴史を通じて一貫して言えるところである」（『1991』64頁）。

チューリップ・バブル崩壊においても、ダッシュによれば、「比較的豊かなオランダ共和国においてさえ、破産者は赤貧の生活を余儀なくされたばかりか、強制労役所に入れられるか、飢え死にすることもあった」（［２０００］２３２頁）。

貧富の差の象徴である「ビリオネア」という単語は、１９８０年代前半から文献上で急激に使用頻度が高まりました。[*16] この言葉が最初に使用されたのは１９１６年です。[*17] ビリオネアとなった戦争成金《なりきん》が、平和な時代になると１９２０年代の株式ブームをリードしていったのです。１７１９年のフランスでジョン・ローのミシシッピ計画による投機ブームでミリオネアという言葉が登場[*18]して、ちょうど2世紀後に金持ちの単位が１０００倍になったのです。

Ｏｘｆａｍは、過去5年の勢いが続けば8・3年後にはトリリオネア（純資産1兆ドル超長者）第1号が誕生すると予想[*19]しています［２０２４ａ］。これまでは金持ちが１０００倍の規模で資産を増やすのに２００年かかったのですが、今回は百数十年でクリアすることになりそうです。いっぽうでＯｘｆａｍは、このままでは貧困をなくすには２３０年かかると予想しています。事実上、貧困はなくならないと言っているに等しいでしょう。

Ｏｘｆａｍは毎年1月、世界のビリオネアが集まるダボス会議の直前に報告書を公表しています。それによれば、ビリオネアは１９８７年に１４０人でしたが、２０２３年には

２５６６人と大きく増えています［２０２４］。ビリオネアの純資産（負債控除後）総額は、１９８７年の２９５０億ドルから２０２３年には12兆８４４０億ドルと、43倍にもなっています。ビリオネア１人当たりの純資産は２０２３年11月時点で50・１億ドル、１９８７年３月の21・１億ドルから２・４倍になりました。

不平等による殺人

Ｏｘｆａｍの報告書のタイトルは時代の特徴を言い表しており、現在何が起きて何が問題なのかを示唆しています。たとえば、２０２１年は“The Inequality Virus”でした。そこでは、新型コロナウイルスはすでに深刻な不平等状態にある世界を直撃し、一段と不平等に起因する格差を広げたと指摘しています。Ｏｘｆａｍによれば、「ビリオネア上位１０００人の財産がパンデミック前のピークを取り戻すのにたったの９カ月しか要しなかった。そのいっぽうで、世界の最貧困層にとっては回復には10年以上かかるだろう」［２０２１］。

上位１％のお金持ちがどれくらい富を保有しているか、下位50％と比較すると、富の集中度がわかります。もっともビリオネアが多い米国の上位１％と下位50％の所得シェアの比率（T1／B50）を見ると（図表42）、1974年に0・49倍のボトムをつけ、それ以降は上昇の一途を辿り、2022年には2・01倍（T1＝20・9％、B50＝10・4％）になりました。英国は1980年、日本・ドイツ・フランスは1981年にボトムをつけ、以降は上昇に転じています。

先進国では1970年代半ばから1980年代初頭にかけて、T1／B50比率が上昇に転じたわけですが、これは新自由主義の隆盛、および図表40（217ページ）のレーガンバブルの始まりと軌を一にしています。所得（フロー）の集中が40年も続けば、富（ストック）の集中はもっと極端となります。資産に関する米国の2000年のT1／B50比率は23・3倍にもなります（T1＝34・9％、B50＝1・5％）[*20]。

前述のように、2022年の米国所得に関するT1／B50比率は2・01倍ですが、この200年間でもっとも格差が開いています。それまで過去最高だった1929年の1・65倍をはじめて超えたのは、およそ100年後の新型コロナ・パンデミック禍の2020年（1・82倍）です。

この2・01倍は、1900年の大英帝国の2・13倍に近い水準です。1850年の英国は1・52倍でしたので、経済成長率を高めた産業革命の時期に、富の集中が進んだことが

図表42　1980年代以降、世界を席巻する新自由主義と進む所得の集中

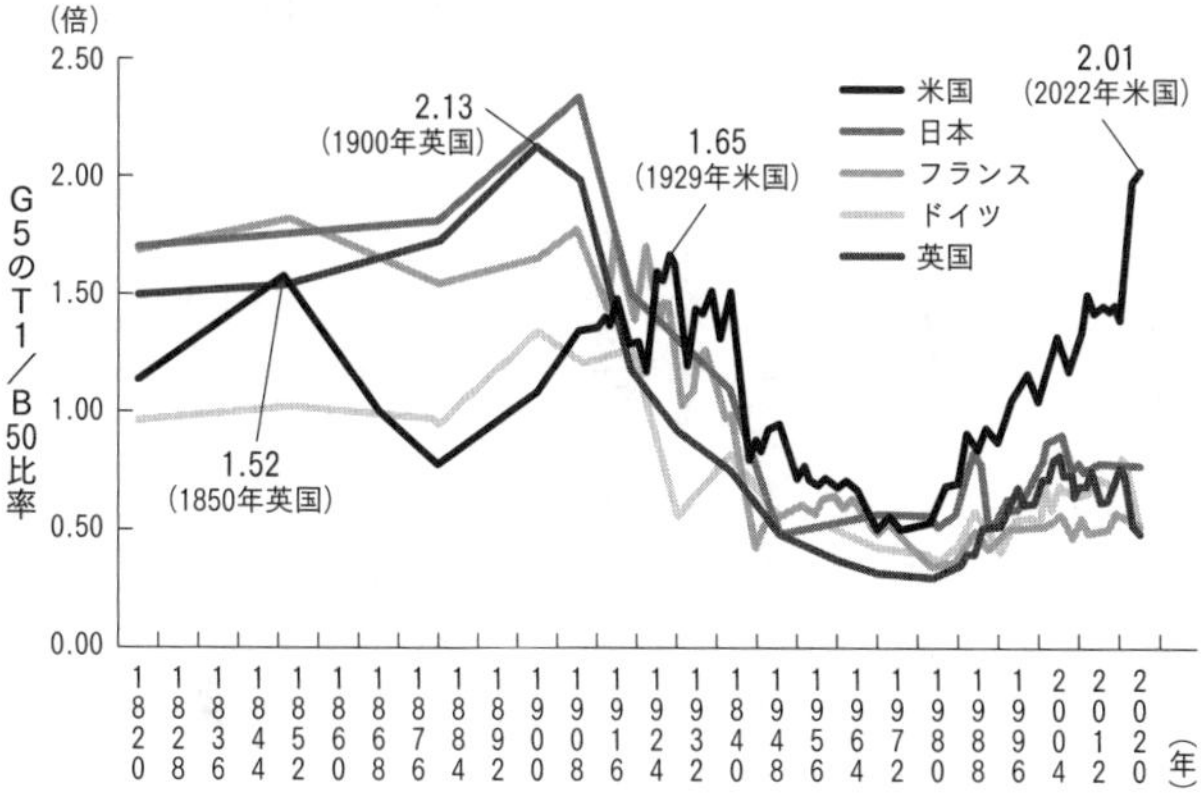

（出所）"World Inequality Database"

わかります。当時の英国の労働者の悲惨な暮らしぶりについては、マルクスが『資本論』で描いています。

１９８０年から米ウォール街を皮切りに、世界の株式市場は次々と株式ウイルスに汚染されています。また、新型コロナウイルスが人類を恐怖に陥れ、死者数は２０２４年４月７日現在で７０４・４万人[*21]に達しています。実際には「超過死亡」を考慮に入れると、世界保健機構（ＷＨＯ）は、２０２０年と２０２１年の２年間で公式に発表されている死亡者５４０万人の２・７倍に上る１４８０万人と推定しました。人間の欲望に取り憑くウイルスは米国民を絶望死に追い込み、感染症で世界中の多くの人々の命まで奪うようになったのです。

第3章で触れたように、Ｏｘｆａｍは２０２２年に報告書"Inequality Kills"を公表しました。不平等は殺人だと言うのです。バブルウイルスが伝染し、崩壊のたびに貧富の差を広げ、絶望死が増加しました。新型コロナ・パンデミック禍においても、困窮している人々をビリオネアは見て見ぬふりをしてきたのです。

Ｏｘｆａｍによれば、「コロナ禍でビリオネアトップ10は純資産を2倍に増やし、そのいっぽうで99％の人々の所得を減らした。不平等のせいで少なくとも4秒に１人（毎日２万１３００人）が命を落としている」［２０２２ａ・ｂ］。本来、国民の生命を守るために国民国家をつくったのですが、国家はパンデミックに右往左往するばかりでした。

Ｏｘｆａｍは"Inequality Inc.（不平等をつくり出す株式会社）"と題する報告書で、「企業や独占企業の権力は、容赦なく不平等を生み出す機械である」［２０２４］とまで言い切っています。２０２２年の報告書と重ね合わせれば、企業は殺人マシーンと化していると言えます。19世紀にヨーロッパ中に伝染した共産主義、そしてトマス・ホッブズが『リヴァイアサン』（１６５１年）で回避しようとした「闘争状態」という妖怪（ウイルス）が、21世紀の世界に徘徊《はいかい》しているのです。

リアルの国民vs.シンボルの株主

富が集中すればするほど、貧者はますます貧しくなり、貧富の差が極限まで広がると、社会自体が維持できなくなります。たとえば、ローマ帝国の崩壊がそうです。「長い16世紀」におけるマルティン・ルターの宗教改革も、バチカンに富が集中することへの反乱でした。フランス革命、ロシア革命も同じです。21世紀の「トランプ現象」も同様です。

ローマ帝国の皇帝ネロ（54～68年在位）の時代には、「六人の土地所有者がアフリカの領域の半分を所有していた」（ロストフツェフ［２００１a］１４５頁）のです。ローマ帝国の最盛期は2世紀のハドリアヌス帝（１１７～１３８年在位）ですが、Ｍ・ロストフツェフによれば、「ハドリアヌスが、先帝の不屈の軍事活動から利益を得た最後の皇帝であった」（［２００１b］５６０頁）。そこから30年も経たない、五賢帝最後の皇帝マルクス・アウレリウス（１６１～１８０年在位）の時代になると、「帝国財政のほうは（中略）金庫はからっぽ」（前掲書５５２頁）になっていました。

ロストフツェフは、史上類を見ないほど巨大な帝国を築いたローマの衰退の原因を「国家の利害の、住民の利害に対する優位」（前掲書５５７頁）と指摘しています。これを21世紀にあてはめると、「資本家の利害の、国民に対する優位」となります。すなわち、資本家は国民の利害を削《けず》って、自分たちの利潤を増やしているのです。

ビリオネアを毎年量産する21世紀の資本主義こそ、「妖怪」の正体です。日本にはビリオネアが41人[*22]いて、1位の米国813人、2位の中国406人、3位のインド200人に比べて少ないです。日本は個人主義よりも団体主義の傾向が強いので、日本のビリオネアは「日本株式会社」ということになるでしょう。

Ｏｘｆａｍによれば、2023年11月時点で、世界のビリオネア2566人が保有する純資産は12兆8440億ドルです。「日本株式会社」の内部留保金がそれに該当し、2024年3月末で601・0兆円に達しています。2024年3月末の1ドル＝151・34円で計算すると、3・97兆ドルとなり、世界のビリオネアの純資産の30・9％に相当します。

日本の株式市場は2024年7月11日、史上最高値を更新し、米独の株式市場と同様に2009年以降、上昇傾向にあります。日経平均株価4万円を、リアルエコノミーvs.シンボルエコノミーの観点から評価すると、まったく異なる二つの世界が見えてきます。一つは、株価は適正水準にあって過熱感はなく、言わば「資本家が労働者や預金者を食べてい

図表43　リアルの世界vs.シンボルの世界

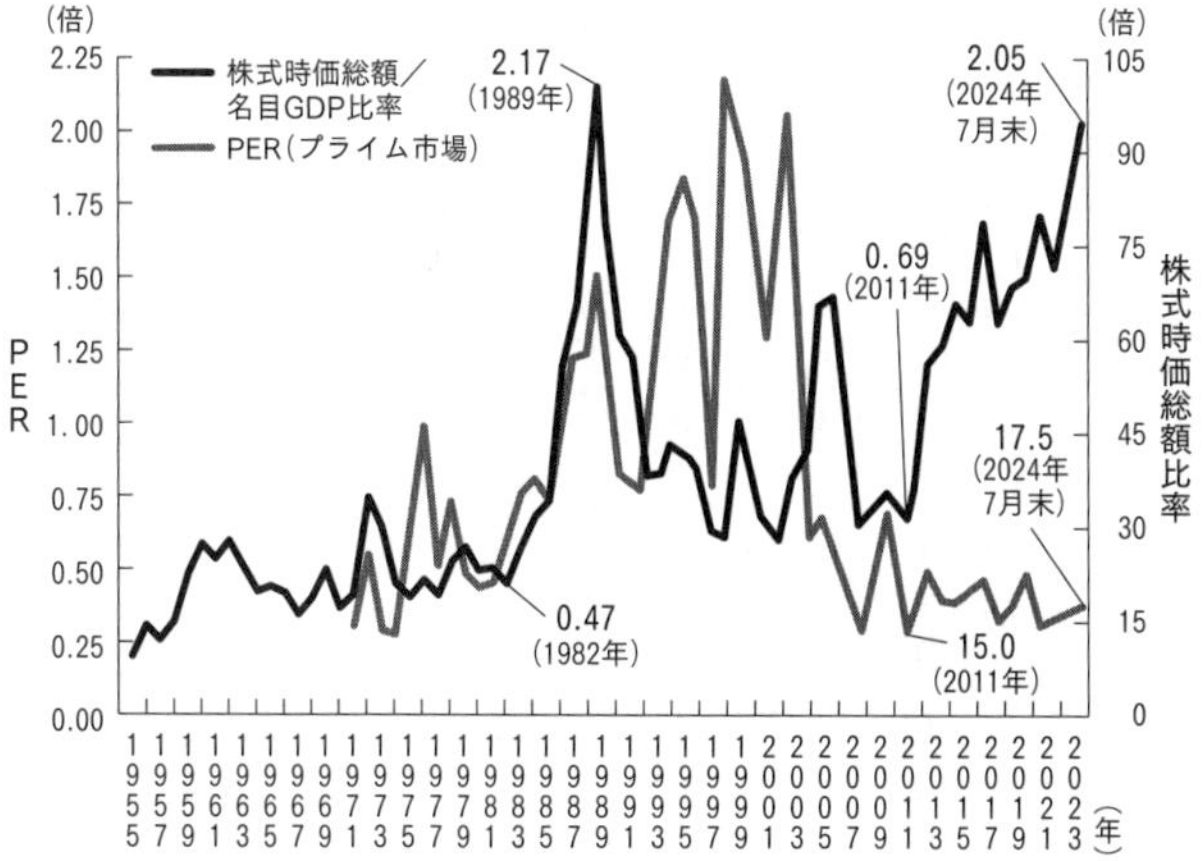

（注1）株式時価総額は、内閣府「国民経済計算年次推計」のストック編統合勘定「負債の部」の株式を用いた
（注2）PERはプライム市場、連結総合（単純）
（出所）日本取引所グループ「統計月報」、内閣府「国民経済計算年次推計」

る」トマス・モアの『ユートピア』の世界です。もう一つは、株高で「熱狂」している輪の外で醒めている人がいて、こちら側から見れば自分たちの犠牲のうえに建つ「砂上の楼閣」が映っています。

２０２４年７月末のプライム市場上場企業のＰＥＲは17・５倍と、株式時価総額がボトムアウトした２０１１年以降の平均18・２倍とほぼ同じ水準にあります（図表43）。ＰＥＲを根拠にすれば、資本家から見た株式市場は「ユートピア」の世界です。

いっぽう、未上場会社も含めた株式時価総額対名目ＧＤＰ比は２・05倍と、バブル期のピークだった1989年12月末の2・17倍とほぼ同じ水準となっていますので、株価は割高であると見なすことができます。PERで株価を判断する人は、シンボルエコノミーの世界に住む富裕者です。株式時価総額対名目GDP比で判断する人は、財・サービスを提供しているリアルエコノミーの世界の労働者です。

バブルと自由放任政策

利潤極大化を至上命題とする資本主義は自由放任のもと、格差をより広げようとします。そして、バブルは市場原理主義と相性がいいのが歴史的事実です。格差はバブル崩壊時にもっとも広がります。バブル崩壊の時、「ショック・ドクトリン」が前面に出てくるからです。当然ですが、バブルを崩壊させるにはその前にバブル生成が必要です。

1690年代の英国の株式ブームの時、イングランド王ウィリアム三世（1689〜1702年在位）は、「自由主義の新思想を受け入れたわけではないが、それを信奉する金銭人間を支持母体としていた」（チャンセラー［2000］99頁）のです。「金銭人間(maneyed man)」とは「競争を正当とし、市場の活力を生み出すものとして虚栄心、野心、対抗心を認める経済成長の理論を主張」（前掲書64頁）する人を言います。「金銭人間」

は、21世紀の新自由主義者やビリオネアの先輩だったのです。ウィリアム三世が「金銭人間」を容認したのは「政府はフランスとの戦争に忙殺されており、経済を規制する通常の役割を果たす余裕がなかった」（前掲書99頁）からです。

１９８０年4月から始まるレーガンバブル以降、バブルの連続であるのは、米政府が１９８０年代はソ連との軍拡競争、21世紀に入ると「テロとの戦い」に忙殺されているため、経済面では自由放任にせざるを得なかったからです。自由放任が生み落としたのが「金銭人間」であり、ビリオネアということになります。

１９２０年代の米国も、自由放任の政策を採用していました。特に、カルビン・クーリッジ大統領（１９２３～１９２９年在任）は「執務に熱心な政治家ではなく、（中略）人生に関しても経済に関しても、自由放任、気楽にいこうの姿勢をとっていた」（前掲書３１３頁）。大幅減税やキャピタルゲイン課税の撤廃により、投資家は株式市場により多くの資金を投資することができました。

１９３０年代の世界大恐慌とその後の第２次世界大戦で、世界経済は大きな打撃を受けましたが、１９００年から１９８０年までの80年間で見ると、先進国は耐久消費財の普及により高成長し、先進国内部で富の分散が進みました（T10／B50比率の低下。250ページの

図表44 国内格差を広げるグローバル化

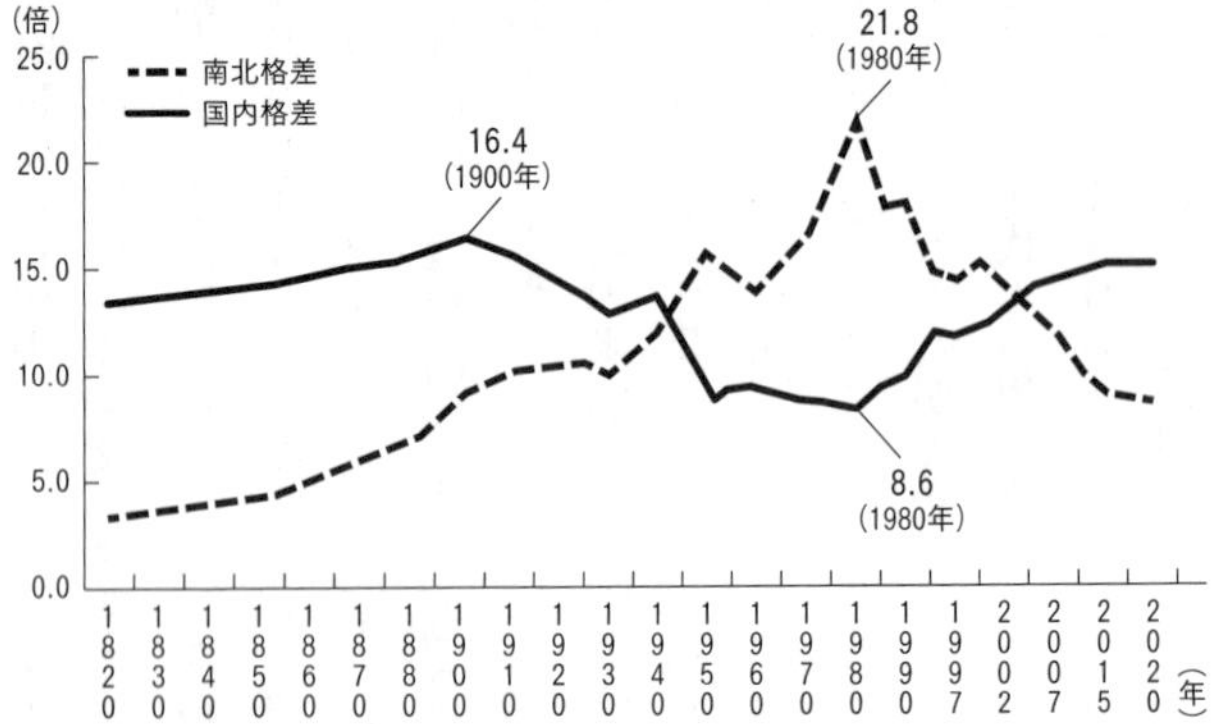

(注)T10／B50比率＝上位10％の所得シェア／下位50％の所得シェア×100
(出所)WORLD INEQUALITY LAB"World Inequality Report 2022"

図表44の実線)。政府も、累進課税を強化したり公的支出を増やしたりして、中産階級の創出に努めました。しかし、1980年を境に、先進国内で富の集中が進みます。

いっぽう、19世紀以降、英仏などヨーロッパ列強の植民地主義によって、180年間にわたって植民地の国々は取り残され、いわゆる南北格差が広がりました(図表44の点線)。

Gregory Clark の分析によれば、産業革命以前は「マルサスの法則」が支配しており、1人当たりの生活水準は一定の天井があって、それに達すると低下しましたが、産業革命によってそれを打ち破ることができるようになりました(［2007］2頁)。その結果、「大分岐(Great Divergence)」が生じ、豊かな先進国とより貧しくなっていく南側世界との間には高い壁ができました。

ヨーロッパ列強は、産業革命によって圧倒的な火力と資本を利用して、資源国や農業国など非西欧社会を植民地化していき、それが1980年まで続きました。その意味で、1979年のイラン・イスラム革命は大きな意味を持っていたのです。

ところが1980年以降、グローバル化が進むにつれ、新興国の成長によって南北格差が縮まるいっぽう、先進国内での格差が拡大に転じました。日本国をはじめとして賃金が上がらなくなったのは、こうした背景があるのです。植民地主義もグローバリゼーションも、格差を利用することで利潤を極大化するシステムです。

賃金上昇を阻む経営者

サッチャー政権・レーガン政権以降、グローバリゼーションが世界の潮流となり、日本もその例外ではありませんでした。民間企業の活力を引き出すという名目で、中曽根康弘《なかそねやすひろ》政権の民営化路線、橋本龍太郎《はしもとりゅうたろう》政権の金融ビッグバン、小泉政権の構造改革路線と次々に改革を断行してきました。しかし、政府の目論見の実質GDP成長率2・0％はまったく達成できていません。

不良債権処理がおおむね終わった2003年以降、2023年までの実質GDPは年0・7%成長でした。この間、リーマンショックやパンデミックショックで大幅なマイナス成長となった年と翌年の反動によるプラス成長を除くと、年1・3%成長となります。この数字は需要サイドから見た成長率ですが、不況で需要が落ち込んだ影響を受けない供給サイドから見ると、2003年以降の潜在成長率は年0・54%増[*23]となります。需要サイドの実質GDPは、実力以上の成長を果たしていることになります。

実質GDPを就業者で割った労働生産性は、1997年から2003年まで年平均0・5%増となっています。それにもかかわらず、実質賃金は1997年以降、下落していきます（年0・7%減）。四半世紀にわたって就業者1人当たりの実質GDPと実質賃金の関係が逆比例（図表45）にあるのはなぜか、その理由を検討してみましょう。

いくつかの前提条件を置くと、経済理論から、実質賃金の増減率は労働生産性のそれと等しくなる[*24]という結論を導き出すことができます。その前提条件は、生産関数が規模に関して収穫一定（労働分配率が不変）であり、企業は利潤極大化を目指し、完全競争が成立していることです。

日本の実質賃金は1996年までおおむね、原則通りに決定されていました。1956

図表45 労働生産性と実質賃金の「不都合な関係」

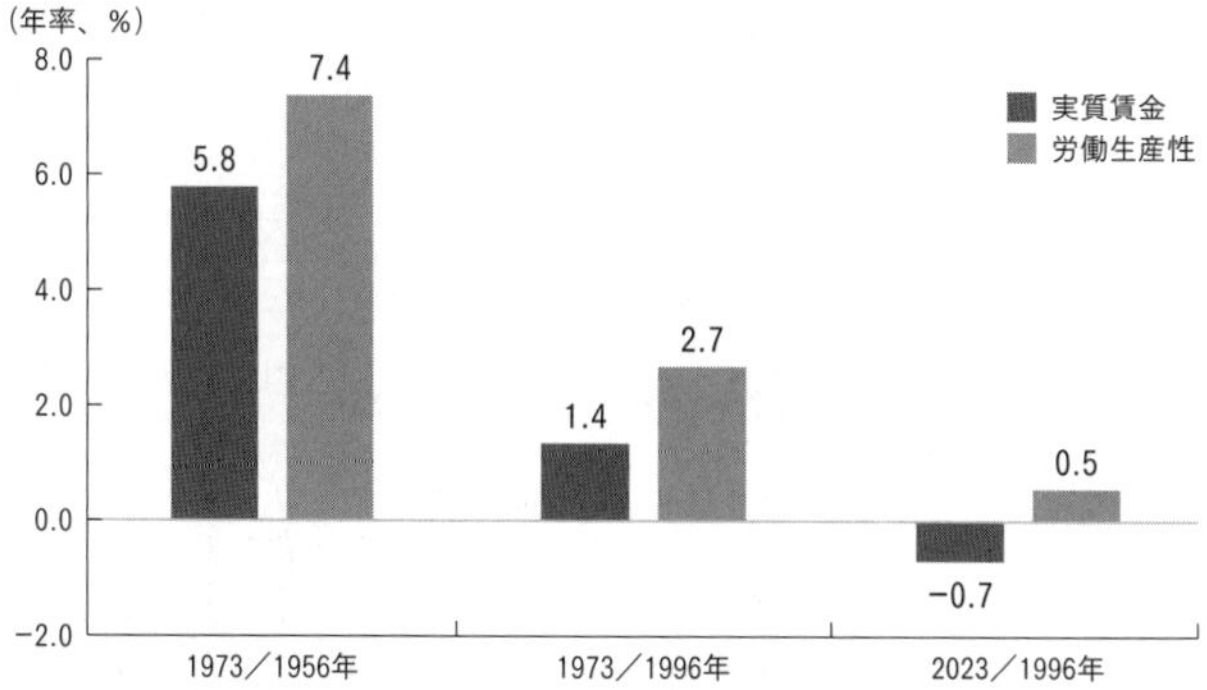

(出所)厚生労働省「毎月勤労統計調査」、総務省「労働力調査」、
日本労働生産性本部「生産性データベース(JAMP)」

年から1996年までの間、労働生産性は年4・8%で上昇し、雇用者1人当たり実質賃金の上昇率は3・4%でした。実質賃金の労働生産性への追随率が7割となり、[*25]完全に1対1の関係にならなかったのは、政府の規制が残っており、完全競争条件が満たされていなかったからです。

ところが、図表45に見られるように1997年以降、状況が一変し、「不都合な関係」となりました。上昇率は大幅に鈍化したとはいえ、バブル崩壊後も労働生産性はプラスの伸びを維持していました。経済理論が想定する世界であれば、実質賃金も上昇していなければなりません。四半世紀にもおよぶ実質賃金下落の大きな原因は、資本の力が圧倒的に強くなり、雇用の流動化政策が実施されて、非正規労働者が増加したことにあります。

賃金の決定権は経営者側にあります。毎年12月、あるいは翌1月になると、経団連は次年度の春季闘争（春闘《しゅんとう》）に向けた経営者側の指針である「経営労働政策委員会報告」を公表しています。「失われた10年」がようやく収束した２００３年版の報告書（２００２年12月17日公表）には、「人件費と利益の源《みなもと》である付加価値の向上がなければ、人件費はもとより雇用の保持すら危うくなる」との記述があります。この文章は、裏を返せば「付加価値が向上すれば、人件費を増やすことができる」と解釈できます。しかし、現実には大企業の名目付加価値生産性は２００３年度から２０２２年度まで、年０・７％で増加していますが、１人当たり人件費は年０・１％減[*26]となっています。

翌２００４年版（２００３年12月16日公表）にも、同じように「付加価値生産性の上昇率がマイナスになれば、人件費を減らすという覚悟で賃金決定を行なう姿勢が必要」とあります。しかし、付加価値生産性の上昇率がプラスになっても、経営者は賃下げを実施しています。報告書が主張していることと真逆のことが、20年にわたって行われてきたのです。

さらに２００６年版（２００５年12月13日公表）になると、報告書は「経営者よ　正しく　強かれ」と、何かのまちがいか、あるいはブラックジョークかと目を疑うほど勇ましいタイトルがつけられています。そして、「賃金決定においては、生産性の裏付けのない、横並びで賃金水準を底上げするベースアップはわが国の高コスト構造の原因となるだけでなく、企業の競争力を損ねる」とあります。賃下げで企業はROEを引き上げることに成功したものの、半導体企業の国際競争力は下がったままです。

２００８年版（２００７年12月19日公表）においても「生産性に応じた総額人件費管理」を掲げていますが、現実には労働生産性に応じた人件費決定は四半世紀にわたって反故にされているのです。

無力化する労働組合

せっかく、経営者が「生産性に見合った人件費決定」と20年以上にわたって言い続けているわけですから、日本労働組合総連合会（連合《れんごう》）は今年の賃上げ率を要求するだけではなく、過去の生産性に見合って人件費が決定されなかった分も要求すべきです。そうでないと、過去二十数年間の生産性向上にともなう賃金を放棄することになってしまいます。

厚生労働省が公表する賃金統計（毎月勤労統計）の実質賃金と、春闘賃上げ率（実質化した数字）の相関性は、１９９７年を境に大きく変化しました。１９９６年まではおおむね両者には強い相関関係[27]がありました。春闘賃上げ率が決まれば、その年の実質賃金の上昇率はおおむねわかったのです。ところが1997年以降、両者はほとんど無相関となりました。春闘賃上げ率（実質化）は、雇用者全体の実質賃金の動向を決める要因ではなくなったのです。

その理由は、労働組合の組織率にあります。労働組合の組織率はピーク時の1994年には24・1％でしたが、2022年には16・5％に低下しています。連合加盟に限ると、組合員は約700万人[28]で、全雇用者6076万人の11・5％にすぎません。しかも年々、労働組合員数は減少[29]しているうえに、非正規労働者の多くを占めるパートタイム労働者の労働組合推定組織率はわずか8・5％[30]（2022年）です。

非正規労働者の全雇用者に占める割合は37・0％[31]（2023年）に上っています。日経連が「新時代の『日本的経営』」を公表したのは1995年5月でした。日経連は、この報告書で労働者を三つの形態、すなわち幹部候補者、専門職、一般職に分け、後者二つを有期雇用契約に切り替えて、人件費の抑制を図ろうとしました。その結果、一気に非正規労働者の割合が増加しました。報告書が公表される前年の1994年の非正規労働者の割合は20・3％、971万人でしたが、2023年には2124万人と2倍以上に増加しています。

連合のホームページには「〝働く〟を支える。働く人のくらしを守る」と掲げられています。「日本労働組合総連合会」と名乗っているわけですから、連合の組合員だけを守る存在ではないはずです。しかし連合は、組合員の暮らしは守っているようですが、日本の労働者全体の暮らしを守っているとは言い難く、労働者全体の利益を代表する団体ではなくなったようです。

２０２３年の春闘において、連合は賃上げの目安として５％程度を掲げましたが、実際には３・６％増にとどまりました。消費者物価（持家の帰属家賃を除く）が３・８％も上昇したため、春闘の実質賃上げ率はマイナス０・２％と、２０２２年に続いて２年連続でマイナスとなりました（258ページの図表46の点線）。そして、２０２３年の全雇用者（事業所規模5人以上）の実質賃金はマイナス２・５％となり、過去最大の落ち込みだった２０１４年のマイナス２・８％に次ぐ調査開始以来2番目の下落となりました（図表46の黒線）。１９５６年以降、春闘の賃上げ率が実質ベースで2年連続マイナスとなったのは２０２２年、２０２３年だけです。

２０２４年度の春季生活闘争方針において、連合は５・０％以上の賃上げを目安として

図表46 全労働者の生活水準を向上させられない連合（日本労働組合総連合会）

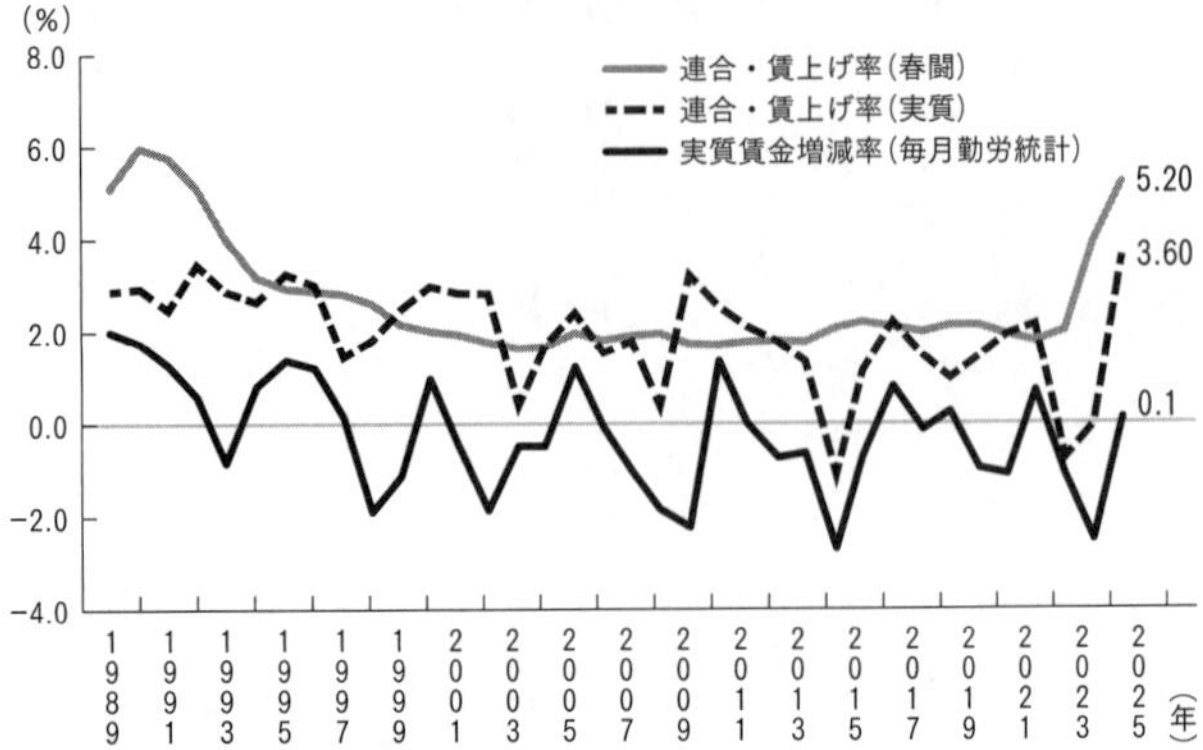

（注）2024年の連合・賃上げ率（春闘）は、2024年4月18日時点
（出所）連合「2024春季生活闘争 第4回回答集計結果について」、
厚生労働省「毎月勤労統計調査」

います。第4回集計結果（妥結進捗状況74・8％、4月18日時点）によれば5・20％の賃上げとなり、目標を上回っています。

問題は、物価上昇率を上回った賃上げが実現できるかどうかです。しかし、この点では期待薄です。

日銀の見通し（2024年7月）によれば、2024年度の消費者物価（生鮮食品を除く総合）が2・5％上昇です。実質賃金を計算する場合、帰属家賃を除くベースの消費者物価を用いて計算します。帰属家賃を除くベースは、年0・3％ほど生鮮食品を除くベースよりも高めに出ていますので、2024年度2・8％増となる見込みです。その結果、実質化した春闘賃上げ率は２・４％（＝５・２％－２・８％）増となります。１９９７年から２０２３年までの平均値春闘賃上げ率（実質）は年１・６％増でしたので、春闘の成果は上々です。
ところが、大きな問題が二つあります。

二つの問題

第１に、約７００万人の連合組合員の実質賃金上昇率が日本全体の労働生産性上昇率０・５％（253ページの図表45）を上回っていても、連合以外の労働者の実質賃金が下落していることです。第２に、今年度の目標を達成したからといって、過去四半世紀の賃金決定による労働者が被った不利益を是正することにはならないことです。

第１の問題については、春闘は全雇用者６０７６万人の賃上げを反映していないということになります。実質化した春闘賃上げ率と、日本全体の実質賃金増減率の差は１９９７年以降、年平均２・３％でした。今年もその差のままであれば、実質化した春闘賃上げ率が２・４％増であれば、２０２４年度・日本全体の実質賃金（毎月勤労統計）は０・１％増（＝２・４％－２・３％）となります（図表46の黒線）。２０２４年４～８月の実質賃金は、前年同月比マイナス０・３％となっており、プラスに転じるか微妙な状況です。

この点については、連合総研の「勤労者の仕事と暮らしについてのアンケート調査（勤《きん》労者短観《ろうしゃたんかん》）」が裏づけています。調査は、首都圏ならびに関西圏に居住する20～64歳の民間企業に雇用されている人を対象に、2000名から回答を得ています。2024年4月の調査では、1年前と比較した賃金の増加が物価上昇幅より大きいと回答した割合はわずか6・6%にとどまっています。[*32] いっぽう、60%の人は、賃金の上昇率は物価上昇より少ないと回答しています。中小企業（資本金1億円未満）の従業員は全産業の67%[*33]を占めていますので、連合総研の回答と整合的です。

日銀は、2024年度の実質GDP成長率を0・6%増と見通しています（2024年7月時点）。全国企業短期経済観測調査（日銀短観《にちぎんたんかん》）によると、雇用判断DIは「不足」超が強まっていることから、2024年度の就業者数の伸びは2023年度の0・4%増か、それ以上に増加することが予想されます。労働生産性はプラス0・2%（≒0・6%−0・4%）となり、2024年度4～8月の実質賃金（毎月勤労統計）0・3%減で推移しているため、経団連の言う「生産性に見合った人件費決定」がなされることはあまり期待できそうもないと言えます。

連合の春闘賃上げ率と厚生労働省「毎月勤労統計」の実質賃金が四半世紀にわたりギャ

ップがあるという事実は、労働者のなかで分断が起きていることを示唆しています。戦後から指摘されている生産性格差問題が、未だに解決されていないことになります。これを解決するには、政府が中小企業に省力化投資を促す投資優遇策などの支援を行うことが必要となります。

第2の問題については、労働生産性上昇率に反して実質賃金が下落するという1997年以降の累積損失をどう取り戻すかが課題となります。1997年以降、労働生産性が年0・5％上昇していたわけですから、実質賃金も少なくとも追随率7割として年0・35％増加していなければなりません。年々の労働者の逸失利益を合計すると、2023年度までの累計で77・5兆円[*34]となります。これを、本来の所有者に戻すには、政治の力が必要となります。

実は、企業の当期純利益が増加している大きな要因は、人件費カット以上に利払費の抑制が大きいのです。本来、利潤と利子は付加価値からしか生まれないのですから、ある期間を均せば、同じ方向に動くのがあたりまえです。長期で見れば、利潤には、利子率に事業活動にともなう不確実性（リスクプレミアム）が上乗せされます。

しかし、両者が逆方向に動くことを正当化する理由はありません。資金の調達サイドで、借入金と株主の資金（内部留保金）に区別はあっても、資産運用サイドでは区別しないからです。

第4章で述べたアダム・スミスの利子率と利潤率に関する理論を適用すると、2004年度から2023年度の累計で、金融機関の逸失利益は106・6兆円となります。賃金と銀行利息という点で、労働者と預金者は合わせて184・1兆円の損失を被っていることになります。

この184・1兆円は税引前であり、内部留保金は税引後利益の積み上げですから、法人税率3割を控除した128・9兆円が601・0兆円の内部留保金に紛れ込んでいます。約130兆円の本来の所有者は労働者であり、預金者です。これを内部留保金課税の対象として、本来の所有者に還元すべきです。Oxfamが提唱している富裕税導入の日本版です。

本来の所有者に返すという意味で、内部留保金課税はたとえば10年の時限立法にすれば、年13兆円の新規財源が生まれます。高齢化にともなう社会保障給付金の増加（3・3兆円）、中小企業従業員の賃上げ（3兆円）、国公立・私立大学の学費無償化（5・5兆円）など[*35]格差拡大をすこしでも食い止めることができます。

法人税率の引き上げは、今年度や翌年度以降が儲けすぎの場合には有効です。ただ、法人税率引き上げのみで対応すると過去四半世紀の歪み、つまり賃金の未払い分と預金者が受け取るべき未払い預金利子がなかったことになります。そのようなことはあってはならないと思います。法人税率引き上げは現在と将来にわたる賃金と利潤の分配の適正化を促し、内部留保金課税はあくまで過去の歪みを是正するものです。

もちろん、企業経営者はや資本家は企業会計に則《のっと》って適正に処理していると言うでしょう。しかし、そう主張する人は、スミス以来築き上げてきた経済学をまったく無視しているわけですから、新しい経済学を提唱する必要があります。それができなければ、アレクサンドロス大王の前に連れてこられた海賊の問い、すなわち、「私が小さな船で掠奪をおこなうと泥棒と呼ばれますが、大きな船でおこなうあなたは皇帝と呼ばれます[*36]」（レディカー［２０１４］２２７頁）に、企業経営者や資本家は答えたことにならないのです。

歴史の分岐点

私たちが今、問われているのは「自由と平等」を掲げたフランス革命の理念を維持するか、放棄するかです。すなわち、歴史の岐路に立たされていることになります。

資本主義はこの理念を放棄して、上位1%の人は下位99%の「不自由」のうえに「自由」をもっと増やそうとしています。実質賃金の下落は自由を奪います。C・B・マクファーソンによれば、「自由は所有（possession）の関数」（［1980］13頁）だからです。さらに、彼は「社会は所有主間の交換の諸関係から成り立つ。政治的社会は、この所有の保護のためと、秩序だった交換関係の維持のためとの、計画された装置となる」（前掲書13頁）と指摘しています。実質賃金の下落は不自由さを増し、秩序崩壊につながるのです。

経済学でもっとも重要な概念は、貯蓄（save）です。貯蓄の累計が資本となるからです。貯蓄には、もっと重要な意味が込められています。ジョン・エルスナーとロジャー・カーディナルによれば、「ノアは世界を"save"する〔蓄《たくわ》える〕ことに情熱を賭けた——たまたま出会った単独の相手というばかりか、そこからあらゆる生命形式が立ちあげられる出発点の番《ペア》を「セーヴ」するのである。そこでは"save"はその最強の意味〔救済する〕を獲得する。単にたまたま蓄えておくというばかりか意識して絶滅から救う、救世としてのコレクション」（［1988］7頁）なのです。

21世紀の「save」とは、「狂気の世界」から人々を救出することです。スミスが『国富論』で個々人に説いた「節約」を実行してきた日本人は現在、2141兆円の個人金融資産を積み上げています。実質賃金が減少するなか、消費支出を我慢して将来の生活不安に備えて「貯蓄」してきました。政府が頼りないので、個々人で自助努力してきたのです。

サミュエル・フライシャッカーによれば、近代の世界において「人々が一定の物質的な財を受け取るに値したり、（中略）受け取るに値するものを人々に与えることが遠い目標ではなく実践的な目標であったりすれば、そのような場合に限って、国家は一定の物質的な財の分配に責任を負う主体」（［2017］12頁）と見なされています。これは分配的正義と言われるもので、これが「要請するのは、功績に応じた栄誉・政治的任務・金銭の配分」（前掲書28頁）です。

労働者は労働生産性を上昇させているわけですから、前年以上の実質賃金を受け取るに値します。過去四半世紀にわたって分配が歪められてきたのですから、このことは遠い目標ではなく実践的な目標です。企業経営者が実行しない時には政府の出番となります。企業に対して内部留保金課税、いわゆる富裕税の導入によって得た財源で低所得層に対するさまざまな支援が可能となります。

21世紀の現在、カトリック教会が救済の役割を果たせなくなって「長い16世紀」に突入した中世後期のヨーロッパと同じ状況にあるのです。

おわりに

本書でもっとも訴えたいのは、早急に資本主義を止めることはできないので、まずは行動原理を変えようという心意気を持つことです。そうしなければ、「幻想」の世界に資本が君臨し、リアルの「絶望」はますます深まります。「幻想」のシンボルは、リアルの「絶望」の裏返しだからです。

資本主義の行動原理は「より遠くへ、より速く、より合理的に」です。これに従っていれば、会社は儲かり、従業員は出世することができました。今後は180度転換して「より近く、よりゆっくり、より寛容に」という行動原理を取ることで、一人ひとりの人間性を大切にする社会を築いていくことができます。

日本人は資本主義の行動原理を忠実に実行し、欧米諸国に追いつき追い越せと、人間精神の向上を後回しにして、経済成長優先政策を取ってきました。しかし、日本は1990年代に入って、先進国で逸早く「定常経済」に入りつつあり、日本人は自信喪失気味です。政府や財界人はそうした状況を憂《うれ》えて、夢をもう一度とばかり、生産性を上げようと躍《やっ》起《き》になっています。

1970年代以降、躍起になればなるほど、近代社会が想定していない事態が頻発しています。近代社会はリスクや不確実性を減らし、安定した社会を目指してきましたが、1980年以降、バブル生成と崩壊が繰り返し起きたり、核大国ロシアが隣国ウクライナを侵略したり、想定外の連続です。先進国では半世紀近くにわたって所得と資産の格差が開き、米国では「絶望死」が増加しています。中間層がもっとも打撃を受け、多くの国民は生活が苦しくなるばかりです。

近代社会は、ルネ・デカルト（1596〜1650年）の合理的思考が基本となっています。しかし、ケインズは合理性について疑問を呈しました。

ケインズは、1938年に著した「若き日の信条」で、「人間の本性を合理的なものと見なしたことは、今に思えば、人間性を豊かにするどころか、むしろ不毛なものにしたようである」（［1980］584〜585頁）と言い、文明は「薄っぺらだ」と批判しています。そのわけは「われわれは原罪の教義、つまり、たいていの人間には気違いじみた、不合理的な、邪悪さの源泉がある、という教義の一切の異説を拒否した」（前掲書583頁）と言うのです。

主流派の新古典派経済学は、ケインズの言う「気違いじみた、不合理な邪悪さ」を一切拒否しました。ケインズが芸術を科学よりも上位に置いたのは、芸術が「異化《いか》」の視点を持つのに対して、社会科学の女王を標榜する新古典派経済学はその視点が欠けているからです。「異化」とは、言語学者ヴィクトル・シクロフスキーによれば、「日常的に見慣れた事物を奇異なものとして表現する《非日常化》の方法」(〔1971〕15頁)です。

「はじめに」で触れた鈴木忠志さんの演劇は「異化」そのものです。鈴木さんは「芸術や演劇というのは、そもそもその種の共同体から脱落したひと、そうした共同性の質に対して批判的なひとがやり始めたもの」(〔2020〕47頁)と定義しています。実際、その舞台を見ると、シンボルエコノミーの世界の奇異さを気づかせてくれます。富山県利賀《とが》芸術公園で上演される演目がリアル(生《なま》の人間の本性)であり、東京を中心に行われている合理性を極限まで追求する経済活動はシンボル(虚業)なのです。

ケインズの懸念は、どうやら21世紀になって現実味を帯びてきました。スミス以来の「合理的経済人(ホモエコノミクス)」の前提で組み立てられている経済学は、はたして21世紀が抱えている問題解決に貢献できるのか疑問です。この合理的経済人は「より遠くへ、より速く、より合理的に」行動する人で、次は火星に行きたいそうです。

21世紀は変人の出番です。前例踏襲に拘泥するエリートには無理でも、変人なら、これまで近代人が信じて疑わなかった行動原理を全否定することができます。

キリスト教会の「宇宙（コスモス）」は嘘であることを科学的に証明したのは、近代人第1号のニコラウス・コペルニクスです。当時、彼はルターをはじめ、皆から変人と見なされていました。また、鈴木さんの演劇の登場人物はすべて変人、狂人です。1時間強の舞台で役者は強烈なエネルギーを放つため、観客はそれなりの覚悟が必要ですが、観終わったあとは都会で汚れた精神が浄化され、勇気が湧いてきます。

ケインズは芸術家になりたかったのですが、なれませんでした。ケインズが所属していたブルームズベリー・グループ（英国で20世紀初頭から半ばに存在した知識人・芸術家のグループ）の美学上の宣言書『芸術』には「芸術は何よりも道徳であり、あるいはむしろ、すべての芸術は道徳である。なぜならば（中略）芸術作品は直接に善にいたる手段だからである」（ドスタレール［2008］505頁）と記されています。

経済学の目的は自由と平等の獲得にあるのですが、その自由が善に至るかどうか、ビリオネアが跋扈《ばっこ》する21世紀を見ると、否定的にならざるを得ません。自然法則を発見する科学者も、核弾道ミサイルなど殺戮兵器を作ることだってあるわけですから、必ずしも善に至る手段とは言えません。

そう考えるからこそ、ケインズは１００年後には経済問題は「人類の恒久的な問題ではない」(「１９８１ａ」３９４頁)と考えたのです。そして、彼は「心と理性の活動の舞台がわれわれの真の問題――人生の問題・人間関係の問題・創作と行動と宗教の問題」(「１９８１ｂ」ｘｘｖ頁)だと言います。

もちろん、ケインズの時代は、目の前の貧困や富の不平等など解決すべき問題が山積みでした。これを解決しないと過激主義が台頭する、と言うのです。

すなわち「貧困、許容することのできない所得と富の不平等、失業、恐慌、および国際的対立のすべては、過激主義――ファシズムとボルシェビズムは、そのもっとも危険な形態の二つを示している――の台頭にとって好都合な条件であった。これらの経済的惨禍は、免れることのできない自然法則の結果ではなく、人間の誤りと、貨幣愛によく似た、無意識のなかに埋もれている非合理な衝動の所産である」(ドスタレール［２００８］24頁)。

１９３０年代の課題は21世紀になっても未解決のままで、より深刻化しています。まずは21世紀の「倒錯の時代」を変えようという意識を持つことが必要です。

古典(classic)の由来はラテン語のクラシクス(classicus)、すなわち艦隊です。それが転じて、「国家の危機に際して艦隊を寄付できるということを、人間の心に移して考えてみると、人間はいつでも危機に面する可能性があるのだが、こうした人生の危機に面したときに、精神の力を与える、そういう書物や作品のことをクラシクスと呼ぶようになった。（中略）もちろん書物ばかりではなく、絵画でも音楽でも演劇でも精神に偉大な力を与える芸術を、一般にクラシクスと呼ぶようになった」（今道友信［2002］6頁）。

鈴木さんの演劇は、まさに現代人に勇気を与える「古典」です。貨幣愛という「非合理的な衝動」に突き動かされている21世紀のビリオネアに対抗できるのは、芸術から得られる勇気なのです。本当の狂人に対抗するは、こちらも狂人のパワーを持つことが必要です。

本書を手に取ってくださった読者のみなさんが、この本を「古典」として読んでいただければ、望外の喜びです。本書は、SCOT準劇団員に志願する心意気で書いたことをお伝えして筆を擱きます。

祥伝社の飯島英雄さんから、本書の企画をいただいたのは2022年の秋だったので、2年もかかってしまいました。飯島さんが遅筆の私を辛抱《しんぼう》強く、同時に温《あたた》かく見守ってくれたおかげで、刊行することができました。この場を借りて感謝申し上げます。

＊30　データは労働政策研究・研修機構「早わかり グラフでみる長期労働統計」。

＊31　2023年の雇用者数は6076万人、うち正規の職員・従業員は3615万人、非正規の職員・従業員は2124万人。非正規のうちパート・アルバイトは1489万人（総務省「労働力調査」）。

＊32　2023年4月調査（第45回）以降、2024年4月調査（第47回）まで、「賃金収入の変動幅は、物価上昇より大きい」との回答は、3回の調査を平均すると6.5％である。対して、「賃金収入の変動幅は、物価上昇より小さい」は6割に上っている。ただし、正社員と非正社員に分けた回答では、正社員は実質賃金がプラスと答えた割合は7.4％（過去3回の平均）に対して、非正社員のそれは4.4％と大きな差がある。

＊33　データは財務省「法人企業統計年報」。全規模・全産業の従業員は4309.8万人、うち大企業（資本金10億円以上）は723.6万人（構成比16.8％）、中小企業は2885.8万人（構成比67.0％）、数字は2022年度。

＊34　77.5兆円の計算根拠は、水野和夫（［2022］496頁の図表3-34）参照。この試算は2020年度までなので、同じ試算方法でその後2年延長した。

＊35　①高齢化にともなう社会保障給付金の増加（3.3兆円）について。社会保障審議会は、社会保障給付金を2018年度121兆円、2025年度140兆円、2040年度190兆円と試算するが（「今度の社会保障改革について―2040年を見据えて―」［2019］）、2023年度政府予算に134.3兆円計上されるなど、予想通りに推移している。2040年度は2023年度から56兆円増加し、年3.3兆円の増加となる見通し。②中小企業従業員の賃上げ（3兆円）について。人件費101.8兆円（財務省「2023年度 法人企業統計年報」）に対して、物価対策費として年3兆円支給すれば、消費者物価3％上昇分を相殺できる。③国公立・私立大学の学費無償化（5.5兆円）について。大学生295万人（文部科学省「2024年度 学校基本調査」）に1人当たり125万円（4年間500万円と仮定）をかけると3.7兆円になる。2006年生まれ109.3万人のうち、大学生１学年当たり73.8万人を引くと、大学に進学しなかった人は35.5万人。これに500万円をかけると1.8兆円となり、合計5.5兆円。

＊36　レディカーは、アウグスティヌス『神の国（一）』（［1982］273頁）にある逸話から取っている。

＊17　TIME（2024年1月15日）“The World Could Soon Have Its First Trillionaire as Inequality Worsens, Oxfam Reports（https://time.com/6555516/first-trillionaire-oxfam-report-billionaire-inequality/）” より。

＊18　チャンセラー（[2000] 108頁）。

＊19　Oxfam（[2024a] 11頁のTable.5）。

＊20　データはWORLD INEQUALITY LAB “WORLD INEQUALITY REPORT 2022” 229頁（巻末Glossary項は51頁）。

＊21　世界保健機関（WHO）調べ。https://data.who.int/dashboards/covid19/casesより。

＊22　Forbesの調査によれば、世界のビリオネアは2781人（Forbes2024年4月号）。

＊23　内閣府試算の数字。日銀が公表している潜在成長率は同期間で年0.55％増。

＊24　実質賃金の増減率が労働生産性のそれと等しくなるという点については、マンキュー（[2017] 72〜88頁）参照。

＊25　1956〜1996年を、1973年で前半（高度成長期）と後半（中成長期）に分けると、前半の追随率は78％、後半は同53％と低下した。

＊26　データは財務省「法人企業統計年報」。名目付加価値生産性＝名目付加価値／従業員数、名目付加価値＝人件費＋支払利息等＋動産・不動産賃借料＋租税公課＋営業純益。

＊27　春闘賃上げ率（x）、実質賃金増減率（y）として、1971〜1996年までと、実質賃金が下落に転じた1997〜2023年までの2区間に分けて相関係数（r）を計算すると、前者（ただし第1次石油ショック後の1974〜1976年の3年間を除く）は0.8621、後者は0.1656。後者において、xとyはほぼ無相関。

＊28　2023年「労働組合基礎調査」の結果に対する談話（https://www.jtuc-rengo.or.jp/news/article_detail.php?id=1275）によれば、「連合については、産業別組織を通じて加盟している組合員数が681万7000人（前年比1万9000人減）、地方直加盟を含めた総数では692万9000人（前年比2万3000人減）、全労働組合員数に占める割合は69.7％（前年比0.1ポイント増）となった」。

＊29　労働組合員数は1997年に1217万人だったが、2022年には993万人と大幅に減少（労働政策研究・研修機構「早わかり グラフでみる長期労働統計」）。

告書」を公表。主査は若杉敬明東京大学教授、幹事は紺谷典子日本経済研究所主任研究員。

＊7　データはRobert Shiller (http://www.econ.yale.edu/~shiller/data.htm)。

＊8「一六三〇年代初頭、チューリップ畑に新手の買い手が出没しはじめる。これら新顔はチューリップの知識どころか球根栽培の知識ももち合わせず、ただチューリップで利益を得ることのみに関心をもっていた。彼らは『フロリスト』と自称した」(ダッシュ［2000］151〜152頁)。

＊9　チューリップ狂となる前は「花を愛する人々はチューリップの球根に現金を支払ってきたが、いまやチューリップそのものが現金の役割を果たすようになっていた」(ダッシュ［2000］158頁)。

＊10　シェイクスピアは、アテネの貴族で人間嫌いのタイモンに次のように言わせている。「〔金をながめながら〕(中略) なんじ眼に見える神よ、お前はどんな言葉でもしゃべり、どんな目的でもとげさせる！　おお、なんじ、心情の試金石よ、お前の奴隷の人間めはむほん人だと思え」(［1975］189頁)。

＊11　シェイクスピアは、タイモンに「これは何だ？　金か？　黄色い、きらきらした、貴重な金じゃないか？ (中略) この黄色いやつは、宗教の面でも人々を結合させたり離散させたりするだろうし」(［1975］183頁) と言わせ、金のことを「人間どもを誘惑して、諸国の暴民どものあいだに争いをおこす売女め」(前掲書183頁) と言わせている。

＊12　ウィリアム・フィップス (1650〜1694年) は英国生まれ、マサチューセッツ湾直轄植民地の初代総督。

＊13　データは今田寛之 (［1988］116頁の第3表)。

＊14「狂乱の時代」とは、世界のリーダーが英国から米国に移行しつつあった1920年代において、米国の文化・芸術や社会現象を指して使われた言葉。

＊15「南海計画」の首謀者はジョン・ブラントであり、「一七二〇年のブラントの動きを部内者が描いたものに、『南海会社計画の秘史』と題された匿名の小冊子がある」(チャンセラー［2000］115〜116頁)。ブラントには公然の原則があり、第1の原則は「あらゆる手段を使って株価を上昇させること」(前掲書116頁)、第2の原則は「混乱すればするほどよい」(117頁)である。

＊16　Google Books Ngram Viewerより。

＊35　データは内閣府「2022年国民経済計算（2015年基準・2008SNA）」の「フロー編 Ⅱ制度部門別所得支出勘定 5家計（個人企業を含む）」。
＊36　日本経済新聞（2022年6月10日）「上場企業の21年度ROE9.7%，4年ぶり高水準、欧米とは差」より。
＊37　リアルエコノミー（全規模・全産業から大企業・製造業と大企業・卸売業を除く）の有利子負債は605.2兆円（2022年度平残［期首値と期末値の平均]）。これに、2.88%と1.02%の差である1.86%をかけると11.2兆円となる四捨五入により端数は合わない。

第５章 作られたバブルと、ビリオネアの増殖

＊1　松嶋敦茂［2005］に、市井三郎『歴史の進歩となにか』（1971年）からの引用である旨、注記されている。
＊2　日本の機関投資家による米国債の購入は、日本の土地バブルが大きな役割を果たした。6大都市商業地の地価は1983年9月から上昇率を強め、ピーク時の1991年9月には4.7倍となった（日本不動産研究所「市街地価格指数」)。地価高騰により、全国に商業ビルを多く所有する生命保険会社は巨額の土地含み益を抱え、円高による米国債の為替差損に耐えることができた。
＊3　ダッシュによれば、オランダ西フリースラントの街ホールンは「一五五〇年まではバルト海貿易で、オランダの主要港として栄えた。しかし百年近くたったいま、かつて麻や材木を満載して入港していた船はみな、ホールンを素通りしてアムステルダムに向かうようになっていた。ホールンは死にゆく町であった」（［2000］158頁）。「十七世紀前半のこと、この落ちぶれた街の中央に石の壁に三輪のチューリップを刻んだ家が建っていた。（中略）だがその家で、チューリップ狂時代が始まったのである。石壁に刻まれたチューリップは、この家が一六三三年に珍種のチューリップ三個と引き換えに売られた記念に彫られたものであった」（前掲書158頁）。
＊4　マルクスによれば、「ヴェネツィアの略奪システムがおこなった卑劣きわまりない行為は、オランダ資本の豊かさの隠れた基盤となったのである。というのも、没落したヴェネツィアは大変な量の貨幣をオランダに貸していたからである」（［2005b］564頁）。
＊5　南海会社の株価は、チャンセラー（［2000］111・140頁）参照。
＊6　日本証券経済研究所は1988年10月、「日本の株価水準研究グループ報

説明できる。前者の10年国債利回りは1.70％、後者は同0.67％であったため、1.03％低下したことになる。貸出金利子率は、10年国債利回りに86％（＝0.89／1.03）追随していた。

＊26　AA格の社債利回りは、異次元金融緩和が始まった2013年4月から2024年2月まで、10年国債利回りに平均して0.38％（下限0.28～上限0.49％）上乗せした水準で推移している。

＊27　2016年から2023年までの潜在成長率は年0.5％増、同期間の10年国債利回りは0.11%、消費者物価（食料［酒類を除く］とエネルギーを除く）は年0.55％増。したがって、実質10年国債利回りはマイナス0.44％。潜在成長率プラス0.5％と実質国債利回マイナス0.44％が一致しないのは、前者が実績値で、後者は今後10年間の投資家の予想を織り込んだ数値であるから。投資家は今後、潜在成長率が労働人口の減少によりマイナスとなると予想していることになる。

＊28　海外進出企業の海外生産比率は1985年度に8.7％だったが、2021年度には40.7％に高まった（経済産業省「海外事業活動基本調査概要」）。

＊29　2005～2022年度における全規模・全産業のROE（実績値）は5.88％、借入金利子率（同）は1.51％だったので、両者の合計を3で割った数字がスミス理論による借入金利子率2.46％となる。この2倍にあたる4.93％（四捨五入により端数は合わない）がROEとなる。

＊30　製造業全体の海外生産比率は2021年に25.8％（海外進出企業ベースでは40.7％）。大企業・製造業の2005～2022年度の利子・利潤スプレッドが5.3％だったので、5.3＝0.5×（1－0.258）＋x×0.258。この式を解くと、x＝19.1％となる。

＊31　経済産業省「海外事業活動基本調査」は海外現地法人の資本合計を公表しておらず、内部留保金残高を公表している。

＊32　2022年度の中小企業製造業のROEは4.40％、借入金利子率は1.25％。したがって、スミス理論によるROEは3.77％（＝（4.40＋1.25）×2／3）となり、4.40％＞3.77％。中小企業非製造業のROEは5.11％、借入金利子率は0.98％。したがって、5.11％＞4.1％。

＊33　データは経済産業省「第53回 海外事業活動基本調査概要」。

＊34　預金利子は、定期預金6カ月以上1年未満で新規預け入れ分。データは日銀「定期預金の預入期間別平均金利（新規受入分）」。

注

＊18　英国の1人当たり実質GDPはOur World inDataより。英国の実質賃金はE.A.Wrigley［1981］より。

＊19　「イギリスのジェームス・ドドソンという数学者によって、公平な保険料分担の方法が発見され、1762年に世界で初めて近代的な保険制度に基づく生命保険会社が設立される」生命保険協会HP（https://www.seiho.or.jp/data/billboard/introduction/content02/）。

＊20　金融機関は1977年4月から、発行後1年の国債を市場で売却することが可能となり、国債利回りは市場で決定されるようになった。それ以前は、国債はシンジケート団引き受け方式によって利回りが決定されていた。建設国債は1996年から発行、赤字国債は1965年度に戦後はじめて発行され、1975年度からは大量にかつ継続的に発行されるようになった。

＊21　TIBOR（Tokyo InterBank Offered Rate）は、銀行間取引市場で無担保コールレートを反映して決まる金利。実際に日銀が決める基準貸付利率（以前の公定歩合に相当）は、無担保コールレート（短期金融市場の金利）の上限を画する役割を担うようになっており、TIBORはおおむね基準貸付利率と同じ水準で同じ方向に推移している。

＊22　日本のGDPデフレーター（一般物価水準）のピークは1994年、消費者物価指数（総合）がピークだったのは1998年。1997年4月に消費者物価が3％から5％へと引き上げられた影響を除いても、1998年がピーク。

＊23　コア業務純益＝資金利益＋非資金利益－経費、コア業務純益の推移は、日銀「2022年度の銀行・信用金庫決算」（2023年7月）の図Ⅰ-2-2（7頁）参照。

＊24　2005年に2.11％だった預貸スプレッドが、2008年には1.05％と半分に縮まったのは、日銀が2006年、2007年に無担保コールレートの利上げに踏み切ったため。無担保コールレートの影響を大きく受けるTIBORは、2005年には0.118％だったが、2008年には0.947％まで上昇した。しかし、2008年10月、12月と無担保コールレートの引き下げを行ったため、2009年になるとTIBORは0.728％へと低下し、2016年から2022年までは0.1％台で推移した（2023年は0.234％）。

＊25　1996～2005年の預貸スプレッドは年平均1.99％であり、2006～2022年には1.09％と0.90％低下。預貸スプレッドを構成する貸付金利子率は同期間で0.89％低下したため、預貸スプレッドの低下のうち99％（＝0.89/0.90）

ランダ商業通信』Hollandische Merciriusは一六三三年に一度、一六五四年に一度この語を用いている」（前掲書293頁）。
＊10　BOEは2018年までのデータを扱っている。日米独の10年国債利回りを、食料とエネルギー価格を除く消費者物価上昇率を控除して実質化し、BOEのGDPウェイトで加重平均して3カ国の実質金利（7年移動平均）を算出した。2022年の日米独加重平均値の実質金利（同）はマイナス0.92%となった。BB'の傾向線を延長して、2022年の推計値を計算すると0.09%となる。新型コロナ・パンデミックは、実質金利と1%ほど傾向線より下振れさせているにすぎない。
＊11　ピーク時の1443年（16.2%）から、ボトム時1527年（3.3%）までの85年間の傾向線の傾きは、マイナス0.1065%／年。1654年（12.3%）から1706年（1.0%）の55年間の傾きは、マイナス0.052%／年。
＊12　14世紀以来の長期傾向線（本文167ページの図表31のAA'線）上の2024年の値は0.71%。ここから1倍の標準偏差（2.85%）を引くと、マイナス2.13%となる。
＊13　日銀「経済・物価情勢の展望」（2024年7月）9頁より。
＊14　シャステルによれば、「『一五二七年五月六日、ローマは陥落せり』。ローマのジャニーコロの丘に建つランテ荘（旧バルダッサーレ・トゥリーニ邸）の大広間南壁に刻み付けられた書き込み」（［2006］142頁）があり、皇帝軍であるドイツ傭兵隊長は「五月六日、我らはローマを急襲した。六千人の者を殺し、家々を掠奪し、聖堂その他の場所からめぼしい物を奪い、最後に市の大部分に火を放った」（前掲書142頁）と記録を残している。なお、劫掠直前の「当時のローマの定住人口は五万三千強」（前掲書50頁）で、「住民の四分の一近くはイタリア人ですらなく、生粋のローマ人はといえば六分の一をかろうじて越える程度だった」（前掲書52頁）。
＊15　水野和夫（［2022］708～744頁）。
＊16　「『価格革命』とは16世紀ヨーロッパの貨幣と物価の動きをあらわすのに用いられてきた言葉であり、それは、近代のはじまりを画する時代の経済現象を説明するものとして、ひろく認められてきたいわば経済史上の通念である」（竹岡敬温［1974］5頁）。
＊17　「羊が人間を食べている」はクエンティン・スキナーの表現（［2009］239頁）で、トマス・モア（［2011］31頁）の表現を要約したもの。

注

第4章 中心の喪失

＊1　IMF “World Economic Outlook Database” October 2024 Editionより。

＊2　ユーロ／ドルの市場レート（y）を、ユーロの輸出物価基準のPPP（x）とする一次関数で回帰すると、ユーロ誕生（1999年）から現在（2024年1～7月）ではR^2が0.888となっており、PPP（輸出物価基準）の説明力が高い。いっぽう、円のそれは1986～2012年まではR^2＝0.803。ところが「異次元量的緩和」政策が始まった2013～2024年は0.258となり、円／ドルはPPPではまったく説明できなくなった。

＊3　「円／ドルの市場レートがPPPへ回帰する」とは、1973年から2012年まで、市場レートはPPPに対して平均0.4％割安で推移し、おおむねPPPを基準に3分の2の確率で上下1.1～0.9の範囲に収まっていた状態を言う。

＊4　「ユーロ／ドルの市場レートがPPPへ回帰性がある」とは、1999年から2024年まで市場レートはPPPに対して平均2％割安で推移し、おおむねPPPを基準に3分の2の確率で上下1.1～0.9の範囲に収まっていた状態を言う。

＊5　実効為替レートとは、対象となるすべての通貨と日本円との間の2通貨間為替レートを、貿易額などで計った相対的な重要度でウェイト付けして集計・算出することで、2国間だけでは捉えられない総合的な為替レートの変動を見ることができる。

＊6　BP “Statistical Review of World Energy 2022” によれば、ノルウェーの原油生産量はピークだった2001年の日量3403バレルから、2013年には同1838バレルと46.0％も落ち込み、その後回復していない。

＊7　日米独の実質10年国債利回りは、食料とエネルギーを除く消費者物価変動率を控除して算出。

＊8　日銀企画局の日銀レビュー「わが国における自然利子率の動向」［2016］参照。

＊9　ブローデルによれば、「capitale（caput［頭］から派生した後期ラテン語の単語）は十二－十三世紀ごろ、資産・商品のストック・銀塊あるいは利息の付く金《かね》の意味で姿を現わす。（中略）疑いの余地なしに一二一一年に存在が確認されており、そして一二八三年以後は商会の資本の意味で確認されている」（［1986］288～289頁）。資本家という言葉は、17世紀中頃に登場した。「資本家capitalisteという語は、おそらく十七世紀中ごろに現れる。『オ

〇万ポンドを懐に入れたという。（中略）当時の国家予算は二〇万ポンド前後と見積もられており、ドレークは実に三年分の国家予算に相当する〝海賊マネー〟を、イギリスに持ち帰ったことになる」（竹田いさみ［2011］19頁）。そして、「女王の懐に転がり込んだ三〇万ポンドの詳しい使途に関しては、記録が残っていないため、推測の域を出ない。（中略）資金の大半は、アントワープの金融業者への借金返済に回した後で、残った資金の一部を宮廷歳費と共に、（中略）レヴァント会社など海外貿易会社の設立にあてた」（前掲書20頁）。

＊34　ローマ教皇レオ10世（1513～1521年在位）、ローマ教皇クレメンス7世（1523～1534年）。

＊35　小泉政権の実質GDP成長率は年平均1.2％増、第2次安倍政権（2012年12月～2020年9月）のそれは年平均0.3％増だった。ただし、2020年は新型コロナ・パンデミックの影響で年マイナス4.2％となったため、2020年を除くと年0.9％増。目標の3分の1にも満たない。

＊36　グリーンスパンFRB議長は、「ほとんど疑いないのは、多少の問題があろうとも、グローバル金融の並はずれた変化が世界の経済構造と生活水準を格段に進歩させるのに寄与してきたということである」（スティーガー［2005］134頁）と主張していた。またフランシス・フクヤマは、「グローバリゼーションの結果として生まれる経済発展の水準は、強力な中産階級を擁する複合的な市民社会創出の導き手である。この階級と社会的構造こそが民主主義を促進するのである」（前掲書142頁）と言う。

＊37　データは財務省「日本の財政関連資料」（2024年6月）15頁。日本の政府債務はGDPの2.52倍であり、187カ国中、レバノンの3.50倍に次いで高い。3位はギリシャ2.01倍、4位はスーダン1.88倍、5位がイタリア1.50倍。

＊38　本文中の文章は、ミルの「今日の社会生活の特徴となっているものは、互いにひとを踏みつけ、おし倒し、（中略）これこそ最も望ましい人類の運命であって、決して産業的進歩の諸段階中の一つがそなえている忌むべき特質ではない、と考える人々がいだいている、あの人生の理想には、正直にいって私は魅惑を感じないものである」（［1961］105頁）を、ブローグが要約したもの（［1984］356頁）。

＊39　前原正美（［1988］2頁）。

ている。下位50％は総所得の8.5％、総資産の2％しか所有していない。データはWORLD INEQUALITY LAB “WORLD INEQUALITY REPORT 2022”。

＊25　リヒトハイム『帝国主義』（香西純一訳［1980］）の「訳者あとがき」。

＊26　マスクの純資産は2942億ドル（2021年11月30日）で、世界1位（Oxfam［2022 b］）。

＊27　「『資本』capitaleの語はすでに一三世紀初頭よりスコラ学者たちによって用いられている」（大黒俊二［2006］58頁）。

＊28　大黒俊二（［2006］第2章「石から種子へ」）参照。

＊29　ニーアル・ファーガソンは、資本主義の産褥期に活躍したメディチ家について次のように言う。「一三九〇年代より以前のメディチ家は、銀行屋というよりギャング一味と呼んだほうがふさわしい状況だった」（［2009］58頁）。

＊30　「イギリスの海外投資の最初を、一五八〇年にドレイク（Sir Francis Drake）がスペインから略奪した財宝にまでさかのぼって考えている」（ケインズ［1981a］390頁）。

＊31　ジャック・ル・ゴッフ［1989］の副題。「教会と世俗権力は高利貸に向かって《金か命か、どちらかを選べ》と言うのが口癖だった。しかし、高利貸にしてみれば欲しいのは《金も命も》であった」（前掲書79頁）。

＊32　ブルクハルトの甥ヤーコプ・エーリ（1844～1908年）は、「ブルクハルトがバーゼルの大学で行なった講義『歴史の研究について』（中略）の講義草稿を編纂して（『世界史的考察』という題名で）公刊するために、一九〇三年七月二十一日に、夏期休暇を使って（中略）その仕事を始め、九月十七日にそれを終えた」（ブルクハルト［2009］465頁）。本文で用いている「歴史の危機」は前掲書第四章を参照。なお、同書の訳者は「歴史における危機」との表現を使っているが、野田宣雄は「ブルクハルトは、歴史におけるこの急激な変化を指して『歴史の危機』という表現をもちい、具体的な例としては、民族移動・侵略・征服・十字軍・革命・戦争等々を挙げる」（［2000］141頁）と記している。したがって、本書では以下、野田にしたがって「歴史の危機」という表現で統一する。

＊33　ドレークは「イギリス人として初めて世界一周の航海『世界周航（Circumnavigation）』（一五七七～八〇年）を成し遂げ（中略）イギリスに約六〇万ポンドをもたらし、エリザベス女王は少なくとも、半分に当たる三

鐘打つ人、火の粉かからず」（[2005] 79頁）と訳されている。

＊16　中山伊知郎は、「区別しうべき資本の概念はすでに二〇〇にあまるといわれるのである」（[1973] 23頁）と言う。

＊17　中山伊知郎は、利子と利潤の関係について「利子の本質を、特にその源泉から問わんとする場合においては、それは利潤とまったく同様に迂回生産の利益そのものを代表するものと考えて少しもさしつかえがない」（[1973] 73頁）と言い、利子の恒常性に対して利潤は一時性の性質を有していることに関しては、利子の恒常性を保証するものは「利潤が全体としてはたえず存在するところの、すなわち経済が不断の投資によってたえず発展の過程にある場合を考慮に入れることによってのみ説明しえられる」（前掲書255頁）と言っている。

＊18　ヒックスは、『経済学の思考法——貨幣と成長についての再論』第Ⅶ章「資本論争——古代と現代」[1985] において、資本の機能を二つに分けている。本書で言う、生活水準の向上に資するものが資本の機能であると見るのは、ヒックスの言う「唯物論者の資本」に該当し、いつでも換金できるものは「資金主義者の資本」である。

＊19　ヒックス『経済学の思考法——貨幣と成長についての再論』第Ⅶ章「資本論争——古代と現代」[1985] 参照。

＊20　マックス・ヴェーバーは、「国家とは、ある一定の領域の内部で——この『領域』という点が特徴なのだが——正当な物理的暴力行使の独占を（実効的に）要求する人間共同体である」（[1980] 9頁）と言う。彼は、レフ・トロツキーの「すべての国家は暴力の上に基礎づけられている」（前掲書9頁）を紹介し、それは正しいとしている。

＊21　ビリオネアトップ10人は、世界の下位31億人の6倍もの富を所有している（Oxfam [2022ｂ] 2頁）。

＊22　2015年にノーベル経済学賞を受賞したアンガス・ディートンは2020年、アン・ケースとの共著 “Deaths of Despair and the Future of Capitalism” を上梓し、1990年代以降「絶望死」が非ヒスパニック系白人男性で学歴が高卒までの50～54歳で急増していることを明らかにした。邦訳は2021年、みすず書房『絶望死のアメリカ—資本主義がめざすべきもの』（松本裕訳）。

＊23　データは米共和党の報告書 “Long-Term Trends in Deaths of Despair”。

＊24　上位1％は世界の総所得の19％を占め、世界の総資産の38％を所有し

にかけては毎年2桁だった。特に2001年の破綻件数は56件だった。2003年には大手地方銀行の足利銀行が破綻し、りそな銀行に公的資金が注入された。

＊3　日銀は1995年7月7日の政策決定会合でコールレートを0.75％とし、短期金利の低め誘導政策を実施した。

＊4　1971年から1990年までは事業所規模30人以上が対象、1991年以降は5人以上が対象（厚生労働省「毎月勤労統計調査」）。

＊5　日銀「経済・物価情勢の展望」（2024年7月）によれば、政策委員の消費者物価（生鮮食品を除く総合）の見通しは2024年度2.5％増のあと、2025年度2.1％増となるが、2026年度には1.9％と、目標の2.0％を下回ると予想している。

＊6　エンゲル係数とは、消費支出に占める食料費の割合のこと。

＊7　「5分位階級」とは、定期収入を収入の低いほうから順番に並べ、それを5等分して五つのグループを作った場合の各グループのことで、収入の低いほうから順に第1、第2……第5階級と言う。

＊8　定期収入5分位1のエンゲル係数と電気代を合わせた額を、消費支出で割った比率（生活固定費）がもっとも低かった2012年を基準として、2024年1～3月の比率の上昇幅を見ると、所得がもっとも高い5分位5は、5.0％の上昇にとどまっている（22.8％から27.7％へ上昇。四捨五入により端数は合わない）。

＊9　経済理論では、実質賃金の上昇率は労働生産性の上昇率に労働分配率をかけたものとなる。詳細はマンキュー（［2017］78～85頁）参照。

＊10　日本経済新聞電子版（2023年7月31日）「金融政策、金利から量へ『できることは全てやる』」より。

＊11　小泉純一郎政権（2001年4月～2006年9月）の誕生以降、2023年度までの実質GDP成長率は年0.6％だった。

＊12　NHK NEWS WEB「74兆円の〝埋蔵金〟？どうする日銀ETF」（2024年4月28日）より。

＊13　日本経済新聞（2023年5月10日）「日銀総裁、ETF『処分価格は時価』具体論は言及せず」。

＊14　経済産業省「持続的成長への競争力とインセンティブ～企業と投資家の望ましい関係構築～」プロジェクト［2014］。

＊15　セルバンテス『ドン・キホーテ 後篇 下』（荻内勝之訳）では、「半

パー「近年の労働分配率低下の要因分析」(2018) の数字68.7%を用いた。

＊30　両方のデータが揃うのは50カ国。

＊31　水野和夫『次なる100年——歴史の危機から学ぶこと』第3章3節「消費か投資かどちらを重視すべきか——いまを楽しむかvs.将来に備えるか」内の「日本人は一体いつまで我慢すればいいのか」([2022] 525〜539頁、特に図表3-46) 参照。

＊32　「成長の収斂仮説」については、ローマー ([1998] 31頁)、および水野和夫 ([2013] 80〜86頁) 参照。

＊33　G7で最初にドイツが1971年に2.0を下回り、もっとも遅かったイタリアは1977年に2.0を下回った (日本は1975年)。韓国は1984年に2.0を下回り、2022年時点で0.78、2023年は0.72。データは世界銀行。

＊34　国立社会保障・人口問題研究所「第16回出生動向基本調査 結果の概要」(5年に一度調査) によれば、結婚の意思に関して「『一生結婚するつもりはない』と答える未婚者は2000年代に入って増加傾向が続いており、今回調査では男性で17.3%、女性で14.6%となった」([2022] 17頁)。2002年時点においては男性5.4%、女性5.0%だった (前掲書17頁)。

＊35　厚生労働省「令和5年 (2023) 人口動態統計月報年計 (概数) の概況」によれば、第1子出生時の母親の平均年齢は1975年に25.7歳だったが、2023年には31.0歳となった。1975年の合計特殊出生率は1.91で、はじめて2.0を下回った (2023年は1.20)。

＊36　国立社会保障・人口問題研究所「第16回出生動向基本調査 結果の概要」によれば、「結婚意思のある18〜34歳の未婚男女の平均希望子ども数は、1982年以降おおむね低下傾向が続き、今回調査では男性で1.82人となり、女性では初めて2人を下回り1.79人となった」([2022] 34頁)。2002年時点では男性2.05人、女性2.03人だった (前掲書34頁)。

第3章 リアルエコノミー vs. シンボルエコノミー

＊1　ケインズは、「人間の歴史を通じて貯蓄性向が投資誘因よりも強力であるという慢性的傾向がある」([1995] 348頁)、すなわち「個々人が消費の抑制によって自分の個人的な富を増加させようとする欲求は、通常、(中略) 企業者の [投資] 誘因よりも強かった」(前掲書348頁) と指摘する。

＊2　データは金融庁 [2007]。金融機関の破綻件数は、1997年から2001年

械器具製造業や鉄鋼業など資材部門に50.3万人、合わせて137万人。

＊20　日本の輸送用機械産業の就業者1人当たりの実質生産性は1218万円（2021年）で、全産業平均の791万円の1.54倍。電気機械産業は1.8倍、鉄鋼・非鉄金属などの1次金属産業は2.6倍。データは内閣府「国民経済計算年次推計」。

＊21　輸送用機械産業320.5万人の1人当たり実質GDPは1218万円、その他の産業80万人の1人当たり実質GDPは、日本全体の平均と同じ791万円とすると、総生産額は45.4兆円となる。これを愛知県の人口737.2万人で割ると、1人当たり実質GDPは616万円となる。日本全体の1人当たり実質GDPは431万円だから、1.43倍である。

＊22　9位デンマークの5万9357ドル（2017年国際ドル）に次ぐ。

＊23　農業の就業者1人当たりの生産性は196万円で、全平均の4分の1となっている。

＊24　生活満足度と１人当たり所得の関係について、キャロル・グラハムは「平均してみれば、グループとしての高所得国は、低所得国よりも幸福ですが、幸福水準は、ある一定の水準までは所得の上昇に伴って上昇するものの、それ以降は伸びなくなります」（[2013] 40頁）と述べている。同書の図1-1（41頁）参照。

＊25　ワイルは、西欧の人口と1人当たり生産の変動率のデータ（500年から1990年の期間）を用いて「マルサスモデルの崩壊」（[2010] 87～88頁）の根拠としている。本文ではデータの制約上、英仏独伊の4カ国で西欧を代表させた。

＊26　国連の“World Population Prospects 2022”より。Table1.1によれば、ヨーロッパ・北米の人口は2022年11.12億人から2030年には11.29億人へと増加するが、2050年には11.25億人へと減少に転ずる。

＊27　2008年の日本の人口は、1億2805.7万人でピークだった。2008年から2022年にかけて人口は年率0.1％減。

＊28　国立社会保障・人口問題研究所「日本の将来推計人口（令和5年版推計）」より。

＊29　供給サイドから生産関数を用いて潜在成長率を計算する場合、労働力人口の増減率に労働分配率をかけた数字が、潜在成長率に対する労働人口の寄与度となる。労働分配率は、内閣府の経緯財財政ディスカッションペー

＊13　1994年の輸送用機械の海外生産比率は16.9％だったが、ピークの2016年には48.8％に達した（海外生産比率＝現地法人（製造業）売上高／（現地法人（製造業）売上高＋国内法人（製造業）売上高）×100)。データは経済産業省「海外事業活動基本調査」。国内生産台数がピークだった1990年の海外生産比率は12.6％。ただし、この時の海外生産比率は現地法人（製造業）売上高／国内法人（製造業）売上高×100で計算。

＊14　日本の自動車生産台数（乗用車、トラック、バスの合計。軽四輪を含む）は1990年に1348.7万台だったが、2023年は900.0万台へと、33.3％の大幅減となった（四捨五入により端数は合わない)。いっぽう、米国は1991年に881.2万台だったが、2023年は1061.2万台20.4％増となった（日本自動車工業会『世界自動車統計年報』)。

＊15　GDPデフレーターは「一般物価水準」と訳され、消費者が小売店などで購入する価格を測る消費者物価、企業間どうしの取引価格を測る企業物価、公共投資の価格、輸出入価格を総合したもの。

＊16　デフレの定義は、2年以上にわたって消費者物価指数が下落すること。消費者物価よりカバレッジが広いGDPデフレーターは1995年からマイナスに転じ、その後2022年までGDPデフレーターは年0.4％減だった。

＊17　1人当たり名目GDP（ドル建て）は、①1人当たり実質GDP（2017年国際ドル）と、②GDPデフレーター×為替要因に分解できる。②のGDPデフレーター×為替要因＝GDPデフレーター×（2017年国際ドル基準の為替レート／市場の円ドルレート）となり、これが本文中の「物価（GDPデフレーター)・為替要因」である。なお、1人当たり実質GDPについては、自国通貨建てと2017年国際ドル建ての両方の数字が存在するが、対前年比で見れば増加率は同じである。したがって、本文中で1人当たり実質GDPの増加率を表現する場合、円建ておよび2017年国際ドル建てを区別する必要はない。

＊18　11カ国の1人当たり実質GDP成長率は1991～2000年が年率3.02％、2000～2022年が同1.46％だったので、半減した。日本は前者が0.74％だったのに対して、後者は0.62％とほぼ同じだった。

＊19　日本自動車工業会「基幹産業としての自動車製造業（https://www.jama.or.jp/statistics/facts/industry/)」によれば、2022年における日本の自動車関連産業の就業人口は554万人。このうち製造部門に86.7万人、電気機

の考えを疑いようのない自明の理とみなすので、あらゆる社会問題を新自由主義の言葉に翻訳します。だからいつも市場に適した型どおりの答えが導き出されるのです。これが民衆に何の影響も及ぼさないはずがありません」（[2022] 193頁）。

＊4　1976年の米国の貿易赤字は94.8億ドル（対GDP比でマイナス0.5％）だったが、2023年には1兆633億ドル（同3.8％）へと拡大している。なお、対GDP比で最大は2006年の6.1％。

＊5　1986年に第1次日米半導体協定が締結され、この協定が1991年に失効することから、同年に第2次協定が締結された。日本は同協定により、半導体市場における外国製品のシェアを20％以上にすることを約束した。

＊6　円は1995年と2024年（1〜8月）を比較して62％安く、ユーロは1999年と2024年（1〜7月）を比較して18％安くなった。

＊7　2023年で法人税率（実効税率）がOECD38カ国でもっとも低いのはハンガリーの9％、次いでアイルランド12.5％、リトアニア15.0％の順。米国は25.8％で24位、日本は29.7％で32位、ドイツは29.9％で33位。グローバル化の進展と共に、各国で法人税率の引き下げが行われた。ハンガリーは1990年に50％だったが1995年に18％、アイルランドは1994年に40％だったが2003年に12.5％となった。データは国際的リサーチシンクタンクTax Foundationの“Corporate Tax Rates around the World［2023］”。

＊8　アイルランドは1人当たり名目GDPランキングで2001年にベスト10入りをし、2010年から2013年までは13位から15位に下がった。しかし2015年以降、再びベスト10入りしている。

＊9　「帝国」の定義や世界最大の債権国（所得収支黒字が最大の国）になる過程は、水野和夫（[2022] 327〜383頁）参照。

＊10　変動相場制以降、円安に歯止めをかける水準が消費者物価基準のPPPであった。ところが2022年に1ドル＝131.4円と、消費者物価基準のPPP109.4円をはじめて上回る円安となった。そのきっかけは、ロシア・ウクライナ戦争である。

＊11　WSTSは、世界半導体市場の統計データを提供する組織。

＊12　2022年の日本の貿易収支は20.3兆円の赤字となり、現行統計（1979年以降）で最大の赤字を記録した。2023年は9.3兆円の赤字。2024年1〜8月は年間6.8兆円の赤字ペースとなっている。

＊28　本文145ページの図表25のT／Y比率（この比率はおおむねシンボルエコノミー／リアルエコノミー比率と等しい）参照。
＊29　ケインズは1936年刊行の原著で “Madmen” と表現しており、塩野谷祐一［1995］や塩野谷九十九［1945］はこれを「狂人」と訳している。
＊30　資源価格など原材料の投入量は、完成品数量に比べて、省エネ技術の発達で趨勢的に低下傾向にあるが、それは一定の比率で低下し、しかもその低下幅は実質原油価格の変動幅に比べて無視できる程度に小さい。
＊31　日本の法人企業の売上高営業利益率は1973年度には5.2％だったが、1982年度には2.8％まで低下した。いっぽう、売上高人件費比率は1973年度に9.3％だったが、1982年度は10.1％まで上昇した。データは財務省「法人企業統計年報」、対象企業は全規模・全産業。
＊32　1人当たり1次エネルギー消費量を、先進国（OECD加盟国）と途上国（非OECD加盟国）で比べると、1998年から2021年にかけて、先進国では年率マイナス0.6％、途上国は2.4％増だった。その結果、世界全体では0.8％増となった。データは “bp Statistical Review of World Energy June 2022”。

第2章　経済成長という病

＊1　購買力平価とは、一物一価が貿易財・サービスにも該当すると考え、為替レートは価格が等しくなるように変動するという前提にもとづいている。その場合、価格差を消費者物価で企業物価、あるいは輸出物価で調整すると見るかによって、三つの値が算出できる。具体的なPPPは、国際通貨研究所のサイト（https://www.iima.or.jp/research/ppp.html）参照。
＊2　内閣府は、HP（https://www.esri.cao.go.jp/jp/sna/data/data_list/kakuhou/files/2022/sankou/pdf/kokusaihikaku_20231225.pdf）で「我が国の一人当たりの名目GDPは、令和4（2022）暦年には3万4,064ドルとなり、OECD加盟国の中で第21位となった」と公表している。また、2000～2003年はOECD諸国で2位だったと公表している（https://www.esri.cao.go.jp/jp/sna/data/data_list/kakuhou/files/h15/pdf/zuhyou.pdf）。
＊3　ライナー・マウスフェルトは、次のようにメディアを批判している。「主要メディアのジャーナリストたちは自発的に新自由主義の世論操作技師になりました。そうした言葉の意味を、背景を、由来を知ろうともしませんし、それらの影響や作用にも無頓着です。ジャーナリストたちは新自由主義

注

潜在GDPは「経済の過去のトレンドからみて平均的な水準で生産要素を投入した時に実現可能なGDP」と定義される（内閣府）。

＊22　傾向線Ⅱにおいては不況の2002年に失業率5.5％、コアインフレ率マイナス0.7％、好況の2018年に失業率2.4％、コアインフレ率プラス0.4％と、失業率は3％以上変化してもコアインフレ率はわずか1.1％しか変化しない。

＊23　各国比較する時は、需給ギャップを表す指標として、失業率よりも通常、GDPギャップが用いられる。失業率は各国の労働慣行に違いがあるからである。たとえばドイツの場合、コアインフレ率（y）、GDPギャップ（x）として回帰式を測定すると、y＝−0.0142x＋1.3449、R^2＝0.0012。計測期間は、コアインフレ率が2％台に鈍化した1994年から2020年まで。xにかかる係数がマイナスとなっているので、フィリップス曲線は成立していない。英国もドイツと同じく、xにかかる係数がマイナスとなる。

＊24　米国の場合、y＝0.1118x＋2.3297、R^2＝0.3936、計測期間は1994～2020年。xにかかる係数のｔ値は4.0となり、2.0を上回る。ただし、GDPギャップが1.0％上昇すると、コアインフレ率が0.11％上がるという関係で、GDPギャップが10.0％上昇して、ようやくコアインフレ率は1.1％上昇する。セントルイス連邦準備銀行によれば、2022年の米GDPギャップはプラス1.1％、潜在成長率は2022年1.9％、2025年まで1.9％、その後は1.8％と予想している。実際の実質GDPは年3％成長すると、GDPギャップは1％強上昇する。GDPギャップを10％にするには、9年間3％成長し続ける必要がある。2023年1月の米コアインフレ率5.5％増は、GDPギャップでは説明できない。

＊25　米国の場合、コアインフレ率をGDPギャップ（2年先行）で説明できるのは1973～1982年の10年間である。その後の1983～1993年は、GDPギャップにかかる係数がマイナスとなって、フィリップス曲線は成立していない。その後、1994～2020年になると再びフィリップス曲線は成立するようになった。

＊26　ドイツの場合、1980～1993年では、コアインフレ率は自国のGDPギャップで説明できる（R^2＝0.39）。xにかかる係数0.498のｔ値は2.7で、xの係数0.498は統計的に有意。

＊27　英国はもともと米国との関係が強く、1970～2022年までの期間のコアインフレ率は米国のそれで十分説明可能である。とりわけ1993年以降、英国のコアインフレ率は自国のGDPギャップではまったく説明できない。

(R^2は決定係数)。M2が1.0%増加すると、コアインフレ率は0.73%上昇する関係があり、しかも相関係数が非常に高いため、M2の説明力が高いことが判明した。

＊11　本文47ページの図表7の下図参照。

＊12　マネタリーベースとは、日銀が世の中に直接的に供給するお金のことで、具体的には、市中に出回っているお金である流通現金（「日本銀行券発行高」＋「貨幣流通高」）と日本銀行当座預金（日銀当座預金）の合計値を示す。日銀「日本銀行について（https://www.boj.or.jp/about/education/oshiete/statistics/h06.htm）」より。

＊13　マネタリーベースは2013年1〜3月期に134.3兆円で、2年後の2015年1〜3月期には282.1兆円となり、2倍強に増加した。

＊14　消費者物価（生鮮食品を除く総合）は、2013年度0.8%増、2014年度2.8%増、2015年度0.0%増だった。消費税引き上げ（2014年4月より5%から8%へ）の影響を控除すると、消費者物価（生鮮食品を除く総合）は2014年度は0.8%増、2015年度はマイナス0.1%となった。その後も2%増に達することはなかった。

＊15　同期間、米国の名目賃金（週平均）は年3.26%上昇し、消費者物価は2.52%上がっていた。実質賃金は0.74%増（＝3.26－2.52）だった。

＊16　2024年1〜9月の米国の名目賃金（週平均）は年3.2%上昇し、消費者物価は2.1%上がっていた。

＊17　OECD "The Labour Share in G20 Economies"（2015年）より。

＊18　中央値とは、所得を低いものから高いものへと順に並べて2等分する境界値を指す。

＊19　内閣府では「IMFの論文（1999）においては、デフレを『少なくとも2年間継続的に物価が下落する状態（中略）』と便宜上、定義した上で、各国比較を行っている」（[2001] 6頁）と紹介している。

＊20　内閣府は「CPIのうち、季節要因や特殊要因で大きく変動する生鮮食品や原油などを除いた消費者物価総合で判断した方がいいという議論もあり得るが、一部の価格下落ではなく、物価の全般的な下落であると捉えるとすれば、CPIもこうした要因をあえて取り除かないで、総合でみる方が望ましいと言えよう」（[2001] 28頁）としている。

＊21　GDPギャップ（%）＝（実際の実質GDP－潜在GDP）／潜在GDP。

注

第1章 幻想のインフレ時代

＊1　本文では日米の物価動向を中心に述べるが、ヨーロッパも米国と同様の傾向で推移している。新型コロナ・パンデミックとロシア・クライナ戦争が起きる前後において、ドイツのコアインフレ率がボトムだったのは2020年12月の0.4％増、フランスのボトムは同年12月で0.5％増、英国のボトムは同年8月の1.0％増だった。データはOECD Data Inflation（CPI）。

＊2　1981年11月の米国の消費者物価は9.6％増。

＊3　1981年7月の日本の消費者物価は4.3％増。

＊4　米国のコアインフレ率は食料・エネルギーを除くベースで、ウェートは78.2％。日本のコアインフレ率は食料（酒類を除く）およびエネルギーを除くベースで、ウェートは67.8％、ただし、2021年4月から携帯電話の格安料金プランが始まったので、この影響を控除した数字を本書ではコアインフレ率とした。2021年4月から始まった格安料金プランの影響で、携帯電話の通信料のCPI（全国消費者物価指数）は、年間でおよそ3割下落した。

＊5　ここで言う「非連続的な変化」は、本文23ページの図表3で言及する。

＊6　米労働省のコアインフレ率の増減率は1958年1月から公表され、1991年2月に5.7％増となり、1982年10月（5.9％増）以来のピークをつけた。

＊7　日本の消費者物価（食料［酒類を除く］およびエネルギーを除く総合）は、1992年6月に前年同月比2.9％増でピークアウトし、その後、低下傾向に入った。なお、消費税引き上げによる物価押し上げ効果は、控除した総務省の消費税調整済指数を用いた。

＊8　米国のコアインフレ率は2021年3月まで1.0％台の上昇率で、翌月から3.0％台となり、上昇テンポを強めていった。

＊9　日本のコアインフレ率は2022年7月までゼロ％台で、翌月から1.0％台となった。

＊10　実際に日本のデータを用いて分析すると、y＝コアインフレ率（前年比）、x＝マネーストックM2（2年先行、前年比）として1971～1991年までのデータで回帰式を計測すると、$y=0.7325x-3.9434$、$R^2=0.7697$となった

リグリィ，E.A.［1982］『人口と歴史』原著1981年，速水融訳，筑摩叢書
——［1991］『エネルギーと産業革命——連続性・偶然・変化』原著1988年，近藤正臣訳，同文館
ル・ゴッフ，ジャック［1989］『中世の高利貸——金も命も』原著1986年，渡辺香根夫訳，法政大学出版局
レディカー，マーカス［2014］『海賊たちの黄金時代——アトランティック・ヒストリーの世界』原著2004年，和田光弘／小島崇／森丈夫／笠井俊和訳，ミネルヴァ書房
ロストフツェフ，M.［2001a］『ローマ帝国社会経済史 上』原著1923年，坂口明訳，東洋経済新報社
——［2001b］『ローマ帝国社会経済史 下』原著1923年，坂口明訳，東洋経済新報社
ローマー，デビッド［1998］『上級マクロ経済学』原著1996年，堀雅博／岩成博夫／南條隆訳，日本評論社
ワイル，デイヴィッド・N.［2010］『経済成長［第2版］』原著2009年，早見弘／早見均訳，ピアソン桐原

——— [1972b]『資本論 7』原著1894年，岡崎次郎訳，大月書店・国民文庫
——— [2005a]『マルクス・コレクションⅣ 資本論 第一巻 上』今村仁司／三島憲一／鈴木直訳，筑摩書房
——— [2005b]『マルクス・コレクションⅤ 資本論 第一巻 下]』今村仁司／三島憲一／鈴木直訳，筑摩書房
——— [2005c]「ヘーゲル法哲学批判 序説」『マルクス・コレクションⅠ デモクリトスの自然哲学とエピクロスの自然哲学の差異／ヘーゲル法哲学批判 序説／ユダヤ人問題によせて／経済学・哲学草稿』中山元／三島憲一／徳永恂/村岡晋一訳，筑摩書房
——— [2008]「コミュニスト宣言」(原著1848年)『マルクス・コレクションⅡ ドイツ・イデオロギー（抄）／哲学の貧困／コミュニスト宣言』今村仁司／三島憲一／鈴木直／塚原史／麻生博之訳，筑摩書房
——— [2024]『資本論 第一巻 上』原著1867年，今村仁司／三島憲一／鈴木直訳，ちくま学芸文庫
マルサス，トマス・ロバート [2011]『人口論』原著1798年，斉藤悦則訳，光文社古典新訳文庫
水野和夫 [2013]『人々はなぜグローバル経済の本質を見誤るのか』日経ビジネス人文庫
——— [2022]『次なる100年——歴史の危機から学ぶこと』東洋経済新報社
マンキュー [2017]『マンキュー マクロ経済学Ⅰ 入門編 [第4版]』原著2007年，足立英之／地主敏樹／中谷武／柳川隆訳，東洋経済新報社
ミル，ジョン・スチュアート [1959]『経済学原理（一）』原著1848年，末永茂喜訳，岩波文庫
——— [1961]『経済学原理（四）』原著1848年，末永茂喜訳，岩波文庫
モア，トマス [2011]『ユートピア』原著1516年，平井正穂訳，岩波文庫
モンタネッリ／ジェルヴァーゾ [1985]『ルネサンスの歴史 上——黄金世紀のイタリア』原著1967年，藤沢道郎訳，中公文庫
山本有造編 [2003]『帝国の研究——原理・類型・関係』名古屋大学出版会
ラヴァル，クリスチャン [2015]『経済人間——ネオリベラリズムの根底』原著2007年，菊池昌実訳，新評論
ランデス，D.S. [1980]『西ヨーロッパ工業史1——産業革命とその後 1750-1968』原著1969年，石坂昭雄／冨岡庄一訳，みすず書房

ヒックス，J.R.［1951］『価値と資本Ⅱ』原著1939年，安井琢磨／熊谷尚夫訳，岩波現代叢書
――― ［1985］『経済学の思考法――貨幣と成長についての再論』原著1977年，貝塚啓明訳，岩波書店
ヒューム，ディヴィッド［2011］『ヒューム 道徳・政治・文学論集［完訳版］』原著1741-1777年，田中敏弘訳，名古屋大学出版会
平井正穂［2011］「解説」モア，トマス［2011］『ユートピア』原著1516年，平井正穂訳，岩波文庫
ブローグ，M.［1984］『新版 経済理論の歴史Ⅱ――古典学派の革命』原著1978年，杉原四郎／宮崎犀一訳，東洋経済新報社
ファーガソン，ニアール［2009］『マネーの進化史』原著2008年，仙名紀訳，早川書房
ファローズ，ジェームズ［1989］『日本封じ込め――強い日本VS巻き返すアメリカ』原著1989年，大前正臣訳，TBSブリタニカ
フライシャッカー，サミュエル［2017］『分配的正義の歴史』原著2004年，中井大介訳，晃洋書房
ブルクハルト，ヤーコプ［2009］『世界史的考察』原著1905年，新井靖一訳，ちくま学芸文庫
ブローデル，フェルナン［1986］『交換のはたらき1 物質文明・経済・資本主義 15-18世紀 Ⅱ-1』原著1979年，山本淳一訳，みすず書房
――― ［2004］『〈普及版〉地中海Ⅰ 環境の役割』原著1966年（初版［1949年］から大幅に加筆・修正した第2版），浜名優美訳，藤原書店
前原正美［1989］『J.S.ミルの政治経済学』白桃書房
マウスフェルト，ライナー［2022］『羊たちの沈黙は、なぜ続くのか？――私たちの社会と生活を破壊するエリート民主政治と新自由主義』原著2018年，長谷川圭／鄭基成訳，日曜社
マクファーソン，C.B.［1980］『所有的個人主義の政治理論』原著1962年，藤野渉／将積茂／瀬沼長一郎訳，合同出版
松嶋敦茂［2005］『功利主義は生き残るか――経済倫理学の構築に向けて』勁草書房
マルクス，カール［1972a］『資本論 3』原著1867年，岡崎次郎訳，大月書店・国民文庫

訳，新潮社
竹岡敬温［1974］『近代フランス物価史序説——価格革命の研究』創文社
竹田いさみ［2011］『世界史をつくった海賊』ちくま新書
ダッシュ，マイク［2000］『チューリップ・バブル——人間を狂わせた花の物語』原著1999年，明石三世訳，文春文庫
チャンセラー，エドワード［2000］『バブルの歴史——チューリップ恐慌からインターネット投機へ』原著1999年，山岡洋一訳，日経BP社
帝国データバンク［2024］「TDB Businness View 定期調査：『食品主要195社』価格改定動向調査—2024年5月」
ドスタレール，ジル［2008］『ケインズの闘い——哲学・政治・経済学・芸術』原著2007年，鍋島直樹／小峯敦監訳，藤原書店
ドラッカー，P.F.［1986］『マネジメント・フロンティア——明日の行動指針』原著1986年，上田惇生訳，ダイヤモンド社
———［2007］『ドラッカー名著集9「経済人」の終わり』原著1939年，上田惇生訳，ダイヤモンド社
内閣府［2001］「デフレに直面する我が国気経済—デフレの定義の再整理を含めて—」
中山伊知郎［1973］『中山伊知郎全集 第四集 資本の理論』講談社
日本銀行［1995］「当面の金融調節方針について」（金融市場調節方針に関する公表分，1995年7月7日）
———［2016］「日銀レビュー わが国における自然利子率の動向」
———［2020］「日銀レビュー フィリップス曲線と日本銀行」
日本経済研究センター［2022］「金融政策ウオッチ 日銀のETF保有コスト」
日本証券経済研究所［1988］「日本の株価水準研究グループ報告書」
野田宣雄［2000］『歴史をいかに学ぶか——ブルクハルトを現代に読む』PHP新書
ハーヴェイ，デヴィッド［2007］『新自由主義——その歴史的展開と現在』原著2005年，渡辺治監訳，森田成也／木下ちがや／大屋定晴／中村好孝訳，作品社
バーク，ピーター／ハリソン，ブライアン／スラック，ポール編［2008］『市民と礼儀——初期近代イギリス社会史』原著2000年，木邨和彦訳，牧歌舎

シクロフスキー，ヴィクトル［1971］『散文の理論』原著1925年，水野忠夫訳，せりか書房
シェイクスピア［1975］「アセンズのタイモン」『シェイクスピア全集8 悲劇Ⅲ 詩』八木毅訳，筑摩書房
―――［1991］『マクベス』福田恆存訳，新潮文庫
シャステル，アンドレ［2006］『ローマ劫掠――一五二七年、聖都の悲劇』原著1983年，越川倫明／岩井瑞枝／中西麻澄／近藤真彫／小林亜起子訳，筑摩書房
シュミット，カール［2007a］「現代帝国主義の国際法的諸形態」（原著1932年）長尾龍一編『カール・シュミット著作集Ⅰ（1922-1934）』上原行雄／加藤新平／菅野喜八郎／小林公／田中成明／長尾龍一／樋口陽一訳，慈学社出版
―――［2007b］「政治神学」（原著1934年）長尾龍一編『カール・シュミット著作集Ⅰ（1922-1934）』上原行雄／加藤新平／菅野喜八郎／小林公／田中成明／長尾龍一／樋口陽一訳，慈学社出版
スキデルスキー，ロバート［2022］『経済学のどこが問題なのか』原著2022年，鍋島直樹訳，名古屋大学出版会
スキナー，クエンティン［2009］『近代政治思想の基礎――ルネッサンス、宗教改革の時代』原著1978年，門間都喜郎訳，春風社
鈴木忠志「日本という幻想」世界の果てからこんにちは｜鈴木忠志構成・演出作品（SUZUKI's Works）｜鈴木忠志・SCOT（scot-suzukicompany.com）
―――「世界は病院である」リア王｜鈴木忠志構成・演出作品（SUZUKI's Works）｜鈴木忠志・SCOT（scot-suzukicompany.com）
―――［2020］「テロの時代の芸術」東浩紀［2020］『新対話篇』ゲンロン
スティーガー，マンフレッド・B.［2005］『1冊でわかる グローバリゼーション』原著2003年，櫻井公人／櫻井純理／髙嶋正晴訳，岩波書店
スミス，アダム［2007］『国富論 上――国の豊かさの本質と原因についての研究』原著第6版1791年，山岡洋一訳，日本経済新聞社
ゼードルマイヤー，ハンス［1965］『中心の喪失――危機に立つ近代芸術』原著1948年，石川公一／阿部公正訳，美術出版社
セルバンテス［2005］『ドン・キホーテ 後篇 下』原著1615年，荻内勝之

参考文献

エルスナー，ジョン／カーディナル，ロジャー編（1998）『蒐集』原著書1994年，高山宏／富島美子／浜口稔訳，研究社出版

大黒俊二［2006］『嘘と貪欲――西欧中世の商業・商人観』名古屋大学出版会

蔭山宏［2020］『カール・シュミット――ナチスと例外状況の政治学』中公新書

ガルブレイス，ジョン・K.［1991］『バブルの物語――暴落の前に天才がいる』原著1990年，鈴木哲太郎訳，ダイヤモンド社

金融庁［2007］「日本の不良債権問題と金融再生」［第3回国際コンファレンス「金融の安定と金融部門の監督――過去10年の教訓と今後の対応」］

クライン，ナオミ［2011］『ショック・ドクトリン――惨事便乗型資本主義の正体を暴く 上・下』原著2007年，幾島幸子／村上由見子訳，岩波書店

グラハム，キャロル［2013］『幸福の経済学――人々を豊かにするものは何か』原著2011年，多田洋介訳，日本経済新聞出版社

経済産業省［2021］「半導体・デジタル産業戦略」20210603008-1.pdf（meti.go.jp）

ケインズ，J.M.［1941］『雇傭・利子および貨幣の一般理論』原著1936年，塩野谷九十九訳，東洋経済新報社

――［1980］「若き日の信条」（原著1938年）『ケインズ全集第10巻 人物評伝』大野忠男訳，東洋経済新報社

――［1981a］「わが孫たちの経済的可能性」（原著1930年）『ケインズ全集第9巻 説得論集』宮崎義一訳，東洋経済新報社

――［1981b］「序文」（原著1930年）『ケインズ全集第9巻 説得論集』宮崎義一訳，東洋経済新報社

――［1995］『普及版 雇用・利子および貨幣の一般理論』原著1936年，塩野谷祐一訳，東洋経済新報社

ケース，アン／ディートン，アンガス［2021］『絶望死のアメリカ――資本主義がめざすべきもの』原著2020年，松本裕訳，みすず書房

香西純一［1980］「解説」リヒトハイム，G.［1980］『帝国主義』原著1971年，香西純一訳，みすず書房

国立社会保障・人口問題研究所［2022］「第16回出生動向基本調査 結果の概要」

参考文献

Gregory Clark [2007] "A Farewell to Alms" Princeton University Press
Oxfam [2021] "The Inequality Virus" Summry
——— [2022] "Inequality Kiils" Summry
——— [2022a] "Inequality Kills"
——— [2022b] "Inequality Kills: Methodology Note"
——— [2023] "Survival of the Richest" Executive Summary
——— [2024] "Ineguality Inc." Executive Summary
——— [2024a] "Inequality Inc. Methodology note"
Thompson, Earl A. [2006] "The tulipmania:Fact or Artifact?"
Wrigley, E.A. [1981] "The Population History of England 1541-1871"

アウグスティヌス，アウレリウス［1982］『神の国（一）』原著413-426年，服部英次郎訳，岩波文庫
イエイツ，フランシス・A.［1982］『星の処女神 エリザベス女王——十六世紀における帝国の主題』原著1975年，西澤龍生／正木晃訳，東海大学出版会
イーグルトン，テリー［2013］『シェイクスピア——言語・欲望・貨幣』原著1986年，大橋洋一訳，平凡社ライブラリー
今田寛之［1988］「1929～33年世界大恐慌について」『金融研究』第7巻第1号，日本銀行金融研究所
今道友信［2002］『ダンテ『神曲』講義』みすず書房
イングランド銀行［2020］"Eight centuries of global real interest rates, R-G, and the 'suprasecular' decline, 1311-2018"
ヴェーバー，マックス［1991］『プロテスタンティズムの倫理と資本主義の精神』原著1920年（元の論文は1905年発表），大塚久雄訳，ワイド版岩波文庫
——— ［1980］『職業としての政治』原著1919年，脇圭平訳，岩波文庫
牛島信明［2002］『ドン・キホーテの旅——神に抗う遍歴の騎士』中公新書

切りとり線

★読者のみなさまにお願い

この本をお読みになって、どんな感想をお持ちでしょうか。祥伝社のホームページから書評をお送りいただけたら、ありがたく存じます。今後の企画の参考にさせていただきます。また、次ページの原稿用紙を切り取り、左記まで郵送していただいても結構です。

お寄せいただいた書評は、ご了解のうえ新聞・雑誌などを通じて紹介させていただくこともあります。採用の場合は、特製図書カードを差しあげます。

なお、ご記入いただいたお名前、ご住所、ご連絡先等は、書評紹介の事前了解、謝礼のお届け以外の目的で利用することはありません。また、それらの情報を6カ月を越えて保管することもありません。

〒101-8701（お手紙は郵便番号だけで届きます）
祥伝社　新書編集部
電話03（3265）2310
祥伝社ブックレビュー　www.shodensha.co.jp/bookreview

★本書の購買動機（媒体名、あるいは○をつけてください）

＿＿＿新聞の広告を見て	＿＿＿誌の広告を見て	＿＿＿の書評を見て	＿＿＿の Web を見て	書店で見かけて	知人のすすめで

★100字書評……シンボルエコノミー

名前

住所

年齢

職業

水野和夫　みずの・かずお

経済学者。1953年、愛知県生まれ。早稲田大学政治経済学部卒業、埼玉大学大学院経済科学研究科博士課程修了。博士(経済学)。三菱UFJモルガン・スタンレー証券チーフエコノミスト、内閣府大臣官房審議官(経済財政分析担当)、内閣官房内閣審議官(国家戦略室)、法政大学法学部教授を歴任。著書に『資本主義の終焉と歴史の危機』(集英社新書)、『次なる100年』(東洋経済新報社)、山口二郎氏との共著に『資本主義と民主主義の終焉』(祥伝社新書)など。

シンボルエコノミー
――日本《にほん》経済《けいざい》を侵食《しんしょく》する幻想《げんそう》

水野《みずの》和夫《かずお》

2024年12月10日　初版第１刷発行

発行者……………辻 浩明
発行所……………祥伝社しょうでんしゃ
〒101-8701　東京都千代田区神田神保町3-3
電話　03(3265)2081(販売)
電話　03(3265)2310(編集)
電話　03(3265)3622(製作)
ホームページ　www.shodensha.co.jp

装丁者……………盛川和洋
印刷所……………萩原印刷
製本所……………ナショナル製本

Printed in Japan　ISBN978-4-396-11706-1　C0233

〈祥伝社新書〉
歴史に学ぶ

366
はじめて読む人のローマ史1200年
建国から西ローマ帝国の滅亡まで、この1冊でわかる！
東京大学名誉教授 本村凌二

463
ローマ帝国 人物列伝
賢帝、愚帝、医学者、宗教家など32人の生涯でたどるローマ史
本村凌二

168
ドイツ参謀本部 その栄光と終焉
組織とリーダーを考える名著。「史上最強」の組織はいかにして作られ、消滅したか
上智大学名誉教授 渡部昇一

379
国家の盛衰 3000年の歴史に学ぶ
覇権国家の興隆と衰退から、国家が生き残るための教訓を導き出す！
渡部昇一
本村凌二

541
日本の崩壊
日本政治史と古代ローマ史の泰斗が、この国の未来について語り尽くす
東京大学名誉教授 御厨 貴
本村凌二